中国梦价值认同论

Chinese Dream
Theory of Value Identification

詹小美 著

中山大学出版社
SUN YAT-SEN UNIVERSITY PRESS

·广州·

版权所有　翻印必究

图书在版编目（CIP）数据

中国梦价值认同论/詹小美著．—广州：中山大学出版社，2021.5
ISBN 978-7-306-07189-7

Ⅰ. ①中… Ⅱ. ①詹… Ⅲ. ①社会主义核心价值观—研究—中国 Ⅳ. ①D616

中国版本图书馆 CIP 数据核字（2021）第 066601 号

ZHONGGUOMENG JIAZHI RENTONGLUN

出 版 人：	王天琪
策划编辑：	金继伟
责任编辑：	梁俏茹
封面设计：	曾　斌
责任校对：	潘惠虹
责任技编：	何雅涛
出版发行：	中山大学出版社
电　　话：	编辑部 020 - 84110779，84110283，84111997，84110771
	发行部 020 - 84111998，84111981，84111160
地　　址：	广州市新港西路 135 号
邮　　编：	510275　传　真：020 - 84036565
网　　址：	http://www.zsup.com.cn E-mail: zdcbs@mail.sysu.edu.cn
印 刷 者：	广州市友盛彩印有限公司
规　　格：	787mm×1092mm　1/16　16.75 印张　290 千字
版次印次：	2021 年 5 月第 1 版　2021 年 5 月第 1 次印刷
定　　价：	48.00 元

如发现本书因印装质量影响阅读，请与出版社发行部联系调换

序

　　文化是人类创造世界的主观方式和现实图景。文化以民族为载体依附于具体的国家，在现实性上是指民族共同体的深层记忆和民族国家的精神意志。建构其上的符号体系不仅是人类分群与民族识别的重要特征，而且是群体行为与民族规范产生的基础和源泉。中华优秀传统文化指谓一以贯之的民族意志、历史基因和血脉联系，是中华民族内在精神的深刻体验和外化标识的特殊张扬。

　　弘扬中华优秀传统文化，指涉民族成员群体身份的同一性和中国梦价值传承的延续性。多元一体的民族结构是中华文化产生的母体，以爱国主义为核心的中华优秀传统文化强调了价值引领的"整体为上"、重视道德的"厚德载物"、精神动力的"自强不息"、道法自然的"和合与共"，其系统诠释不仅孕育了中华民族一以贯之的传统精神，而且形塑了中国梦价值传承的基点。实现中华民族的伟大复兴，以传统精神与时代精神的融通，构成了中国梦的本质意蕴；国家富强、民族振兴和人民幸福，构成了中国梦历史、现实和未来向度的统一；中华民族的价值体认与价值追求、全面建成小康社会、个人梦与家国梦的统一、中华民族为人类和平发展做贡献的真诚意愿，则从价值内涵、目标愿景、关系形态和国际担当等方面，构成了中国梦的内容层次。

　　中国梦的价值内涵生发于中华优秀传统文化世代筛选的心理定位里，凝聚在中华优秀传统文化情感要求的谱系传承中。作为观念形态价值表达的物化诠释，中国梦的理论抽象和现实展开意味着中华民族的价值体认和价值追求由认识向实践、由理想向现实、由精神向物质的外在化转换。中国梦价值认同是民族成员对中国梦价值内涵的承认、认可和赞同，它以价值认知为基础，以价值感知为体验，切入民族生存的客观实际与主观意向，展示理想目标与民族情感的价值接受和社会践行。借着中华优秀传统文化的弘扬，中国梦价值认同在社会关系中的生发，集价值心理、价值态度和价值行为于一体。由此出发，道路自信、理论自信、制度自信和文化自信，在现实性上凸显了中华民族身份归属和理性自觉的达致，在根本性上彰显了中国梦价值认同实现的标的。

中国梦价值认同的时代形塑立足于价值意涵内化的基础，其历史、现实、个体和群体视域基于"四个自信"的融合，以及外在化转换的动力激发，表征着主体要求与客体属性在需要满足中得到确认。其过程，既是个体要求与群体目标"顺应—共意—同构"的过程，又是个体精神与社会共同信仰"碰撞—渗透—相融"的过程。立足于民族文化与民族梦想涵濡的共生关系，以中华优秀传统文化的弘扬提升中国梦价值认同，不仅得益于文化弘扬在"唤起—定位—内化"中国梦情感、利益、价值认同中的作用，而且助力于中国梦价值认同在文化弘扬"激发—规范—外化"过程中的实现。"弘扬"与"认同"相互循环建构的现实图景，深刻阐释了"符号—诠释—重构"的演绎与"认知—评价—建构"交互的否定之否定，深刻阐述了"思想转化为事实"的外在化标的，深刻阐发了两者互构的逻辑归旨契合、逻辑关系共演和逻辑向度一致。

正是从弘扬优秀中华传统文化与中国梦价值认同的时代场域出发，笔者以历史与现实、理论与实践、应然与实然的统一，阐释"弘扬"与"认同"交互的理论域，阐述"承认—归属—自觉"的实践场，阐发"内生性因子—包容性互动—理解性沟通"的关系链。从文化自觉向度中的中国梦、社会转型进程中的中国梦认同、中国梦价值认同的逻辑演进，聚焦中国梦价值认同的理论问题；检视中国梦价值内涵的民族文化基因、中华优秀传统文化的当代价值、中国梦价值传承的演进脉络，透视中国梦核心要义价值传承的文化谱系；比较民族文化底蕴之上的美国梦、欧洲梦和中国梦，实证描摹中国梦价值认同的整体状况和实然判断，进行差异性探讨和典型案例分析；以实现目标、推进动力、实践理路的发展向度为源点，诠释中国梦价值认同时代形塑的核心价值观引领与历史记忆固基。

作为受价值导引的体系与思想，中国梦对中华民族理想愿景与奋斗目标的具象，不仅构成了文化内容本身，而且同时构成了文化生产的过程；文化的边界融汇了中国梦群体归属的外延，文化涵濡的价值共享则表征着"两相符合的主观际相互依存"[①]。民族文化与国族梦想是社会科学研究永恒的主题，无论是文化认同的价值语境、政治认同的价值引领，还是理性认同的价值归旨，都在现实性上演绎着这一主题生成要件的理论逻辑和外化发展的实践逻辑。"价值认同"对根基性象征与情感、利益性竞争与分配、自觉性理解与自由的聚焦，对内外相符的文化构建、聚合主体的指向皈依、内部成员亲和关系的投射，仅仅是这一论域研究中的沧海一粟。

---

① 尤尔根·哈贝马斯：《交往与社会进化》，张博树译，重庆出版社1989年版，第3页。

2016年7月中旬,课题组在青海省海西蒙古族藏族自治州H村调研(范君 摄)

2017年3月下旬,课题组在云南省迪庆州香格里拉市小中甸镇藏族L村调研(侯左琦 摄)

2017年3月下旬,课题组在云南省迪庆州香格里拉市藏族L村调研(张晓红 摄)

2017年10月下旬至12月中旬,课题组在广州高校调研(揭锡捷、占胜美、刘桡 摄)

2017年11月中旬,课题组在广东省韶关市某医院调研(占胜美 摄)

2017年12月中旬,课题组在广东某高速公路X公司调研(揭锡捷 摄)

2018年7月和9月,课题组分别在西宁、喀什高校调研(刘棁、揭锡捷 摄)

2018年8月上旬,课题组在甘肃省甘南藏族自治州临潭县新城镇回族N村调研(李征 摄)

2018年8月，课题组在江西崇义县沈埠畲族村调研（揭锡捷 摄）

2018年9月底和10月初,课题组在新疆喀什地区疏附县某工厂调研(吴雁 摄)

古再丽努尔出身在一个单亲家庭

家里靠卖酸奶赚钱

古再丽努尔考取了乌鲁木齐职业学校

古再丽努尔在工厂认真做缝纫

古再丽努尔下班后学习普通话

幸福的微笑

2018年9月底和10月初，课题组在新疆喀什地区调研（吴雁 摄）

2016年8月—2018年10月,课题组先后赴广东省连南瑶族自治县、青海省黄南藏族自治州、云南省迪庆藏族自治州、甘肃省甘南藏族自治州等少数民族聚集地调研剪影(范君、张梦嫒、张晓红、侯左琦 摄)

目 录

第一章 中国梦价值认同理论概述 ⋯⋯⋯⋯⋯⋯⋯⋯⋯⋯⋯⋯ 1
  第一节 文化自觉向度中的中国梦 ⋯⋯⋯⋯⋯⋯⋯⋯⋯⋯⋯ 1
    一、文化自觉的价值向度 ⋯⋯⋯⋯⋯⋯⋯⋯⋯⋯⋯⋯⋯ 2
    二、中国梦的文化向度 ⋯⋯⋯⋯⋯⋯⋯⋯⋯⋯⋯⋯⋯⋯ 7
    三、文化自觉与中国梦践行的结合向度 ⋯⋯⋯⋯⋯⋯⋯ 10
  第二节 社会转型进程中的中国梦认同 ⋯⋯⋯⋯⋯⋯⋯⋯⋯ 14
    一、经济全球化导引的社会转型 ⋯⋯⋯⋯⋯⋯⋯⋯⋯⋯ 15
    二、认同与斥异的时代场景 ⋯⋯⋯⋯⋯⋯⋯⋯⋯⋯⋯⋯ 18
    三、中国梦认同的现实延伸 ⋯⋯⋯⋯⋯⋯⋯⋯⋯⋯⋯⋯ 21
  第三节 中国梦价值认同的逻辑演进 ⋯⋯⋯⋯⋯⋯⋯⋯⋯⋯ 26
    一、中国梦价值认同的系统结构 ⋯⋯⋯⋯⋯⋯⋯⋯⋯⋯ 26
    二、中国梦价值认同的践行场域 ⋯⋯⋯⋯⋯⋯⋯⋯⋯⋯ 30
    三、中国梦价值认同的层次链接 ⋯⋯⋯⋯⋯⋯⋯⋯⋯⋯ 34

第二章 中国梦价值内涵的民族文化基因 ⋯⋯⋯⋯⋯⋯⋯⋯⋯ 38
  第一节 实现中华民族伟大复兴的中国梦 ⋯⋯⋯⋯⋯⋯⋯⋯ 38
    一、中国梦的本质内涵 ⋯⋯⋯⋯⋯⋯⋯⋯⋯⋯⋯⋯⋯⋯ 39
    二、中国梦的目标维度 ⋯⋯⋯⋯⋯⋯⋯⋯⋯⋯⋯⋯⋯⋯ 42
    三、中国梦的内容层级 ⋯⋯⋯⋯⋯⋯⋯⋯⋯⋯⋯⋯⋯⋯ 46
  第二节 以爱国主义为核心的中华优秀传统文化 ⋯⋯⋯⋯⋯ 49
    一、爱国主义的价值追求 ⋯⋯⋯⋯⋯⋯⋯⋯⋯⋯⋯⋯⋯ 49
    二、整体为上的价值导向 ⋯⋯⋯⋯⋯⋯⋯⋯⋯⋯⋯⋯⋯ 53
    三、自强不息的精神动力 ⋯⋯⋯⋯⋯⋯⋯⋯⋯⋯⋯⋯⋯ 54
    四、和合与共的发展方式 ⋯⋯⋯⋯⋯⋯⋯⋯⋯⋯⋯⋯⋯ 56
  第三节 融通传统与时代的中国梦 ⋯⋯⋯⋯⋯⋯⋯⋯⋯⋯⋯ 58
    一、中国梦的历史底蕴 ⋯⋯⋯⋯⋯⋯⋯⋯⋯⋯⋯⋯⋯⋯ 59

二、中国梦的现实形态 ································ 63
三、中国梦的当代承载 ································ 66

第三章 中国梦价值传承的民族文化谱系 ·················· 70
第一节 中国梦价值传承的历史演进 ···················· 70
一、中国梦价值传承的历史传统 ························ 71
二、中国梦价值传承的思想启蒙 ························ 73
三、中国梦价值传承的时代体认 ························ 76
第二节 中华优秀传统文化的当代价值 ·················· 79
一、爱国主义与社会主义相统一 ························ 80
二、群体主义与集体主义相结合 ························ 84
三、"民为邦本"与"人民为本"相连接 ·················· 87
第三节 中国梦价值传承的演化机制 ···················· 89
一、中国梦价值传承的发展逻辑 ························ 90
二、中国梦价值传承的层次结构 ························ 93
三、中国梦价值传承的作用机制 ························ 96

第四章 民族文化底蕴之上的美国梦、欧洲梦、中国梦 ········ 100
第一节 民族文化底蕴之上的"美国梦" ················ 100
一、美国梦的价值内核 ······························ 101
二、美国梦的文化底蕴 ······························ 104
三、美国梦的认同教育 ······························ 107
第二节 民族文化底蕴之上的"欧洲梦" ················ 111
一、欧洲梦的价值内核 ······························ 112
二、欧洲梦的文化底蕴 ······························ 115
三、欧洲梦的认同教育 ······························ 118
第三节 民族文化底蕴之上的"中国梦" ················ 122
一、中国梦文化意蕴的软实力释放 ······················ 123
二、中国梦连接世界梦的关系共演 ······················ 126
三、中国梦的认同教育 ······························ 130

第五章 中国梦价值认同实证描摹 ······················ 136
第一节 理论预设与样本择取 ························ 136
一、实证研究理论预设 ······························ 137

二、实证研究样本择取 …………………………………… 138
　　三、实证研究方法聚合 …………………………………… 141
第二节　整体状况与实然判断 ………………………………… 146
　　一、"认知—态度—行为"的实然状况 ………………… 146
　　二、"弘扬"与"认同"的正向态势 …………………… 158
　　三、"弘扬"与"认同"的负向挑战 …………………… 167
第三节　差异性探讨与典型案例分析 ………………………… 173
　　一、民族村落"认同"实证与典型案例 ………………… 173
　　二、区域性大学生"认同"聚焦与典型案例 …………… 177
　　三、社会群体"认同"扫描与典型案例 ………………… 181
第四节　成因透视与应然走向 ………………………………… 188
　　一、铸牢和夯实"弘扬"与"认同"的思想基础 ……… 189
　　二、丰富和提升"弘扬"与"认同"的梯级连接 ……… 191
　　三、延展和形塑"弘扬"与"认同"的同一性空间 …… 193

第六章　中国梦价值认同当代建构 …………………………… 196
　第一节　中国梦价值认同的时代形塑 ……………………… 196
　　一、中国梦价值认同的实现目标 ………………………… 197
　　二、中国梦价值认同的推进动力 ………………………… 199
　　三、中国梦价值认同的形塑路径 ………………………… 203
　第二节　中国梦认同的核心价值观引领 …………………… 208
　　一、社会主义核心价值观的系统结构 …………………… 208
　　二、中国梦践行场域的系统机制 ………………………… 212
　　三、中国梦践行系统推进的价值引领 …………………… 215
　第三节　中国梦价值认同的历史记忆固基 ………………… 219
　　一、历史记忆认同与区分的逻辑归旨 …………………… 219
　　二、历史记忆固基中国梦认同的逻辑关系 ……………… 223
　　三、历史记忆固基中国梦认同的逻辑向度 ……………… 227

参考文献 ………………………………………………………… 231
后记 ……………………………………………………………… 248

第一章　中国梦价值认同理论概述

文化是人类创造的物质和精神成果。相对于物质实在"场"的概念，观念形态的"文化"是指具有物质载体的"人化"，是对象性活动之内涵、意向性活动之评价和价值性活动之创造的现实性表达。价值是人们对客体属性的主观评价和具体应用，是人的需要和满足这种需要的客体属性在特定方面的交汇点。正是因为特定的文化理念、思维方式和行为规范往往浓缩着特定的价值取向与价值要求，作为普遍的社会心理和价值涵量，民族文化的自由意志和创造性表征在民族成员的世代相袭中，沉积为民族共同体的共同心理与价值指向。

中国梦是中华民族的价值体认和价值追求，实现中华民族的伟大复兴是中国梦理想愿景和奋斗目标的现实表达。基于中华优秀传统文化弘扬的基质，中国梦价值认同在社会关系中的生发与实现，意味着"强盛中国梦""法治中国梦""文明中国梦""和谐中国梦""美丽中国梦"与"幸福中国梦"在历史与现实的链接中、在对象性活动的践行里、在目的性活动的导引下的时代形塑。它以历史与逻辑的统一、光荣与梦想的辩证，在文化自觉的向度中提升国家软实力，在中国梦连接世界梦的过程中构建国际话语体系，在理性认识和自由抉择的互构中承载中国道路、中国精神和中国力量。

第一节　文化自觉向度中的中国梦

文化自觉是指"生活在一定文化中的人对其文化有'自知之明'，明白它的来历，形成的过程，所具的特色和它发展的趋向，不带任何'文化回归'的意思，不是要'复旧'，同时也不主张'全盘西民'或'全盘他化'。自知之明是为了加强对文化转型的自立能力，取得适应新环境、新时代的文化选择的自主地位。"① 以文化为属性作用于共同心理素质之上的民族成员自觉,指谓了文化观念"自知之明"的民族性意蕴和现实性创造,它以理性认识和自由抉择的统一,中介于民族文化价值内涵主观见之于客观的辩证。寄托在理想愿景与奋斗目标相结合中的价值归旨,实现中华民族伟大复兴的中国梦,起源于文化自觉价值过程的历史底蕴、阐释于文化自觉民族特质的思想之维、延伸于文化自觉内蕴逻辑的价值共生,是中华民族价值体认与价值追求外在化转换的现实归旨。由此出发,文化自觉与中国梦践行的向度结合,不仅聚焦了民族文化"自知之明"之意识性、目的性和主体性作用的价值基础,而且指向了中国梦践行从"自觉一般"经"个体自觉"向"自由自觉"涵化的思想前提。

一、文化自觉的价值向度

文化是符号表达的系统形式,是人类组织生产和交往的结构性要素,是意义显现的社会实存,是价值的深层底蕴。作为内涵性存在的符号系统,观念性的文化赋予了客观事物以意义和象征的内容;作为意向性存在的结构性要素,观念性的文化赋予了生产组织和社会交往的选择与评判;作为价值性存在的社会实在,观念性的文化赋予了主体需要与客体属性满足需要的集聚点,是人们对客体属性及其有用性的主观评价与具体运用。文化自觉作为一种结构性的整体,生发于一定的经济基础,延展于一定的政治中介,它对符号表达文化意蕴的诠释、民族交往文化方式的投影、社会实存文化导引的延续,指谓了观念形态的文化对经济之基础和政治之中介的能动。就此意义而言,"一定形态的政治和经济是首先决定那一定形态的文化的;然后,那一定形态的文化又才给予影响和作用于一定形态的政治和经济。"② 在现实性上,文化的创造性自觉是人类经过自然选择异于其他动物的特性,是人类文明灵魂的缩影;文化的创造性意旨代表着人类适应环境的过程,意味着人类心灵相通的抽象,刻画出人类发展进化的轨迹。与此相适应,无论是针对人类活动的整体,还是针对特定的人群,文化自觉的理论演化和现实作为均扮演了生存维系、慰藉获取、凝聚人心的策略系统和角色担当。

生活在一定文化中的人们对本民族文化要有"自知之明",对文化生态

---

① 费孝通:《反思·对话·文化自觉》,载《北京大学学报》(哲学社会科学版)1997年第3期,第15-22页。
② 毛泽东:《毛泽东选集》第2卷,人民出版社1991年版,第664页。

环境中的历史与现实有充分的认识，能够在传统与现代的创造性连接中形塑未来，指涉了文化自觉作用达致的时间轴。作为人存在的现实表征与积极定在，时间"不仅是人的生命的尺度，而且是人的发展空间"①。而那些有待于实体化的精神需要外在性，"也就是说，需要空间和时间中的扩张"②。由此可见，文化的时间性和时间的空间化指谓了文化自觉的生成域和发展场，其时空交织的自然萌发和后天涵养，不仅受制于民族文化演绎的时间，而且受到世界文明体系存在空间的影响。在时空演化的历史纵轴上，民族成员的意识性构成了文化自觉的"自觉一般"，这是文化自觉的基本形式；民族成员理性认识的"个人意图和目的"构成了"个体自觉"，这是文化自觉的中继形式，民族成员与民族文化反身的价值规定性构成了"自觉自由"，这是文化自觉的高级形式。在现实性上，文化自觉的时空交互以民族成员的意识性、目的性和主体性对"自觉一般""个体自觉"和"自觉自由"的展示，不仅是开辟道路的偶然性所呈现的历史必然性，而且是文化作用的时空性所映射的社会整体性。在黑格尔看来，这种集必然性和整体性于一体的共同体自觉是"具有坚强的主体性格的自由自在的（尽管只是形式的）个性"，即一种主体形式上的自由自在。③ 受此影响，文化自觉"真"的反思与"善"的评判，不仅在于民族文化价值之"根"的探寻与传承，而且在于民族文化发展规律与作用机制的持续指引。由此出发，文化自觉在民族成员价值体认与价值追求一致性表达的同时，诠释于深刻认知的逻辑思辨与规律性把握的责任涵养。

作为一种社会现象，文化自觉对组成社会的民族进行了文化性的定位，其客观的物质精神成果，通过遗传、继承和教化，凸显于民族成员共同社会意识和心理素质的类本质，这是文化自觉价值性的突出表现。"人是类的存在物，不仅因为人在实践和理论上都把类——他自身的类以及其他物的类——当作自己的对象；而且因为……人把自身当作普遍的因而也是自由的存在物来对待。"④ 在类的抽象上，个体独立的自由是人与客观世界在类本质上相统一的自由，文化实践的基础源于客观的历史条件，同时保证了自由在符合规律基础上的合目的性。承认文化自觉的目的性，意味着逻辑的连续性对自觉的融入；承认文化自觉要素对民族个体的抽象，意味着文化自觉在类的本质上获得了客观一般的实存。就此意义而言，民族成员对

---

① 马克思、恩格斯：《马克思恩格斯全集》第47卷，人民出版社1979年版，第532页。
② 查尔斯·泰勒：《黑格尔》，张国清、朱进东译，译林出版社2009年，第123页。
③ 金炳华：《马克思主义哲学大辞典》，上海辞书出版社2003年版，第29页。
④ 马克思、恩格斯：《马克思恩格斯全集》第42卷，人民出版社1979年版，第95页。

所属文化的"自知之明",对过去、现在、未来的规律性把握,对它们的意义和其他文化影响的阐析,构成了他们作为类本质而存在的自觉。出于人类能量的利用机制,民族成员的主体性渗透在生存方式和社会生活的时代图景里。作为物化的具体产品,民族文化以代际相承的成果促成了民族个体精神结构的内化,转化为常识、常理和常情的积淀与默存,成为现代社会制度运行不可分割的基质。经济的发展与文化的进步往往与民族成员类的本质联系在一起,经济的文化化和文化的经济化常常与类的作用密不可分,这种能量的生发程式与机制,导引了民族成员以类的关系生活在共同体中。就此意义而言,文化自觉不仅表征着文化差异在文化演进中的相对与独立,而且表征着文化发展在世界文明体系中的角色与定位。

理性认识是文化自觉的第一步。"理性"是自觉的、目的的和意识的主观心理,是民族成员文化刻写对客观实在反映的共同规定,是民族文化认知能力和抽象能力的有机结合。区别于感觉、意志和情感的概念、判断和推理,黑格尔提出了"理性是世界的灵魂,理性居住在世界中"[①]的论断。在他那里,理性以完全的认识能力构成了思维和认识的最高阶段。"理性构成世界的内在的、固有的、深邃的本性,或者说,理性是世界的共性。"[②]在理性获取的实践性上,马克思主义强调的理性是从感性发展而来的认知与抽象。[③] 在他们看来,认识是事物的表现形式,特指人脑在实践的基础上对客观事物的能动反映。因此,人的社会实践不仅是认识发展的动力,同时也是检验认识是否具有真理性的标准。理性的视角反映文化认知的辩证与综合,在这个意义上"我们创造了文化,文化也创造了我们"[④]。民族文化古今沿袭,一经创造便沉淀为民族成员的共同素质与价值心理。传统文化虽有具体内容和形态变化的表征,但本质和精神是稳定的;不同时代的民族成员的心性、行为、观念和生活各有差异,但总的气质是民族的。因此,传统的理解构成了理性认识的一面,另一面则是文化发展的时代性和文化传播的永续性。"认识是思维对客体的永远的、无止境的接近。自然界在人的思想中的反映,要理解为不是'僵死的',不是'抽象的',不是没有运动的,不是没有矛盾的,而是处在运动的永恒过程中,处在矛盾的发生和解决的永恒过程中。"[⑤] 在这里,主体选择的介入和时代精神的渗透,

---

① 黑格尔:《小逻辑》,贺麟译,商务印书馆1980年版,第80页。
② 黑格尔:《小逻辑》,贺麟译,商务印书馆1980年版,第80页。
③ 参见金炳华《马克思主义哲学大辞典》,上海辞书出版社2003年版,第211页。
④ 蓝德曼:《哲学人类学》,彭富春译,工人出版社1987年版,第273页。
⑤ 列宁:《列宁全集》第55卷,人民出版社1990年版,第165页。

指向了文化自觉否定之否定的传承定势和传播扬弃。

自由抉择是文化自觉的关键。自由是"全部精神存在的类的本质"①，是"'精神'的唯一真理"②。是人类精神与自然现象的分水岭。选择是反应者对被反应者的特征、状况、属性进行的取舍③，是自觉的目的性活动，是必然性基础上面对多种可能的意志与自由。就自由和选择的关系而言，个体具有选择的自由意味着某种可能性的存在，选择的内部条件与主客体的作用构成了自由的能动与选择的自觉。由此出发，文化自觉的每一个进步"都是迈向自由的一步"④。在现实性上，自由的选择，往往以主体的目的性生成为依据，进行比较、观照、衡量和评判，借以表达主体的态度、确定选择的目标。自由选择虽然不会改变客体的本质和规律，但可以生发更高层次的意识和自我，其自由意志对事物的本质和需要的把握，调整主体行为的目的、创设现实性的指标、进行外在化的实践。受此影响，处于价值选择核心的自由意志，逻辑性地分为了作用的个体与群体、个人与社会的双向价值确立。这种互为观照、互为前提、相互满足的反身关系，从自律与他律互为因果的转换范式出发，强调了文化自觉的自由与决定。"人有选择自己前进道路的自由，不过，这种自由受到要同世界的动态结构和谐相处这个限度的约束"⑤。就此意义而言，与其说文化自觉的自律，形成了个体行为内在要求的本质与规定；不如说文化自觉的他律，约束了个体行为外在的规范与规制。在这个过程中，整体选择的考量往往借助于个体的社会化进程，而个体选择的完成则与他律内化为自律、外在转化为内在的能动与受动结合在一起。

文化自觉得益于意识性、目的性、主体性的价值过程。人类区别于动物的本质，是人的主观能动性，或者说自觉的能动性，它以认知与抉择的互动诠释了文化自觉的具体。意识以其自身产生观念的能力构成了主动性，在黑格尔的哲学语境中，意识"拥有双重的对象：一个是直接的感觉和知觉的对象，这对象从自我意识看来，带有否定的特性的标志，另一个就是意识自身，它之所以是一个真实的本质，首先就只在于有第一个对象和它相对立"⑥。文化自觉在意识性展开的环节，定位于内在性的基础，其外在的"自在"可经自我意识的经验获得精神意义的真理。就此意义而言，自

---

① 马克思、恩格斯：《马克思恩格斯全集》第 1 卷，人民出版社 1995 年版，第 171 页。
② 黑格尔：《历史哲学》，王造时译，上海书店出版社 2006 年版，第 16 页。
③ 《哲学大辞典》编辑委员会编《哲学大辞典》，上海辞书出版社 2007 年版，第 48 页。
④ 马克思、恩格斯：《马克思恩格斯选集》第 3 卷，人民出版社 1995 年版，第 456 页。
⑤ 拉兹洛：《用系统论的观点看世界》，闵家胤译，中国社会科学出版社 1985 年版，第 69 页。
⑥ 黑格尔：《精神现象学》上卷，贺麟、王玖兴译，商务印书馆 1996 年版，第 117 页。

我意识的外在化转变受制于精神当中的意识性本身。目的性是人类对象性活动的特征，是引起、指导、控制、调节活动的动因，是人的需要满足起始的价值过程，是将活动过程和活动结果作为意识的对象加以把握的关系。文化自觉在目的性展开的环节，诠释于民族文化的追求，支撑于民族成员的心籍，维系于民族国家的作为。"世界不会满足人，人决心以自己的行动来改变世界。"① 因此，主观与客观的能动，是民族群体文化推崇的反映，是民族文化作用机制的结果，是观念形态外在化转换的沉积。主体性是人在主体与客体关系中的地位、能力、作用和性质，它以自觉的对象意识和自觉的自我意识，对现存的客体进行理论和实践的批判，产生和实现人类活动的价值评判与价值目标。文化自觉在主体性展开的环节，是民族成员对象性活动中展示的自觉性、能动性和创造性。作为民族生存方式的主观抽象，文化自觉的主体能动性表征为主体形式上的自由自在性，它所编织的"直接的或间接的满足人类的需要"② 的网，是一个经过整合的、有序的、相互援引的网，并在事实上"不仅反映客观世界，并且创造客观世界"③。

　　文化自觉的价值向度是指民族成员由"自觉一般"经"个体自觉"到"自觉自由"的演化，这是"自知之明"基础上情感皈依与理性自觉达致的演绎。其中，个体与整体自觉形塑着文化自觉的历史合力。自觉意识性的"自觉一般"、自觉目的性的"个体自觉"、自觉主体性的"自觉自由"，以层级演进的梯级链接为自觉达致的节点，以逻辑的形式的再现展演自觉分层的动态，其创造性活动和共同体要求的集合，从价值性上指谓了文化功能的自觉。文化自觉的向度助力于根基性、工具性和理性的辩证，其中，民族成员对所属文化基于原生情感的亲和与体认，形塑于民族成员自觉意识的"自觉一般"，这是文化自觉价值向度的根基性层面；基于对竞争协作机制的承认与遵循，形塑于民族成员自觉目的性的"个体自觉"，这是文化自觉价值向度的工具性层面；基于价值推崇的坚守与践行，形塑于民族成员基本规定性的"自觉自由"，这是文化自觉价值向度的理性层面。根基性层面、工具性层面与理性层面的彼此嵌套和相互联系，指向了文化自觉系统结构的内容在价值向度发展中的支点，这不仅是民族成员理性认识和自由抉择的基础，同时也是民族成员文化自觉之意识性、目的性和主体性生发的前提，并由此导引了起始的"自觉一般"到中继的"个体自觉"，再到

---

① 列宁：《列宁全集》第55卷，人民出版社1990年版，第183页。
② 马林诺夫斯基：《文化论》，费孝通译，中国民间文艺出版社1987年版，第14页。
③ 列宁：《列宁全集》第55卷，人民出版社1984年版，第182页。

终极的"自觉自由"的价值链接。在现实性上，文化自觉系统结构中的民族意涵和精神支撑，不仅指称民族成员的基本人格，而且指称他们对象性活动的本质。就生活在具体时空背景下的民族成员个体而言，表征其"自觉一般"的思想和欲望、动机和要求、选择和判断联系着群体生活、整体价值和社会意识的根基性层极；民族文化的行为准则、群体推崇和利益关系对"个体自觉"进行了工具性层级的规范；理性认识的价值定向、目标支撑和精神动力则对"自觉自由"的理性层级进行了规定。在现实性上，文化自觉价值向度的层级递进和节点延伸，往往固基于群体认同的价值归属，提升于民族成员主体自觉的客体升华。就此意义而言，文化自觉从"自觉一般"经"个体自觉"到"自觉自由"，反映了价值演进从顺应到认可、从认同到同构的反身性过程，折射出个体精神与社会信仰从相撞、渗透到相融的历史同构，其结果必然是文化自觉的深层萌发与系统达成。

二、中国梦的文化向度

中国梦是中华民族五千年优秀文明的继承与发展，是近代以来中华民族历史演进的总结与升华，是实现中华民族伟大复兴的价值指南与行动纲领。中国梦的理想愿景以国家富强、民族振兴和人民幸福的价值表达，从历史、现实和未来的发展衔接，阐发国家层面、民族层面和个体层面相统一的"强盛中国梦""法治中国梦""文明中国梦""和谐中国梦""美丽中国梦"与"幸福中国梦"的"5+1"立体结构。中国梦的价值之维以中华民族的价值体认和价值追求、全面建成小康社会实现中华民族的伟大复兴、个人梦与家国梦的统一（即中华民族团结奋斗的最大公约数）、中华民族贡献人类和平发展的真诚意愿，承载着中华民族成员的共同向往，指向了中国梦价值内涵、目标愿景、关系形态和国际担当的价值辩证。中国梦的奋斗目标以经济建设实现物质文明、以政治建设实现政治文明、以文化建设实现精神文明、以社会建设实现和谐社会、以生态建设实现生态文明诠释着中国梦的实现方式，指向了物质基础、政治保障、精神动力、社会条件和自然环境的中国梦内容。

文化构成了中国梦内容表达的形式。中国梦的理想愿景与奋斗目标指谓了文化内容本身，它所生发的精神生产形塑了文化生产的过程。"如果从精神生产者的不同类型，从精神生产活动的不同方式来看，一定社会形态下自由的精神生产则包括一切非统治阶级的、独立的自由精神生产者的活动。"① 在现实性上，中国梦价值视域下的文化表达，阐析于民族文化与经济基础的关系；理想愿景与价值之维的形态，诠释在民族思想与群体意识互构的文化域；奋斗目标与价值内容的观念刻写，关联于理想转换和物态作用的实践场。作为一般形态的文化创造，中国梦的精神生产以民族文化的价值基础反映了民族共同体之上的社会意识形态，而中国梦的文化过程则表现出价值声称与意义创造的现实衔接，这是一个以符号为核心的价值活动过程。具体而言，中国梦内容的文化表达在一定程度上是符号与意义的在场，中国梦价值内容以一定规则构成的文化体系，同时缩影为具有"自足与自恰"特性的符号表达体系。基于这样的价值表达，中国梦的价值体认与价值追求成其为文化的特殊符号——语言。在索绪尔那里，这种特殊的价值指称"不但是人类社会最大的符号体系，而且大得不成比例，其他符号体系与之相比都实在太小，而且全都可以被语言混杂、解释、置换"②。语言作为文化符号体系里最为重要的内容与载体，其意义的表征不仅指向了中国梦内容符号体系的结构化运用，而且指向了这种运用的观念化解释和具象化说明。

　　文化的边界融汇了中国梦群体归属的外延。文化为中国梦塑造了主体生成的基本背景与理论框架，中华优秀传统文化以价值共享和思维习惯的表达，连接了中国梦个体与群体相融的边界，它以行为标准的确立和价值诠释的视野，指向民族成员对中国梦的承认与认可。一方面，文化表达的边界包含了中国梦群体归属的界标。作为民族存在的现实图景，文化是人为的，它得益于"被吸收在群体中的人们所共同接受才能在群体中维持下去"③。观念形态的文化构成了民族共同体深层的价值体系，内蕴了中国梦的本质、维度和意涵。文化的群体规定彰显了中国梦历史积淀的共通性，它所具有的决定性意义使中国梦的外延在文化的边界中得到伸缩和延展，进而使文化的命运性预设在中国梦的诠释里得到民族性的归属。另一方面，中国梦价值内涵本身就是民族文化的内容。中国梦内容层次所强调的价值体认与价值追求生发于中华优秀传统文化的价值之维；中国梦阐释目标所指涉的物质文明、政治文明、精神文明、社会和谐和生态文明诠释于中华优秀传统文化的理想愿景。承载了民族文化价值之维和理想愿景的中国梦，正是"强盛中国梦""法治中国梦""文明中国梦""和谐中国梦""美丽中

---

① 马克思、恩格斯：《马克思恩格斯全集》第47卷，人民出版社1979年版，第533页。
② 赵毅衡：《符号学一百年》，百花文艺出版社2004年版，第9页。
③ 费孝通：《论人类学与文化自觉》，华夏出版社2004年版，第196页。

国梦"与"幸福中国梦"的相互交织，在民族文化的意涵中得到了包容与展示，其一以贯之的样态直指文化存在的图景和文化作用的机理。就此意义而言，文化边界的中国梦交融，不仅表现为中国梦的本源凸显，更重要的是中华民族价值体系在中国梦实现过程中的自觉内化与责任外化。

从符号体系双轴关系的作用范式出发，审视中国梦文化形式与文化边界的语言运用方式，明示性表达信息与内蕴式默示信息共同作用，构成了中国梦文化律动的价值过程与层级节点。首先是以编码表达的、浅显的、显现的文化意涵，然后是内隐于深层规则同时制约符号运用者和接受者的译码和转码。正因为中国梦的文化过程是符号的生产与再生产，文化的价值创造不仅体现在中国梦以文化形式展现出来的编码活动，而且体现在实践养成在对象性活动中的继承与创新。前者作为中国梦文化形式的意义载体，当其对共同体发展具有观念形态的指导价值时，中国梦文化表达的价值创造得以实现；后者作为中国梦文化边界的现实勾勒，它以价值内涵、目标愿景、关系形态、国际担当的现实阐发，指向中国梦实现方式的物质基础、政治保障、精神动力、社会条件的文化环境，其创新活动对编码规则的突破，随之产生理解意义的新规则和新范式，即文化继承与文化创造并举。与此相适应，中国梦实现方式的现实导引、文化产品与文化活动的价值嵌入、文化政策与文化服务的时代拓展，均可视为中国梦在文化符号体系规则创新与实践运用中的角色扮演。

中国梦的价值创造注解于文化意涵的抽象。中国梦价值体系的精神特质，表现于主体客体化和客体主体化相互影响与相互决定的反身关系里。受制于中国梦价值内涵的内部组合与转换要求，同时基于文化符号的内涵与特征，中国梦实现过程的价值创造，不仅表现在个体独立的客观与具体，而且以更高层次的意义指向了群体文化价值创造的意向化。在现实性上，中国梦对文化价值的注解以精神和物质的统一，凸显于生产过程中的价值排序，展示于价值升华过程中的文化涵濡，以及由此形成的价值创造中的抽象。受此影响，中国梦价值生产过程的客体化、文化意涵和载体关系的客观化，不仅是共同体成员思维和情感功能作用的发挥，而且是文化认知、情感体验和创造性思维的升华。与此相适应，文化生产者在中国梦践行中的作为并不能简单地归结为价值创造的全部，无论是约定俗成的规则，还是系统意义的凝练，均有赖于群体文化的法则，得益于价值规范的制约。无论是个体成员的中国梦认知，还是民族群体的文化研判，始终表达为价值过程文化生产的进行。由此出发，中国梦文化意涵是文化作用方式特质的缩影，在社会学家席美尔那里，这是文化形式的分殊化和多样化作用的结果，据此表达文化发展承载形式的客观化，个体思想、情感、心理过程的社会化，形式化抽象以及象征形态向"纯粹符号"的转化。

中国梦的演进向度渗透于文化演绎的结果。中国梦演进向度的基础性层级，中继性层级和目标性层级与民族文化演绎的根基性节点、利益性节点和价值性节点总是发生着交汇与交融。中国梦演进向度的基础性层级，源于民族文化符号系统、情节系统、价值系统的自然认知，意涵着中华文化符号元素、历史演进情节、意义承载涵化的根基性演化；中国梦演进向度的中继性层级，源于民族文化同一性基础身份识别与观念共享的强化认知，意涵着中华文化群体推崇的语境建构和强化滋养的利益性演化；中国梦演进向度的目标性层级，源于民族文化深层体认与价值认同的理解认知，意涵着承载文化意蕴的符号感应、深入文化内容的情节探究和意义萃取的价值性演化。一方面，文化及其产品承担了中国梦演进的载体和工具，文化发展的规模、速度、效用，文化活动和产品的多样性，决定了中国梦演进的力度、幅度和效果。另一方面，中国梦的演进同时推动了文化自身的发展，中国梦的价值之维充当了文化发展的坐标系，其现实作为的演化力导引着文化演进的变迁，生发文化发展的目标与指向。

三、文化自觉与中国梦践行的结合向度

文化自觉的理性认识和自由抉择是民族文化社会生产的结果，这是因为"适应自己的物质生产水平而生产出社会关系的人，也生产出各种观念、范畴，即恰恰是这些社会关系的抽象的、观念的表现"[①]。中国梦的价值体认与价值追求同样得益于中华优秀传统文化的文化生产和再生产的精神成果。在马克思看来，思维过程本身就是一个自然的过程，"真正能理解的思维只能是一样的，而且只是随着发展的成熟程度逐渐地表现出区别"[②]。文化自觉与中国梦践行在中华优秀传统文化弘扬过程中的结合，奠基着民族成员的意识性、目的性和主体性，由此生发的承认与认可，"存在于社会系统和社会结构的最高的控制论层序之中——尤其是存在于价值和规范之中"[③]；文化自觉向度中的中国梦诠释，亦内在性地生长于民族文化理性认识和自由抉择的基质，固基于文化自觉从"自觉一般"经"个体自觉"到

---

① 马克思、恩格斯：《马克思恩格斯选集》第4卷，人民出版社1995年版，第539页。
② 马克思、恩格斯：《马克思恩格斯选集》第4卷，人民出版社1972年版，第369页。
③ 安东尼·M. 奥勒姆：《政治社会学导论——对政治实体的社会剖析》，董云虎、李云龙译，浙江人民出版社1989年版，第135页。

"自觉自由"的发展演绎中。

　　文化自觉与中国梦践行的结合是价值向度的结合。文化自觉的价值，凸显于满足需求的文化以及客体化属性在理性认识和自由抉择之上的自觉。在席美尔那里，需要与需要的满足被诠释为价值作为客体的属性，它的发展以及呈现出来的主客体分离，表现为某种欲望对主体追求满足的过程，这是一个主体选择与创造性建构的过程。布迪厄亦对资本发展的文化形式进行过现代性的梳理，他以不同类型资本的特质为阐释基础，进行渗透在文化与生产中的资本逻辑的深刻剖析。在布迪厄看来，文化及生产过程的价值向度表征为价值积累作用发生和发展的过程。当文化价值通过生产转化为文化权力或文化资本时，文化的符号能指以"任意的"关系诠释，表征了资本占有与支配的条件性、相对性和变动性。就此意义而言，文化与文化生产的价值积累表现出相似或相同的基本特征，作为符号承担的能指，经济资本的抽象形式表征为物质财富的积累，同时以一定数量的物质支配反映了文化价值的非物质特点。具体到文化自觉的领域，价值生产不仅反映、制约、规范了文化行为的意义域，而且在人与社会的关系范式中生发为不同的文化类型与特质，而文化自觉的价值正是"一贯性"文化体系的意义萌发和"自知之明"发展的逻辑起点。在这个过程中，民族成员因文化自觉产生的社会性主要表现为文化的价值性，并以此构成理性认识和自由抉择的参照系。

　　在现实性上，中国梦的价值向度不同于经济领域效用的性质强调，其价值内涵、目标愿景、关系形态和国际担当的多维互动，反映了中国梦价值形式之类型多样、交互、共有的属性。就中国梦的价值关系而言，作为理想愿景与奋斗目标的社会形式，其价值生产同样表现为创造、传播和生产的社会化过程。中国梦价值生产的非物质劳动和劳动成果的物态化转换，构成了中国梦践行主体化与实践的形式，其中非物质劳动的主体化过程主要以民族成员的意识和感知，作用于中国梦实现方式的价值过程，以及意向性价值内涵由物质载体表现出来的客观化过程。作为动态过程与客观化过程的统一，中国梦的价值生产不仅以再生产的社会方式，进行着经济建设、政治建设、文化建设和生态建设，而且以价值涵化的文化方式承载于物质文明、政治文明、精神文明、社会和谐与生态文明的成果。中国梦价值向度的现实演化，还表现在以民族成员为直接对象的文化传播与文化服务中，这是一种以物质介质为中继的生产、创造和接受的价值过程，常常以物质和非物质劳动及其成果的结合得以表征。中国梦文化生产的价值内化，同时以时间对劳动成果动态制衡的突破，进行着非物质劳动成果价值定位的物质体现，导引其在主体客体化和客体主体化在具体时空场景中的价值创造。

　　文化自觉与中国梦践行的价值结合，在一定程度上仍然是使用价值和交换价值的统一，然而这一结合的价值生产更多地表现为文化生产的内化和价值转换的升华，以及中国梦践行在价值活动中的所指。其间，无论是文化自觉的价值向度还是中国梦践行的价值生产，其价值创造的理论逻辑和现实延展，不仅与文化生产力的发展水平相续，而且与生产方式的价值内核相融。在价值生产的过程中，无论是文化自觉的中国梦向度还是中国梦践行中的文化自觉，不仅与劳动时间对象化逐步积累的过程相续，而且与价值外化和内涵转换的物态化结果相系。如何将民族文化的主体意识嵌入中国梦价值生产的过程，如何运用价值生产的程式实现文化自觉的功能，怎样通过文化自觉的力量强化中国梦生产的价值，坚持文化自觉与中国梦践行的统一，克服共时与历时的碰撞与挑战，直面不确定性和非均衡性因素的制衡，凸显在文化自觉与中国梦践行结合的价值向度里。回归民族成员情感世界的本真，于文化产品的服务中彰显中国梦的价值内涵，使民族文化的精神成果获得更加普遍的认可；回归民族成员日常生活的本真，在中国梦的践行中渗透民族精神的涵濡，包容其政治性、伦理性和科学性的内容，使中国梦践行的创造获得更加普遍的认同。

　　文化自觉与中国梦践行的结合是文化向度的结合。民族文化是民族成员对物质世界的观念把握，是"意识、思维活动和自觉的心理状态"[①]。在精神层面上，民族文化蕴含着精华、实质和活力的意涵，是民族成员以观念的形式感知、以意向的形式把握、以理解的形式解释世界的活动与能力。就思想渊源而言，文化自觉涵盖了中国梦的价值体认。作为中国梦价值追求的文化精神，文化自觉侧重于中华优秀传统文化的民族性，强调了情感与意志"自知之明"的文化思考和理性行为。通过为民族群体提供观念、信仰和价值，文化自觉从"自觉一般"经"个体自觉"到"自觉自由"的逐层递进，造就了中国梦践行价值意蕴对文化性格形塑的影响。就价值属性而言，中国梦是民族文化的组成部分。作为民族文化的主导，中国梦践行的价值追求是上升到思想体系的民族心理，是民族意识的深层表达，是民族共同体得以存在的精神支柱。我们强调文化自觉的民族性，着眼于民族成员理性认识和自由抉择的文化性，注解于民族情感与民族意志的意识性、目的性和主体性，深化于民族性格、民族气概的文化养成；我们强调

[①] 《辞海》编辑委员会编《辞海》，上海辞书出版社1989年版，第2157页。

中国梦的文化性，着眼于民族成员对民族文化"自知之明"的自觉性，注解于中国梦理想愿景的文化思辨，深化于中国梦奋斗目标的文化省思。

文化自觉的意识性、目的性和主体性指向了文化群体利益和价值的内生性，它以民族生存和文化发展的客观条件为依据，有别于其他自然的存在物，历史性地积淀为民族成员的生存方式，延伸为民族成员的社会化展演。文化自觉在中国梦践行场域中的实现，浓缩了文化意识的精华，具有全民性、强制性、传统性和时代性的文化特点；中国梦践行在文化自觉向度中的演化，反映了民族群体主观精神与客观基础的关系，具有民族成员文化内化的客观养成和责任外化的主观教化。文化自觉与中国梦的向度结合同时渗透在文化生产的实践中，这是思想体系社会性的表达，这一过程与民族文化的理性认识联系在一起，与民族成员的自由抉择相向而行。一方面，文化自觉的理性认识对民族文化的思想加以概括，文化自觉的自由抉择对社会意识的进步加以提炼；另一方面，中国梦的践行将概括和提炼后的民族思想和文化观念推向社会，导引对象性活动，进行社会化动员。就此意义而言，文化自觉的中国梦向度是民族成员社会生活的文化表现，而中国梦践行的文化延展则从价值认知、价值批判、价值选择到价值共识的达致，论证了文化省思从价值原则到未来预期的经验累积和实践反馈，并从现实性上阐释了从主体规范到实践模式的自觉本位和价值行为。

文化自觉与中国梦践行在文化向度中的和谐共生是动态化的建构过程。文化向度演进的基础依然是客体属性的效用，而文化关系的生产同样赋予了"建构"以价值的意蕴。这种以社会和个人对文化的需求表现出来的效用，是在价值呈现过程中的理性认识与自由抉择，同时也是意识性的"自觉一般"、目的性的"个体自觉"、主体性的"自觉自由"在中国梦实现过程中的物态转换与呈现，在席美尔那里这是主客体分离过程的价值体验。就此意义而言，中国梦的实现方式和前提条件的变化，对文化自觉的过程同样具有深远的影响。就民族文化的再生产而言，文化价值的效用表现为社会的强制性、个体的选择性以及受意识形态制衡的建构性；就中国梦客体需求的文化性而言，民族文化对于民族成员的"自知之明"同样是一种直接的需求，表现为观念形态的文化所承担的调适功能、导引功能和激发功能。离开了文化自觉对社会生产的满足，脱离了民族群体对个体选择的要求，必将影响民族目标、民族规范与民族情感的规约。由此可见，文化自觉与中国梦践行的向度结合，不仅表现为文化价值效用生产过程的社会化，而且表现为民族个体与社会群体反身形塑的过程化。由此出发，社会展演、艺术表演、演讲等文化传播形式与文化服务过程于文化自觉的达致，文化景观、纪念空间、活动场域等文化传播空间在中国梦践行过程中的运用，分别以特定的物质载体进行着文化生产的实践，同时呈现文化生产过程的外在化转换，而文化符号学的理论意旨则以隐含的方式诠释了文化的价值体系，由此生发历时态变动与共时态稳定的文化作为。

　　文化自觉与中国梦践行的结合是弘扬中华优秀传统文化的结合。民族文化是上升到思想体系的民族共同心理，由民族成员在长期的生活实践中创造，表现出一个民族在一定环境下所建构的生活方式和该民族共同信奉的价值观。中华优秀传统文化是中华民族文化的精华，其积极进步性因素的框定、对民族文化消极部分的剔除和对优秀部分的萃取，使其成为仅仅容纳正面意义的概念。与此相适应，弘扬中华优秀传统文化首先表征于原有基础上的继承和发展，这是民族文化价值内涵一以贯之强调的；同时，表征于文化精神和时代特质的拓展与提升，这是民族文化价值内涵创新成长的凸显。在现实性上，中华优秀传统文化具有永恒的魅力和永久的生命力，具有时代转换的构成和底蕴。作为重要的精神导向与精神形态，中华优秀传统文化同时以某种方式内含着人的类本质，因而具有普遍的价值性。因此，文化自觉是民族传统的历史延伸，民族传统是历史传递着的文化精神；中国梦践行具有链接共振的现代性，现代性是民族文化时代精神的部分。一方面，文化自觉的延续性和不可割裂性，要求我们对优秀传统文化必须持继承的态度；另一方面，任何一种精神导向和精神形态所蕴含的价值又都具有历史性，要求中国梦践行对接于传统与时代的共鸣。由此出发，文化自觉与中国梦践行在中华优秀传统文化弘扬中的结合，不仅作用于传统影响现代的向度，而且形塑于现代对接传统的场景。就此意义而言，无论是文化自觉的达致还是中国梦践行的自觉，均不等同于文化函数的置换。事实上，中国梦践行以再发现的价值能指和再创造的价值超越，立足于先辈们传承，阐发于时代精神的演进，而主体选择的介入和时代精神的弘扬则建构为继承精华与发展创新的关键。

第二节　社会转型进程中的中国梦认同

　　社会转型与经济全球化的发展如影随形。作为商品、货币、贸易、移民世界性对接的结果，经济全球化不仅在资本扩张与增值的经济过程中凸显，而且在文化激荡与碰撞的政治过程中深化。作为经济和政治的统一，全球化丰富和拓展了民族国家交往互动的空间和民族成员参照对比的对象，它所引起的社会转型诱发了传统族群边界的结构性伸缩和原生族群根基性认同的情境拆合。作为资本运行的新表征和价值传播的集合体，全球化的深入与推进，不仅导致了以民族国家为主要政治形式的工业体系的形成，而且促进了集共同命运的族群归属和政治独立身份诉求于一体的民族主义崛起，由此催生"建构民族性"和支撑以"想象的共同体"为内涵的政治运动。在全球化碰撞的强势席卷下，在社会转型的急剧变革中，"必须全面正确贯彻党的民族政策和宗教政策，加强民族团结，不断增进各族群众对伟大祖国、中华民族、中华文化、中国共产党、中国特色社会主义的认同"①。习近平总书记关于"五个认同"的论述，不仅深刻阐明了社会转型所带来的文明形态、价值观念和社会生产急剧变化的时代挑战，而且系统诠释了中国梦认同的根基性呈现和自觉性归属；不仅指涉了中华民族直面经济全球化同一性基础的时代课题，而且表征了中华民族应对社会转型包容性空间的时代形塑。

一、经济全球化导引的社会转型

作为现代化的逻辑演绎，引发社会转型的经济全球化是"时代政治"和"精神历史"发展的定然向度。卡尔·波普尔指出："认识某一历史事件的意义和重要性，仅仅分析事件的起因结果和境况值是不够的，必须分析那个时期占主导地位的根本的客观历史趋势和倾向，分析该事件对历史进程的推动作用，而历史进程本身又促使这种趋势的出现。"② 起源于工业化的经济全球化是劳动分工和生产专业化持续扩张的产物，是区域现代化对接世界现代化的结构性成果。回顾西方工业革命走过的历史进程，全球化并"不是什么新现象，而是长期一贯的事态发展的继续"③。经济全球化首先是资本逻辑扩展的全球化，以此为先导涵盖和渗透了世界经济、政治和文化，触角深入到人们生活的各个方面。"单是大工业建立了世界市场这一点，就把全球各国的人民，尤其是各文明国家的人民，彼此紧紧

---

① 习近平：《习近平在中央第六次西藏工作座谈会上的讲话》，载《人民日报》2015年9月26日。
② 卡尔·波普尔：《历史决定论的贫困》，杜汝楫、邱宗仁译，华夏出版社1987年版，第17页。
③ 格雷厄姆·汤普森：《导论：给全球化定位》，仕琦译，载《国际社会科学杂志》（中文版）2000年第2期，第7-21页。

地联系起来,以致每一个国家的人民都受到另一个国家发生的事情的影响。"① 受现代化和全球化的现实交织的影响,"凡是民族作为民族所做的事情,都是他们为人类社会而做的事情,他们的全部价值仅仅在于:每个民族都为其他民族完成了人类从中经历了自己发展的一个主要的使命。"② 来自现代化和全球化的共同解构,"各民族的精神产品成了公共的财产。民族的片面性和局限性日益成为不可能,于是由许多种民族的和地方的文学形成了一种世界的文学"③,极大地影响了民族国家内部社会转型的进程。社会转型中互为过程与结果的现代化和全球化,"代表了这样一种趋势,一种将世界各地的人群组合成一个整体的全球社会的趋势。"④ 现代化导引的市场整合和结构性调整,使经济全球化"可以视为世界范围内,社会性联系的加强,由此发生在各个地域的事件,其影响可以波及原来被认为遥不可及的地方和人群"⑤,民族国家和民族成员交往互动的空间和参照对比的对象随之改变。与世贸组织、世界银行、国际货币基金组织等世界性组织的出现同步,跨国公司、跨国联盟、区域联盟纷至沓来,资本、货物、人口的全球流动加速,移民潮和"解构主义"双重运作,公民权利向非公民延伸,国家的传统界限一再被突破。概言之,经济全球化的时空分延"使在场和缺场纠缠在一起,让远距离的社会事件和社会关系与地方性场景交织在一起"⑥。其间,以社会力量的面目显现的资本杠杆牵引着工业资本向知识资本的递进,这在一定意义上代表了工业社会向后工业社会的转型,缩影着工业现代化进入经济全球化的进程与向度。其背景涉猎的广泛性、领域界阈的伸张性、利益要求的多元性,导引不同的利益视角、不同的历史语境、不同的领域划分成为可能,使全球化派生的普及和莫衷一是的矛盾成为现实。正如马克思所言:"物质的生产是如此,精神的生产也是如此。"⑦ 经济全球化对社会转型的影响还表现在经济运行环节的全球性。马克思指出:"资产阶级,由于开拓了世界市场,使一切国家的生产和消费都成为世界性的了。"⑧ 工业化的发展使全球范围的

---

① 马克思、恩格斯:《马克思恩格斯选集》第1卷,人民出版社1995年版,第241页。
② 马克思、恩格斯:《马克思恩格斯全集》第42卷,人民出版社1979年版,第257页。
③ 马克思、恩格斯:《马克思恩格斯选集》第1卷,人民出版社1995年版,第276页。
④ 李鑫炜:《体系、变革与全球化进程》,中国社会科学出版社2000年版,第15页。
⑤ 李鑫炜:《体系、变革与全球化进程》,中国社会科学出版社2000年版,第15页。
⑥ 安东尼·吉登斯:《现代性与自我认同》,赵旭东、方文译,生活·读书·新知三联书店,1998年,第23页。
⑦ 马克思、恩格斯:《马克思恩格斯选集》第1卷,人民出版社1995年版,第276页。
⑧ 马克思、恩格斯:《马克思恩格斯选集》第1卷,人民出版社1995年版,第276页。

经济转换和现代国际关系体系得以形成，资产阶级不仅从中获取了源源不断的廉价资源和劳动力，而且得到了商品倾销的世界市场。他们"通过前所未有的世界规模的劳动分工、资本积累和不平等交换，把世界各个国家和地区联系到一起，形成现代世界体系不可分割的有机整体"①。随着全球化的深入和普及，采购、生产、消费、分配等一系列经济运行环节不再局限于共同体的实体界限，而被赋予了跨国家和地区的世界意义。"世界市场不再是一个欧洲共同体的市场，也不再是一个经济合作与发展组织的市场，而是一个几乎包括整个世界的市场。"② 在此格局中，以资本、商品、技术、服务和劳动力为代表的所有生产要素几乎都被整合到某个特定的空间或区域，最终汇集为单一的全球大市场，任何一个国家和地区置身于这一市场之内，独善其身都是不可能的。

在社会转型资本扩张的场景中，我们所看到的是"从世界性商品链中产生的总的剩余价值在任何时候都是有限的，这些剩余价值在任何时候都不是在商品链的所有环节上平均分配，而总是集中于一些特定的环节和地区"③。经济全球化不仅未能带来资源、收入和权力的全球性分配，没有解决国际决策全球失衡的现实问题，没有创造出消除民族差别的政治制度和法律体系，反而将各民族间关系与差距愈加恶化为穷国和富国的悬殊。这一事实证明："每一历史时代的经济生活以及必然由此产生的社会结构，是该时代政治的和精神的基础。"④ 经济利益是如此，文化利益更是如此。在现实性上，民族利益的载体与基本表述单位的国家面对全球化的作为与态度，是不同的社会结构和不同的经济地位角力与伸张的结果。发达国家强调以约翰·汤林森为代表的"文化进化论"的传统与现代区分，试图开启文化同质的普遍化进程；发展中国家则强调"本土化"和"特殊化"的历史传承，以"文化相对论"回应"文化趋同"的挑战与碰撞，试图开启文化异质的多元化进程。然而，无论是"文化进化论"还是"文化相对论"，二者的竞争不仅隐喻着不同国家在国际关系结构中的不同地位，而且表征着民族国家文化战略"主动进攻"与"被动应战"的现实分层，进而"引

---

① Hopkins T K, Wallerstein I. *World-Systems Analysis：Theory and Methodology*. Sage Publications ltd，1982，pp. 42 – 43.
② 乌·贝克、尤尔根·哈贝马斯：《全球化与政治》，王学东、柴方国译，中央编译出版社2000年版，第205页。
③ Wallerstein I. "Development：Lodestar or Illusion". In *Unthinking Social Science—The Limits of Nineteenth Century Paradigms*. Cambridge：Polity Press，1991，p. 109.
④ 马克思、恩格斯：《马克思恩格斯选集》第1卷，人民出版社1995年版，第252页。

发了发展中国家对于'后殖民主义'的自觉反抗并重新燃起对于独立的渴望"①。

二、认同与斥异的时代场景

认同与斥异是共同体生活的重要命题。当相似性和相同性指向社会关系形成时,认同的价值肯定与斥异的价值否定,凸显了与"他者"比较的"我们",进而形成认同与区分的归属感。"我"到"我们"的包容性原则、"我们"与"他们"的斥异性原则,不仅决定了同一性基础上身份识别的事实性确立,而且决定了差别性基础上群体设限的选择性后果,具有内部主张与外部要求双向稳定的结合与表象。

在认同的关系中,民族与国家是最为重要的考量。国际体系中最为稳定的共同体形式,通过民族与国家之间复杂而深刻的互动,构成了文化认同、政治认同、政党认同、道路认同的源点。文化是具有物质载体的观念世界,是人类创造世界的主观方式和民族存在的现实图景。作为一种社会现象,文化以民族为载体依附于具体国家,成为共同体深层的记忆和民族国家的精神意涵。族群是人们对其出身和世系所做的文化解释(查尔斯·凯斯语),是人们在交往互动和参照对比过程中构建的一种关系,由共同起源到共同文化的人类共同体,作为概念的族群被文化论的学者视为社会承载与文化区分的单位,而近代意义的民族,其形成与维系更深地依赖于"表现在共同文化上的共同心理素质"。因此,民族认同主要表现于历史文化认同。国家是建立在民族机体之上的上层建筑,是民族共同体的权力组织机构、民族文化的捍卫者、民族利益和民族主权的代表者。作为"政治实体的最高形式,民族精神的政治外壳,民族意志和命运的物质体现"②,国家以领土、人民主权、政治合法性为原则,搭建国民联系的桥梁,实施稳定的制度,提炼和抽象民族意识凝聚的观念与思想。在现代世界体系下,所有的"人口集团"均被纳入民族国家的框架下,纳入国家司法行政的领域里,在这相对独立的政治单元内,国民对政治制度设计、安排和运行的研判,对其合法性、正当性和权威性的研判,对国家所赋予的利益的研判,对政治资源运行绩效的研判,贯通政治认同之制度、利益和绩效,直指国家认同之条件、基础和标的。

---

① 田佑中:《论全球化时代价值冲突的形式及意蕴》,载《现代国际关系》2001 年第 7 期,第 38-44 页。
② Sabine G H. *A History of Political Theory*. Holt, Rinehart and Winston, 1961, p. 306.

回顾民族国家产生和发展的历史，无论是脱胎于封建王国的演变，还是源起于多元帝国的废墟，均与近代民族的概念联系在一起；而近代意义的主权国家和近代意义的民族尽管在时间上并不完全同步，但它们寻求公共权力、进行政治整合的诉求和过程都达成了相对的统一，进而完成了两种共同体形式的对接与融合。特定土地上的人们、共同体的文化蕴涵和公共权力机构的汇集，从地域分界、民众心理和社会接纳等各个方面，影响和制约了社会个体成员的行为决断、价值选择和认同实现，最终导致民族共同体形式政治化的完成。在这个过程中，"民族国家的创立如果不是必然地，也是经常地作为一个社会的其他发展的结果而出现的。这些变化在学术上有时简称为'现代化'。"① 领土、主权和民族紧密结合的文化价值体系，在管控与治理人们的社会生活，协调与润滑人们的社会关系，维护与固基正常的社会秩序等方面扮演了重要的角色，无论是在单一民族还是复合民族之间游移的民族国家，它的实体形式还是取代了以往一切陈旧的语言，它的整体利益还是战胜了狭隘的地方性阻隔，对民族国家的忠诚演绎为民族成员的道德与义务。即使国家功能"弱化"的今天，世界政治经济格局中所发生的民族矛盾和民族冲突，仍然以获取国家权利、挑战现有资源的分配方式和分配格局、颠覆政治运行的机制和结构为中心反复出现，从未跨过民族国家世界体系的范畴。

民族国家所有制度中最重要的内容是内部排斥机制。作为民族国家政治运行的前提预设，内部排斥机制强调民族成员既是单个独立的原子，又是彼此平等的国民。它所内涵的国家主权独立神圣不可侵犯，其意义不仅直指国际关系的法理基础，而且直指文化认同达成的政治依托。历史上，伴随着民族国家的产生，民族意义的近代研判和最终确立，无时无刻不与社会阶层的流动和政治决策的民主化联袂而行。资产阶级在强调人生而平等之时，从未止步于语言、宗教、种族和文化的强制同化，他们在开放政治权利的同时，亦将对外战争诠释为公民义务的基本内容，以此凸显排斥性内涵的本质意义和区分他者的功能性标的。这就不难看出：国家领土上的集体与个人总是定格于国家存在的意义，民族国家的职能总是实施于具体的领地，具体地域上的人民决定了国家合法性的源头，权利与义务总是联系着公民身份与公民权的授予。

经济全球化的"异质趋同"与同一性基础的"排他斥异"，使民族国家在碰撞和挤压中遭遇主权危机，使传统的根基性认同于混沌与冲突中面临

---

① 安东尼·奥罗姆：《政治社会学》，张华清等译，上海人民出版社1989年版，第341页。

挑战。"来自上面的全球化和国际化的压力,来自下面的地区和反对利益的诉求压力,以及来自水平发现的市场和市民社会变化的压力。这些因素削弱了国家在经济管理、社会巩固和文化认同上以及制度化构造的能力。"①事实上,民族国家现代化的内部要求与全球化异质趋同的发展趋势、自由贸易协定与开放的贸易体系,无不体现了互惠互利的游戏规则对战后经济秩序和国际关系的现实碰撞。我们看到,传统的殖民扩张,总是借助国家、族群、种族的定义和表达,进行政策和道德设计的价值介入和法理判别,而全球化却使地方要求脱离国家制度成为可能,使区域间的高度同质成为可能,使激活特殊群体的族群要求成为可能,使跨国行为的物质形式和象征利益的隐藏成为可能。由此,与"想象的共同体"紧密相连的非领土化政治悄然兴起,正在消减民族国家存在的传统意义。"一方面民族(或者更确切地说,具有民族性观念的群体)试图建立一个新的国家或共同掌握国家政权,另一方面国家也试图稳固或垄断关于民族性的观念。"② 就民族对国家的追求而言,非领土化政治已逐步演变成为全球宗教激进主义的核心(阿帕杜莱语),极端主义势图抽象出想象的族裔共同体,甚至不惜瓦解现存的国家。

就认同的指谓而言,寻求"我"与"我们"、"我们"与"他们"之别的镜像是其重要的一环。在这个过程中,"民族化""国家化"的思考与公民权"独特性""排他性"的要求,总是紧密地结合在一起。然而,我们看到,经济全球化在弱化国家地域界线的同时,在干扰国家主权与社会管理的传统职能的同时,还指涉了公民身份与公民权授予的基本原则。异质趋同与排他斥异的失衡,群体边界与固定空间的弱化,整体与传统集合的疏远,"催生出一个能够在世界各地流动的、具有多元种族结构的、能够使用英语的专业人员阶级"③。就世界精英们的无国籍化趋势而言,"精英是世界的,而老百姓是本地的"(卡斯特尔斯语)已然成为当今世界的普遍现象,据亨廷顿在《我们是谁:美国国家特性面临的挑战》一书中引用的统计数据,跨国家化的精英们的数量在 2010 年较之 2000 年的 2000 万已然翻了一番。全球化为全人类带来了思考和界定共性的询问:"我们是谁"、"我们为什么宣称我们是谁"、"我们"之所以成为"我们"的依据、"我们"与

---

① Keating M. *The Regionalism in*: *Western Europe*: *Territorial Restructuring and Political Change*. Edward Elgar Publishers,1998,p. 73.

② Appadurai A. "Disjuncture and Difference in the Global Cultural Economy". *Public Culture*,Vol. 2,Spring,1990,p. 13.

③ Miyoshi M. "A Borderless World? From Colonialism to Transnationalism and the Decline of the Nation-State". *Critical Inquiry*,Vol. 19,1993,pp. 726 – 751.

"他们"的区别。受此影响,"现今的国际事务越来越难以使用'我们'一词。过去'我们'一词往往意味着自己的国家,现在人们对国家的从属并不一定能够对个人的利益和忠心"做出界定。① 身份的具体与虚无,不仅仅是身份问题,在列斐伏尔看来,意义的缺席、价值的泯灭、目的空置代言,所有这些"虚无"都指向了认同的危机,"虚无主义深深地内植于现代性,终有一天,现代性会被证实为虚无主义的时代,是那个无人可预言的'某种东西'从中涌出的时代"②。

"异质趋同"与"排他斥异"的结构性冲突,不但证明了"把社会认为是结构化的、有组织的、与民族国家空间界限一致"的理论误区,而且昭示着"现代社会理论"与全球化实践对接的现实真空。就共同体生活的实践而言,在全球化复杂多变的社会关系中寻求共识、奠定认同的基础是困难的,这不仅是因为多元语境下的权利表达难以平衡集体性的要求,而且因为文化差异情境中的权利平等难以构建民众接受的理论范畴。正因为如此,民族国家对领土主权、公民权授予及合法性的坚守与诠释,对历史传统、民族文化及民族特质的坚守与高扬,无不彰显了"异质趋同"与"排他斥异"的话语对决,无不隐喻了认同与斥异的矛盾对立,无不指向了共同体内部次生关系互动的限阈。对此,尼格尔·多德一针见血地指出:"现代社会错误地认为自己是在向普遍性进步,而实际上,它只是产生了大量不协调的、自我指引的(局部的和狭隘的)合理性,它们变成了实现普遍合理秩序的主要障碍。"③

三、中国梦认同的现实延伸

社会转型中的中国梦认同以反思与建构的能动,开启了全球化时代"认同"延伸的逻辑推进与发展演化。经济全球化与认同机制的矛盾对接,正如马克思指出的那样:"理论在一个国家的实现程度,总是决定于理论满足这个国家的需要的程度。"④ 经济全球化带来的生产、贸易和消费的跨国化,衰减着国家的部分职能,但这一切仅仅指向"他们运用的逻辑、他们

---

① 塞缪尔·亨廷顿:《我们是谁:美国国家特性面临的挑战》,程克雄译,新华出版社2005年版,第224–225页。
② Lefebvre H. *Introduction to Modernity*. Verso Publishers,1995,p. 224.
③ 尼格尔·多德:《社会理论与现代性》,陶传进译,社会科学文献出版社2002年版,第202页。
④ 马克思、恩格斯:《马克思恩格斯选集》第1卷,人民出版社1995年版,第11页。

为之效力的委托人、他们使用的工具、他们占据的位置发生了变化而已"①。全球化暴露出来的危机症状和矛盾失衡,迫使人们从政治制度和社会包容等各个方面对国际秩序和民族国家制度的缺失进行结构性审视,对既有矛盾的历史原因和现实影响进行深入的剖析,进而使制度转化和更新成为可能。"我们把一个过程说成是危机,这样也就赋予了该过程一种规范的意义:危机的克服意味着陷入危机的主体获得解放。"②因此,经济全球化的强势席卷不仅从经济、政治、文化等各个方面对民族国家产生了深刻的影响,而且对国族梦想的深刻阐释和时代回应发出挑战,它的另一面则为社会变革的演进和社会关系的调整注入了新的机遇和源泉,两者形成互动和张力,在推进民族国家制度创新的同时,为国族梦想价值诠释的社会共识提供了新的舞台和理论阐析。

作为客体属性的主观认知,中国梦认同"归于相互理解、共享知识、彼此信任、两相符合的主体之间的相互依存"③。中华民族成员对中国梦的认同,以彼此信任的价值研判延伸至心理归属和理性自觉的层级,表征着"事物同人所需要它的那一点的联系的实际确定者"④。在社会契约论、重叠共识论、视域融合论、合理交往论和价值澄明论那里,认同与共识在经验层面的个体含义和整体层面的系统要求,无不指向了反映社会存在的观念在差异性与统一性交互中的求解。作为"简单现象那样的感性材料的扬弃"对"感性实在"背后"归结"的阐发,中国梦认同正是以中华优秀传统文化的内生性文明因子、包容性互动方式、理解性的对话沟通与合作性的优势互补,形塑于多元一体的命运与共及民族情感和社会心理的趋同。作为价值共识达致的直接定在,中国梦认同中华民族成员主体意识活动网络之上的"纽结""依据和趋向之点"⑤,赋之作为体系的认同起点、作为中介的认同概念和作为终点的认同共识,表达了中华优秀传统文化在社会转型进程中对中国梦的诠释,以及中国梦认同在客体属性和主观评价的具体应用上的合题。

中国梦认同在"五个认同"中的演进,反映了认同对主体时代特征的深入思考,其实质是情感性认同、利益性认同、价值性认同的逻辑衔接与

---

① Miyoshi M. "A Borderless World ? From Colonialism to Transnationalism and the Decline of the Nation-State". *Critical Inquiry*, Vol. 19, 1993, p. 744.
② 尤尔根·哈贝马斯:《合法化危机》,刘北成、曹卫东译,上海人民出版社2000年版,第4页。
③ 哈贝马斯:《交往与社会进化》,张博树译,重庆出版社1989年版,第3页。
④ 列宁:《列宁选集》第40卷,人民出版社1984年版,第291-292页。
⑤ 黑格尔:《逻辑学(上卷)》,杨之一译,商务印书馆1982年版,第15页。

层次递进。无论是情感性认同、利益性认同还是价值性认同,对时代特征的反映不仅是抽象的,而且是具体的,它的抽象同时蕴含着某种规律性的共通。情感性认同表现于共同体成员对中华民族和对中华文化的自然认同,据此形成民族成员对中华民族历史既定、宿命天成,并体现民族特质的实体与观念系统的体认与认可,成为民族成员身份识别、族群归属、价值共识的基点与源泉。利益性认同表现于民族成员对祖国、对中国共产党的强化认同,彰显国民对制度设计、政治绩效与利益分配的肯定与赞同,表征着国民对中国共产党政党认同的理性自觉与正向研判,指涉国民归属身份界定的强化、国家主权意识的凸显、国族意志的张扬。民族与国家作为群体利益表达与价值研判的两种实体形式,寻求权力的整合与对接。利益性认同所表征的祖国认同与中国共产党认同构成了民族成员原生情感与价值选择的中间环节与现实依托。价值认同表现于对中国特色社会主义的理解认同,源于对五千年从未中断的古老文明的认知,对中国共产党执政理念的感悟,对中国特色社会主义道路的接受;产生于民族文化认同、政治认同、国家认同之层次链接的理解向度中,来源于情感性认同的根基性和原生性,凭借利益性认同的竞争性和分配性,凝练于价值性认同的意向性和自为性。

以中国梦认同为中介,民族—文化认同、政治—国家认同、政党—道路认同的循环建构构成了"五个认同"固本强基的外衍关系。换言之,中国梦认同的实现生发于民族—文化认同、政治—国家认同、政党—道路认同演进的内生逻辑中。文化—民族认同承载着民族成员对中华民族文化价值内核的深层体认以及对族属身份的情感归属,是对民族文化差异与民族特质的保有与强化,为"中国梦认同"提供情感皈依与身份识别的价值语境;政治—国家认同彰显民族与国家、文化与政治于公权力中得到的整合与对接,表征着国民对国家主权、国民身份、国家利益的捍卫与坚守以及对政治设计之制度、利益与绩效的认可与要求,为"中国梦认同"提供具有政治蕴含的价值引领;政党—道路认同内含国民对中国共产党历史地位与执政能力的肯定与认可,以及对中国特色社会主义道路的主张与自觉,为"中国梦认同"提供决定国族发展愿景的价值归旨。"中国梦认同"实现于民族—文化认同、政治—国家认同、政党—道路认同所提供的"价值语境""价值引领""价值归旨"中的相互链接、依次递进、循环论证,彰显了中国共产党直面挑战、把握机缘的进取与互动,形塑着具有世界意义的中国道路、中国气派、中国力量,构成了中华民族应对全球化所引发的社会转型的现实策略。

其一，以"民族—文化认同"为源泉，汲取政治认同与国家认同的价值养分，固基政治、国家认同。以"中国梦认同"为基点，确立自我肯定的延伸和"他者"承认的佐证，是中华民族应对经济全球化的战略举措。从理论研判的视域出发，认同"可以是强加的，但很少如此；更正确地说，认同是皈依的，因为它们呈现的正是人们想要的"①。在导引社会转型的经济全球化资本的视野里，族群政治的国家层面无论是认同还是认异不过是原质主义悖论的缩影。这不仅在于认同构成的根基性"原质"——语言、肤色、地域、亲缘早已削弱在全球化的长河中，而且在于"原质"性建构本身就是一种"想象"。阿帕杜莱将这种建构归纳为人种、媒体、科技、金融和意识形态图景的全球流动、层次断裂和时空脱节。认同的建构不仅受制于内外因素的挤压和刺激，而且受制于图景内部和各图景之间的交互与影响，从中折射出图景断裂的结构性松动。从这个意义出发，不同国家和地区、不同民族和族群的集体认同必须在民族文化的"语意心境"中寻求唯一不二的"题旨情境"以消除认同的分歧。

中国梦认同的起点是认知，对民族文化的符号认知、情节认知以及价值认知，不仅是中华民族文化传承与选择的起点，而且也是文化创新的基点。作为民族成员自由意志理性选择的结果，价值认同是中国梦认同的文化阐释以及认同力的现实转化延伸主体、客体、介体。民族文化价值体系的生成与中华民族在经济全球化历史进程中物质与精神的生产实践紧密相连，不仅反映了中华民族成员独具特质的心理思维规律与特点，而且表征了中华民族成员在物质与精神生产实践中的利益共享机制与价值研判方式，从制度、利益和绩效等方面生成、引领、整合民族成员的价值共识。国族梦想认同同样受制于比较中的差别和共注，民族国家之间交往关系的每一次扩大、生产交换关系的每一次深入，都使世界政治经济体系中的民族载体得到了深度和广度的变化，影响着被卷入地区和民族的传统结构和制度安排，促使这些地区和民族向更广阔的世界市场迈进。一些民族和地区重新审视着自己所处的世界地位，重新诠释着利益的民族指向和区域分配，试图抓住世界政治和经济重组的时机，与生产过程发生更为直接的联系，提高进入全球市场的自主性，争取更大的活动空间。然而，这却是一个既收获利益又夹带着痛苦的过程。如此看来，异质趋同的全球化竞争凸显了"资本主义经济管理的全球化空间与其政治和社会管理的民族空间的分裂"，仅靠单一的市场不能防范这种分裂，而"市场加国家"更需要民族文化认

---

① 约瑟夫·拉彼德、弗里德里蒂·克拉托赫维尔主编《文化和认同：国际关系回归理论》，金烨译，浙江人民出版社 2003 年版，第 43 页。

同凝聚力量，因此"脱离政治和国家的经济是不存在的"①。由于资源有限性和资本扩张性的对象冲突，更由于国际竞争的残酷性和复杂性的双重复合，社会转型使全球化竞争风险更为彰显。有鉴于全球化时代的竞争仍然是民族利益的竞争，社会转型利益最大化仍然是民族国家政治、经济和文化策略的目标追求，深化和培育民族文化的时代精神，赋予其超然的地位，自然而然地成为民族国家应对社会转型全球竞争的不二选择，进而促进"政治—国家认同"的高扬与深入。

其二，以"政治—国家认同"相统一的中国梦价值认同为引领，强化全球化视域中具有民族特质的同一性基础与包容性空间，带动政党认同与道路认同。政治认同是国民对政治输入与政治输出的理性认定与情感归属，包含着对政治设计、政治安排之制度、利益、绩效的综合考察与价值研判，构成国民身份意识的主要依据。政治认同构成了政治组织尤其是政党合法性的重要源泉，其情感归属与理性自觉的实现直接影响政治组织制度化的程度，构成了社会政治稳定的重要参数。同时，政治认同代表了政治组织与政治过程的国民参与度与支持度，具有凝聚共识、统一标的、激发热情的功能属性，是社会动员与社会力量凝聚的强大动因，为政治组织的方针、政策、路线的贯彻落实提供精神动力。国家认同是最基本的政治认同，是国民对国家疆域、国民身份、人民主权的主动认可与自觉服从，是对国家性质与合法性的价值体认与自由选择。以中华民族伟大复兴为本质的中国梦，以中华文明为历史根基、中国共产党为领导核心、全体民族成员为实践主体，是贯通国家富强、民族振兴、人民幸福的发展愿景与共同向往，是个人梦与国族梦的辩证统一；中国梦价值内涵的话语表达，立足于民族特质的当代凸显、民族传统的时代转换、政治价值的全球主张、国家精神的顶层建构，是历史向度、现实向度、未来向度的辩证统一；中国梦价值认同是民族成员于历史的纵向源流中、世界的横向比较中对国家、民族发展具有自知之明的时空定位，承载着中华民族对物质基础、法治建设、政治保障、精神动力、社会条件、生态建设、国际担当的多维畅想与价值趣旨，是政治认同与国家认同的辩证统一。

中国梦价值内涵以中华优秀传统文化的价值特质为精神内核，锤炼与美国梦、欧洲梦相区别的中国道路，是中华民族文化底蕴之上的文明形态与发展模式的当代表达，阐发与"他者"比较的价值追求、利益关系和实现方式，凸显中国梦价值认同的整体性、特殊性和世界意义，从"他者"的佐证中获得自我肯定的延伸，强化族体自我认同的同一性基础。价值认同的感召功能、凝聚功能和物化功能构成了中国梦感召力、凝聚力和物化力的相互联系和相互支撑,其整体性、同构性和自身调整性,为国家软实力的提升延伸主体、客体和介体,充实东方话语体系建构的物质基础、精神资源和包容性空间。政党认同的根基在于政党存在的合法性,其核心要旨是价值认同。融通民族传统精神与时代精神的社会核心价值构成了民众对政党认同的价值标准,而政党的政治作为、执政绩效、执政能力构成了政党认同的现实根据。道路抉择是政党认同的重要依托,为政治作为、政治绩效与执政能力提供价值定向与目标导引。作为中华民族团结奋斗的"最大公约数",中国梦价值内涵是社会主义核心价值观在国族发展愿景上的现实展开,表征着中国共产党带领中华民族实现伟大复兴的时代作为,体现了中国共产党面对全球化"异质趋同"强势席卷的进取与互动。中国梦价值认同所产生的价值共识与价值凝聚,切入共同体政治的实际,为中国特色的社会主义道路提供目标支撑、价值整合与精神动力,导引共同体政治更完善、理性、贴切的制度设计,推动共同体内部利益共享机制的更新与完善,动态地稳固中国共产党存在的价值基础,诠释和论证中国特色社会主义的历史与理论逻辑。

第三节 中国梦价值认同的逻辑演进

中国梦价值认同是民族成员对中国梦价值内涵的认可与赞同,由此产生归属意识,进而形成理性自觉的过程。中国梦认同的观念形态、价值体系和演进模式,构成了价值认同"何以可能"的系统结构。在这个系统中,中国梦价值内涵由认识到实践、由理想到现实、由精神到物质转化的意义域,客观关系系统、力量关系构型、主观见之于客观的中介,分别以顶层设计、系统协调、基础链接的关系、机制和介质,指谓"认同"如何"可能"的实践场。从根基性的象征与情感,到利益性的竞争与分配,再到价值性的理解与自觉,从文化认同的价值语境,到政治认同的价值引领,再到理性认同的价值归旨,中国梦价值内涵的内化与外化,在系统推进的场域中、在层次链接的关系里,演绎着认同实现的内生逻辑和外化发展的理论逻辑。

一、中国梦价值认同的系统结构

结构反映了事物的时空性,它是系统中各要素联系、作用的方式。中国梦价值认同"何以可能"的状态和形式，以共时态稳定的空间结构和历时态变化的时间结构，导引着认同的系统联结和程式作用。其中，观念形态是中国梦价值认同"何以可能"的基础要素，它以内容的示意、态势的分析和结合的关系，抽象和诠释着认同实现的内涵性、意向性和价值性。作为与物质形态相对的"观念的集合"，中国梦价值内涵是在生产力发展的基础上，通过政治文明的中介而形成的，具有一定物质载体的、理论化的系统观念。中国梦价值内涵的观念形态，正是以其物质载体的主体化、对象化和客观化，使之具有了"物质"的形式和表达，进而为民族成员感知、体悟、理解和接受；与此同时，中国梦价值内涵的能动亦以主体客体化、行为意识化和客体主体化的推进，渗透和熔铸于人化的自然物质中，进而使物质形态的经济和政治形态的中介，具有了观念形态的内涵、意义与价值。

就观念形态的符号外显而言，与格尔茨强调意义和世界的载体不同，"特纳并不强调符号作为意义载体和世界观载体的角色，而认为他们是社会过程的算子（operator）。这些算子在一定环境下以一定方式的组合能够导致社会转型。"① 以观念形态的符号，指代另一种关系的结构，是"直观所察限阈的超越，是观念和经验的连接，是思想交流和世代维系的所在"②。借鉴符号人类学之语用学（pragmatics）的视角，中国梦的群体符号，无论是象征符号、利益符号，还是价值符号，无不指向了同一性的民族基础和内生性的民族意义，指向了认同行为的事实表达和定位外显。其观念形态指谓的符号系统，使"我们可以用不同的语言表达同样的意思，甚至在一门语言的范围内，某种思想或观念也可以用完全不同的词来表达"③。这种普遍性、动态性和多面性的功能与属性，使中国梦认同展示其"能指"与"所指"之间的"意指"，即中国梦作为民族畅想价值抽象的文化符号和作为文化符号的中国梦价值内蕴的具体内容和观念。因此，中国梦认同以观念形态完成的物化，不仅是文化符号促进"实在"世界的物质升华，而且是价值观念推动"精神"世界的本质深入。

中国梦是受价值导引的体系与思想。作为客体属性对主体需要的满足，价值是人们对客体属性的主观评价和具体应用。价值意义在认同结构中的

---

① 庄孔韶主编《人类学通论》，山西教育出版社2002年版，第209页。
② 克利福德·格尔兹：《文化的解释》，纳日碧力戈等译，上海人民出版社1999年版，第11页。
③ 恩斯特·卡西尔：《人论：人类文化哲学导引》，甘阳译，上海译文出版社2013年版，第58页。

内化,是选择与重构的价值践行,基于认同前提下的价值内化,则代表了客体主体化的性质、走向和程度,观照了客体效用与主体尺度在特定交汇点上的接近和一致。在共同的社会特征的作用下,中国梦的价值内涵总是在民族的框架内,依据一定的概念进行意义的表达,以此导引认同关系的现实延展。"强盛中国梦""法治中国梦""文明中国梦""和谐中国梦""美丽中国梦"和"幸福中国梦",作为中华民族的共同向往,多角度释放了中华民族伟大复兴的本质意涵。历史向度、现实向度、未来向度的辩证,国家富强、民族振兴、人民幸福的统一,国家层面、民族层面、个体层面的互构,立体性承载了中国梦价值体系的核心内容。中华民族的价值体认与价值追求指涉中国梦价值内涵,全面建成小康社会与中华民族伟大复兴诠释中国梦目标愿景,个人梦与家国梦的统一(即中华民族团结奋斗的最大公约数)阐发中国梦价值关系的内容形态,中华民族贡献人类和平发展的真诚意愿展示中国梦国际担当,全方位地构成了中国梦价值体系的层级与节点。中国梦价值体系在认同关系中的延伸,更是以情感、规范、目标为导向,切入中华民族生存的客观与实际,以中国道路、中国精神、中国力量的道路自信、理论自信和制度自信,生发着中国梦价值内涵践行的内在动力。

　　认识、评价和建构是中国梦认同的演进模式,承认、认可和赞同是中国梦认同的演进形式和现实结果。在"从生动的直观到抽象的思维,并从抽象的思维到实践"①的过程中,认识、评价、建构以各自独立和相互链接的依赖、同一、转换,在历时与共时的切入中,使认可与赞同得以确立,使归属和自觉得以形成。作为演进的初始环节,"认识"构成了承认、认可、赞同的源点,这既是中国梦价值演进的辩证,又是中国梦认同发展的结果。认同论域中的认知和它所形成的定式代表着主体意向的认识能,这是认同作用的现实态势和主观生成。产生意志与意愿的心理定式、加工整合信息的经验定式、抽象提炼价值的思维定式。就认识的内容而言,首先是符号系统的认知。符号系统对中国梦认同的反映侧重于关系的法则,它的殊相并不包容于一个共相中,统摄民族框架内的殊相关联,在卡西勒看来,更多的是符号系统本身的对象性状态,即表现、直观和概念的变化与演进。然后是情节系统的认知,这一认知是在符号系统的基础上了解价值内涵的指向和诠释,积极开启认同的思考与继承。最后是价值系统的认知,这一认知所要达到的是中国梦的价值抽象和意义凝练,以期实现民族成员

---

① 列宁:《列宁全集》第55卷,人民出版社1959年版,第181页。

态度、归属与行为的对象性意旨。

"评价"是主体对主客体价值关系的反映,是需求与诠释的价值表达。评价同时是连接认知、投射现实、指向行为的介质,是归属感生成与意义感提升的关键。基于多维认识的系统评价,是中国梦价值内涵的客体信息与民族成员的主体意识进行比较、判断的产物。评价不仅构成了认同演进的中间环节,而且构成了态度层面群体认知的现实延续。这是集分析和综合于一体的"辩证的环节"。在这一环节中,认同客体"内在的原则和灵魂"构成了"概念本身的运动"①,在差别、联系和转化的审视下,"普遍的东西从自身中把自身规定为自己的他物②",而连接肯定和否定的"统一",则指出了"肯定的东西存在于否定的东西之中"③。"辩证环节"中的评价,不仅揭示了系统认知达成的过程,而且展示了系统扬弃产生的必然。价值需要对客体属性的评价,更多的在于不同规定中对立向统一的发展,在于主客体要求向满足需要的接近。与其说评价的环节使价值认同不断在特殊化自己,不如说评价的结果使客体延伸不断凸显需要的一致,个体主张的殊相已然具有了群体的普遍,认同亦"不仅仅是抽象的共相,而是在自身中包含了丰富的特殊事物的共相"④。

"建构"是认同图式和认同结构在认识过程中的形成和演变,是思维结构与行为模式的持续作用和连续改组,是价值附着于对象之上的认同产生的同化与顺应。认同由评价向建构的演进,指涉中国梦认同的行为层,它的价值定向、目标设计、动力激发和路径抉择,作为认识和评价的外化终端,对民族成员的认同行为具有形塑的指导性。其中,认同图式与认同结构的行为创造,不仅检验了主体认知的系统评价,而且导引了认同行为的主体适应。作为内部思维向外部动作的拓展,建构被卢卡奇定位为"全视概念",并归为认识与践行的方法。作为客观对象固有规律的"移植"和"迁入",建构的顺应和同化在对象性中创造,体现了认同思维的能动,包含了目的性生成的结果。因此,"适应自己的物质生产水平而生产出社会关系的人,也生产出各种观念、范畴,即恰恰是这些社会关系的抽象的、观念的表现。"⑤ 正因为认同的建构有所抉择和断定,肯定和否定的内容总是以行为主体的动作显现出来。中国梦的符号体系、本质维度和功能效用,

---

① 黑格尔:《逻辑学》下卷,梁志学译,商务印书馆1982年版,第531页。
② 黑格尔:《逻辑学》下卷,梁志学译,商务印书馆1982年版,第537页。
③ 列宁:《列宁全集》第38卷,人民出版社1959年版,第245页。
④ 黑格尔:《逻辑学》上卷,梁志学译,商务印书馆1982年版,第41页。
⑤ 马克思、恩格斯:《马克思恩格斯选集》第4卷,人民出版社1995年版,第539页。

正是以客体主体化的对象性建构，在历史情节中重组，在情感记忆中激活，在社会演绎中明晰，在景观、场景、展演中翻新，生发认同的研判与行为。

二、中国梦价值认同的践行场域

从分析的角度来看，一个场域可以被定义为在各种位置之间存在的客观关系的一个网络（network），或一个构型（configuration）①。中国梦价值内涵由认识到实践、由理想到现实、由精神到物质的转化，构成了价值认同如何可能的意义域。作为价值评价、态度归属、肯定选择、否定扬弃的主体意向和现实依托，其结构与关系的构型无不指向了物化的系统要素、目标定位、物质支撑和实践归旨。受此影响，中国梦价值认同的意义域，作为"科学认识中运动着的内容的本性"②，不仅表达了认同功能的价值属性，而且外衍了认同力量的对象性活动。在这一场景中，从认识到实践的发展，反映的是中国梦价值内涵由认知、规范、目标的主体因素向目标对象渗透、熔铸、转换的客体化过程，突出的是意向性稳定与选择性失衡的触发和限定，以及行为意识化和客体主体化的认同生成和导引变化；从理想到现实的发展，反映的是中国梦价值内涵的主观意向和张力设计在客体化过程中的落实与达成，突出的是"内容本身的内在灵魂"（黑格尔语）外在化要求和实体化生成；从精神到物质的发展，则是中国梦价值内涵对主客体转化的生发与协调，反映的是观念与感受、主观与客观的精神联系和物质转换，突出的是主体的精神观念向客体的物质形态的投射，最终完成客体主体化的现实连接。

客观关系系统、力量关系构型、主观见之于客观的中介，构成了中国梦价值认同"何以可能"的实践场。在法国学者布迪厄看来，"根据场域概念进行思考就是从关系的角度进行思考"③。中国梦的实践场由若干相互联系和相互作用的要素组成，具有一定的结构和功能。其中，客观关系系统指谓了中国梦价值认同实践场的机构健全、制度设计和政策支持，是关于道路、精神和力量的关系构成。中国道路、中国精神和中国力量，使主观见之于客观的实践得以进行，使价值观念推进价值活动的结合得以实现，

---

① 皮埃尔·布迪厄、华康德：《实践与反思：反思社会学导引》，李猛、李康译，中央编译出版社1998年版，第133—134页。
② 黑格尔：《逻辑学》上卷，梁志学译，商务印书馆1982年版，第4页。
③ 皮埃尔·布迪厄、华康德：《实践与反思：反思社会学导引》，李猛、李康译，中央编译出版社1998年版，第133页。

它所彰显的场景拆合和结构性变化，着重于物化的践行路径、思想支柱和实践主体，它所产生的结构与功能，不仅显现了系统与环境相互作用的特性，而且支配和引领了价值体认的践行。其中，中国道路源起中华民族五千年的光荣与梦想、曲折与前进；中国精神生发于民族发展的历史与逻辑、中华和世界文明交融并蓄的反思与建构；中国力量得益于中国精神和中国道路的凝结与外显、精神文明和物质文明的淬炼与集聚。由道路、精神和力量汇集的客观关系系统，表征的是中国特质在践行场域中的作用，系统综合的相对独立性、作用必然性和特有逻辑性，是道路自信、理论自信、制度自信和文化自信的承载与依托。

力量关系构型指谓了中国梦价值认同实践场的系统协调、利益调适和机制整合。构型生发于由要素交错联系构成的网络与造型，中国梦价值认同的力量关系构型，是民族成员交互作用的主体要素和关系网络，包括行为主体在认同场域中的位置、对场域功能的认知、场域作用的观点、审视场域的维度。其中，要素与关系所占据的位置和波动，既是对立统一作用的辩证和肯定，又是斗争争夺的形塑和改变。多类型的认同主体依据"场"的位置，以各自的向度、强度和效用进行力的交互和博弈，旨在获取场域空间位置的核心和话语权。与此伴随的认同生成使力量关系形塑的建构与解构，从目标指导、行为推进、利益获取中进行价值诠释的竞争与妥协。在这一过程中，认同的建构力突出的是力量关系的主体图式和主体能动，它的源起是认同主体秉承的价值意识和共享机制，其内含的力量性整合与协同性预设，具有包容性的意义延伸。认同的解构力则代表了价值体认在场域中的阻抗和消解，它的源起是力量关系中的主体错位，指涉认同结构的力量调整和动力疏离，其内蕴的否定式定制和消解性机缘对场域流动和内容更新的斥排、膨胀和扩张着与整体相对的局部和具体，以达到弱化与消解的汇聚。建构力与解构力的共生共存、交互作用和循环否定，不仅演绎了力量关系系统的一体两面，而且抽象了力量关系能动的互动张力，它所进行的流变和整合，推进了中国梦认同的对象性活动。

主观见之于客观的中介指谓了中国梦价值认同实践场的"钝化""调解"和"融合"。"中介"是客观事物相互联系相互转化的中间环节[①]，中国梦践行的中介，特指中国梦价值内涵的主体认同向实践转化的主客体关系、社会条件、情境联结的基点和中间环节。在现实性上，中国梦主观见之于客观的介点，总是指涉价值内涵认同的主客体一致、指涉价值目标与

---

① 夏征农主编《辞海1999年版缩印本》，上海辞书出版社2000年版，第2986页。

价值物化相连的中点。就客体而言，它不仅包括了主观见之于客观的物质标准和发展方向，而且包括了对象性交往、对象性关系、对象性思维和对象性利益的成果转换。在主体客体化、行为意识化和客体主体化的践行中，中国梦主观见之于客观的协同，以价值内涵的主体承认和自觉归属，对社会条件、关系模式和利益机制进行系统性整合，构成了认同场景中关系一致的中介。它以中国梦价值认同见之于物的本质，从对象性活动的要求出发，强调主体能动协调实践的介质，彰显内化与外化链接的节点，"改变人作为物质财富、商品的创造者所执行的各种职能的活动"①，导引客观关系系统现实延伸，"不仅为主体生产对象，而且也为对象生产主体"②，以此推进力量关系构型的功能性协同。

中国梦价值认同意义域与实践场的结合，拓展了中国梦的践行空间和转化场所。合目的性作为人的本质属性，是人脑在实践过程中依据主体需要对客观现实的能动性否定与创造性预设，内在地包含对客体现存形式的主体性需求和实现自身、取得外部现实性的实在化趋向。目的贯穿人的社会实践活动过程始终，相对独立地起到一种趋达目标的负反馈调控作用，推动感性的对象化于实践过程中的达成。就此意义而言，人是合目的性与合价值性的自为存在。中国梦价值认同的意义域与实践场相结合，以认同价值的功能属性和认同力量的对象性指向，诠释中国梦认同的价值目标，引领道路、理论、制度的价值体认与理性自觉，拓展与充实中国道路、中国精神、中国力量构成中的民族特质。所谓建构，是目的以工具在对象中的实现，普遍现实性与直接现实性③的客体化建构是认同的结果。认同的理解是价值关系整合的需要，价值关系的聚合对于主体价值共识的建构具有内化和外化的双重意义，它的指向受制于价值声称与价值研判过程中所产生的同化与顺应。中国梦价值认同意义域与实践场的结合，于群体互动的比较与区分中更新同一性的价值图式，进行价值扬弃和相通的现实转换，生成同类价值共识，调试与整合中国梦认同主体要素的关系网络，拓展其力量关系构型。价值目标与价值共识的明晰与建构从目标支撑与价值整合的维度，导引中国梦价值内涵的自觉内化与自觉外化，激活中国梦践行主体作用与抉择的精神要素和积极体验，制衡意志投射的方向与归属，生成中国梦认同对象化指向的精神动力，拓展其主观见之于客观的中介。

中国梦价值认同意义域与实践场的结合，提升了中国梦践行的物化力。

---

① 马克思、恩格斯：《马克思恩格斯全集》第26卷，人民出版社1956年版，第300页。
② 马克思、恩格斯：《马克思恩格斯选集》第2卷，人民出版社1995年版，第10页。
③ 列宁：《列宁全集》第38卷，人民出版社1995年版，第230页。

中国梦价值认同的意义域影响于中国梦价值认同的实践场，是实践场价值意旨的集中体现与综合反映。中国梦价值认同的实践场是意义域的现实依托，是意义域物质基础的转化场所与生成空间。意义域与实践场相结合，共同构成中国梦价值认同的践行场域，其目标旨在达成中国梦价值内涵之自然认同、强化认同、理解认同的层次递进与深入，引导中国梦价值内涵的特质与精髓、愿景与追求内化为民族成员思维模式最稳定的状态，助力民族成员外化行为责任养成的自主转化。中国梦价值认同客观关系系统、力量关系构型、主观见之于客观中介的多维互动，在现实性上阐发了"我必须参加在里面，我愿意从它的实施中而得到满足的"价值向物质转换的意义。① 中国梦价值认同意义域与实践场的结合，正是通过认同主体的心理对象化、行为的意识化以及客体主体化，为中国梦价值内涵的践行提供目标导引、价值整合以及精神动力，它所催生的对外影响力和对内凝聚力则构成了中国梦软实力物化的现实基础。

中国梦价值认同意义域与实践场的结合，推动了中国梦践行的创造性运用。其中，创造性转化、创新性发展以及它对实践的指导，构成了中国梦价值认同在创造性运用中的演进模式。中国梦价值内涵不仅是中华优秀传统文化的深层淬炼与特殊张扬，而且是中华优秀传统文化的重要组成部分。精神文化往往生发于具体的民族，一以贯之的中华优秀传统文化积淀与孕育着民族的深层记忆和民族国家的精神意涵。"我们采用多种形式寻求意义，结果可能找到的意义就有许多种。至于采取哪一种意义，那就取决于我们了。我们的选择取决于我们挑选并采用的意义标准。"② 作为民族存在主观方式的文化图式，中华优秀传统文化所蕴含的价值整合引领机制、力量生发凝聚方式、意义生成体验标准，对民族生存的客观实际与中国梦践行的主观意向发生重大影响。就此意义而言，深化与拓展中国梦价值内涵凝聚共识的同一性基础和包容性空间，极大地助益于认同与归属在双向互动下的演进与达致。

创造性转化是始点，民族文化自我肯定在历史回溯与时代诉求中的凸显，有赖于民族文化与现代价值的深度挖掘，其生命力的激发更是将民族文化的创造性，缩影于文化的连续与渐进的逻辑展演中，据此影响中国梦价值认同意义研判的根基性基础。创新性发展是依托，传统精神与时代精神的贯通在主体介入和现实回应中的凸显，有赖于民族新质关照时代挑战

---

① 黑格尔：《历史哲学》，王造时译，上海世纪出版社2006年版，第61页。
② E. 拉兹洛：《进化——广义综合理论》，闵家胤译，社会科学文献出版社1988年版，第4页。

所实现的跨越与突进，其对象性投射的现实性展开，更是将民族文化创新性发展，书写在中国梦物化转换意义生成的过程中，据此影响中国梦价值认同形塑社会的时代特质。创造性转换和创新性发展在认同过程中的运用，于精神生产和物质生产相互影响的循环建构中，创造价值、研判意义、促进转换，检验主观意志与实在关系的逻辑框架，确证中国梦价值认同的客观化实践。这种群体性指向与个体意旨相结合的创新与创造、转换与发展，在物化力提升的过程中，在内化、同化、顺应、接纳、外化的演绎中，使价值指向的能动创造性地运用于中国价值内涵由理想向现实转化。

三、中国梦价值认同的层次链接

层次是认同系统中不同质的梯级与节点，是各要素与成分之间不同程度的联系，认同的层次代表了独立与区分的类别，展示了梯级与节点的延伸。在偶然性特殊表现出来的普遍中，中国梦认同的层次表征着主客体相互作用的体化实践。概言之，在主体认识逐步接近客体目标的关系建构中，中华民族成员以文明主体的自由创造衡量具体和特殊的类别，将客观事物满足需要的内容置于中国梦价值体系的类项中，指涉了中国梦认同价值附着于对象之上的梯级与节点。就意义流动的价值交融而言，"时间不仅仅是人的生命的尺度，而且是人的发展空间"①，中华民族成员对中国梦价值内涵的自然认同、强化认同和理解认同，同样"需要空间和时间中的扩张"②。不同时空关系价值表达的时间化和时间的空间化，正是通过价值意蕴的历时态发展和价值研判的共时态凝聚，以不同的层级和节点影响着承认与赞同的生成域和发展场，其时空交织的自然萌发和后天涵养，使空间实践的要素连接和文化作用的系统机制，生成了认同达致的中层；使空间秩序的关系维系和文化结构的作用程式，产生了认同达致的深层，使空间节点的内容表征和文化特质的价值意向，形成了认同达致的外层。"所有这些认识的环节（步骤、阶段、过程）都是从主体走向客体，受实践的检验，并通过这个检验达到真理（＝绝对观念）。"③ 其中，概念化和实在化的文化意义、图形与符号诠释的价值标准、社会与生活的控调机制、分配与重组的文化赋予，更是以不同的类别要求，在中国梦的民族延展中强调了空间的社会化形塑。

---

① 马克思、恩格斯：《马克思恩格斯全集》第47卷，人民出版社1979年版，第532页。
② 查尔斯·泰勒：《黑格尔》，张国清、朱进东译，译林出版社2009年版，第123页。
③ 列宁：《哲学笔记》，人民出版社1956年版，第356页。

认同中国梦始于情感性的自然认同、中继于利益性的强化认同和价值性的理解认同。作为最基本、最广泛的方式，自然认同强调经"遗传和模仿"形成的对中国梦价值内涵的承认和认可，它表征着共同体生活得以累积的模式固化。作为完整的文化习得，自然认同的达致具有主体惯性和习俗稳定的基本特征。首先是在个体成员的脑海中形成关于中国梦的概念性思维，经实践验证后，被共同体抽象为稳定的价值体认和价值追求，经多次反复后积淀为共同体的行为规范。作为民族存在的文化场景，这种经自然认同促成的民族成员社会性和民族氛围的情感涵养，通过民族意识的价值导引，践行着中国梦价值意义的现实传承。

作为中国梦认同的第二个层次，强化认同是经"教育和强制"形成的对中国梦价值内涵的承认和认可，它表征着共同体生活利益关联和政治权威的相互建构。当文化烙印自然沉积之后，正面价值教育和共同利益诱导使合法的强制性力量"贯穿政治体系活动的主线，使之具有作为一个体系特有的重要性和凝聚性"[①]。作为思想层面对现实利益的统摄与综合，个体成员主观意识和客观体验的可塑性，奠基着认同教育与强制推崇的现实可能。正是从目的性的教育切入，强化认同着眼于共同利益的价值诠释，通过诱导、规范、约束、惩治等手段，不断激活认同的话语情境和作用机理，融合媒质、舆论、秩序等影响认同的渠道，进行中国梦价值意蕴的社会化注解和文化性凝练。

作为中国梦认同的第三个层次，理解认同是经"对话和沟通"形成的视域融合，表征着主体间性和文化间性相互作用的结果。从外在的表象来看，理解的对话联系着民族成员对中国梦价值内涵的感知和评价；从作用的机理来看，理解的沟通关乎着民族成员对中国梦价值内涵的自觉与自由。事实上，"理解一个问题，就是对这问题提出问题（Eine Frage verstehen heisst, sie fragen）。理解一个意见，就是把它理解为对某个问题的问答（Eine Meinung verstehen heisst, sie als Antwort auf eine Frage verstehen）"[②]。有鉴于此，理解的文化间性强调了中国梦认同的"问"与"答"，它使理解与被理解的视域，归于"同一"与"差异""个别"与"一般"的关系范畴中。

在现实性上，强调情感的自然认同是强化认同的子系统，强调利益的强化认同是理解认同的子系统，强调理性的理解认同与其他子系统彼此嵌

[①] 加布里埃尔·A.阿尔蒙德、小G.宾厄姆·鲍威尔：《比较政治学：联系、过程和政策》，曹沛霖等译，上海译文出版社1987年版，第5页。

[②] 汉斯-格奥尔格·加达默尔：《真理与方法——哲学诠释学的基本特征（上卷）》，洪汉鼎译，上海译文出版社1999年版，第482页。

套重叠于中国梦价值认同的层次结构里。其中,自然认同的"情感"强调中国梦价值演绎的意义与体验,指涉价值认同达致的内在激情和心理态度;强化认同的"利益"强调中国梦内在价值的主张与要求,指涉价值认同达致的边界与情景;理解认同的"理性"强调中国梦文化涵养的自由与自觉,指涉价值认同达致的内化与体化实践的外显。就此意义而言,中国梦价值认同层次各有侧重。其中,自然认同的情感凸显感性联系的亲合性共识,强化认同的利益强调工具性作用的竞争性共识,理解认同的理性主张理性认知的规律性共识。从根基性的互鉴与认同、到工具性的传播与扩散、再到价值性的考量与供给;从情感的密切和疏离、到利益的竞争和分配、再到价值的诠释和共享,不同的层级与节点系统触发着层次链接的定位与定向。这种集整体性、同构性和自身调整性于一体的演化,以情感语境的符码信息、利益语境的权力创设和价值语境的文化构型,结构性地生成了符号传递的媒介交融、文化互动的要素交融和意义阐发的归旨交融。

具象中国梦价值认同的层次演进和系统投射,低层次认同往往是高层次认同的构成基础,高层次认同往往依托于低层次的基点。每一层次的认同均抽象着交互关系的具体,指向统一与区分的差别,奠基着更高梯级的节点。首先,与情感相联系的自然认同贯穿于中国梦作用的价值语境。语境是人们在交往互动和参照对比过程中表达思想和感情的语言与社会环境,中国梦认同的价值语境作为语言歧义消除的共同话语,无论是"语意心境"的心理特指,还是"题旨情景"的修辞语域,它所指谓的"唯一不二"性,以及对自然语言不确定性的审定和确认,把含糊不清的语域转变为意义明确的表达。① 在多元并存且彼此交往的场域中,正是情感性的民族文化以其"唯一不二"的价值所指,将中国梦认同定位在"民族"的框架内,它所揭示、阐发和肯定的认同主体,集身份识别的解释性定位与身份归属的建构性归旨于一体,以"表现在共同文化之上的共同心理素质",突出了"我们"与"他们"的群体边界,明晰了语言与社会的环境分野。较之政治组织和意识形态的强制与定式,认同主体在价值语境中的展示,强调的是"民族"这一概念在中国梦表达中的运用,凸显的是"身份"在中国梦诠释中的精巧,无论是民族的价值表达还是共同体的意义诠释,无不指向认同主客体的同一性基础和包容性空间。

其次,与利益相联系的强化认同构筑中国梦强基的价值引领。价值引领突出人们在政治场域中制度、物质、观念层面的主导性,中国梦强基的

---

① 金炳华主编《哲学大辞典》,上海辞书出版社 2007 年版,第 374 页。

价值引领，作为中国梦本质诉求的价值诠释，表征着中国梦在物化表达与利益获取上的工具性意涵，折射出在利益求和与求解的制度共识、利益共识和价值共识中政治认同所意涵的规定性和指向性。利益的共享依赖于现实问题的凸显与解决、共同体制度安排的有序与规范以及共享与共识意识的达成。政治认同的利益共享机制为利益主体提供收益和损害双向预期并存的可能性，通过制度安排对现实回应的完善与强化，以及利益调试过程中的理想与定式，总结和诠释共同体内部资源利益的竞争与分配关系。以中国梦价值内涵引领中国政治认同的当代建构，以制度共识、利益共识、价值共识的充实与提升，引领共同体内部资源利益的调试与求解，推进政治输入与输出的动态平衡，实现政治绩效的有效提升，增强政治信任，化解社会转型期政治认同内在张力失衡的式微境遇，为中国梦之政治认同提供制度动力、物质动力和观念动力，构筑中国梦强基的价值引领。

最后，与理性相联系的理解认同投射中国梦本质的价值归旨。价值归旨是指价值观念体系的综合性指向与最终标的。中国梦本质的价值归旨以中国梦独具民族价值特质的梦想解读方式、梦想实现方式以及家国梦与个人梦之间的关系形态，诠释国家富强、民族振兴、个人幸福的中国梦本质，彰显中华民族具有世界意义的历史定位，投影"实现中华民族伟大复兴"的价值目标。与理性联系的价值认同，是民族成员对中国梦"实现中华民族的伟大复兴"的本质性认知与规律性驾驭的创造，理解与被理解的视域融合涵盖了实事世界与价值世界的统一，是合规律性与和目的性的辩证。中国梦价值认同所催生的个体与群体的理解性视域融合，涵盖了民族生存与发展的群体性旨向与个体意义获取的自由意志，以明晰自我、限定边界的心理机制开启民族成员价值选择的观念聚合与理性归属，其内涵性、目的性、意向性的价值体认与价值自觉映射中国梦本质践行与实现的价值归旨。

第二章　中国梦价值内涵的民族文化基因

文化是人类创造世界的主观方式和民族存在的现实图景，国族梦想缩影了民族产生、发展、聚合的文化形式。作为中国梦价值内涵生发的民族文化基因，中华优秀传统文化是中华民族共同体的深层记忆和民族国家精神意涵的符号化表达；作为民族生活方式、群体心理、语言与传统的集合体，中华民族国族梦想的价值目标奠基着中华民族生存模式与文化价值体系；作为孕育中国梦的母体与源泉，中华优秀传统文化诠释了中国梦价值内涵生发的土壤与依托。中华优秀传统文化与中国梦价值内涵同在的共生关系，不仅指向了中国梦价值内涵滋养和培育的脉动，而且指向了中国梦价值内涵熏陶和铸就的底蕴，指向了以中华优秀传统文化的弘扬提升中国梦价值认同的基础。

第一节　实现中华民族伟大复兴的中国梦

作为群体经验、价值、思想和意志的集中体现，国族梦连接民族生活方式、民族群体心理和民族生存模式，它以生发民族情感、民族规范和民族目标的民族基因诠释，反映了民族精神所具有的能动性和创造性。中国梦内蕴的理想愿景与奋斗目标"存在于社会系统和社会结构的最高的控制论层序之中——尤其是存在于价值和规范之中"[①]，它以实现中华民族伟大复兴的价值归旨，深度省察国族梦想的历史演进，系统观照国族梦想的实现路径，积极回应国族梦想时代聚焦的现实诉求，为中华民族在特定历史境遇下凝聚民族情感、阐释民族规范、引领民族前行。其主观见之于客观的对象性活动，阐发了中华民族群体性归属和社会性存在的文化性预设与民族性表达。

[①] 安东尼·M. 奥勒姆：《政治社会学导论——对政治实体的社会剖析》，董云虎、李云龙译，浙江人民出版社1989年版，第135页。

一、中国梦的本质内涵

本质是事物自身所固有的根本属性和存在的依据。如刘智《论天》言："言暗虚者，以为当日之冲，地体之荫，日光不至，谓之暗虚。凡光之所照，光体小于蔽，则大于本质。"本质以事物存在的依据和不变的形体，构成了人们脱离具体的形象进行创新活动的基础。作为受民族文化价值导引的体系与思想，生发于一定历史条件下的中国梦，其价值内涵的本质诠释总是置于民族发展的框架内，依据民族成员共生的价值概念进行意义的表达，以此实现民族"类"关系的现实延伸。中华民族的国族梦想发轫于民族文化的价值底蕴，绵延不绝，世代相传，历久而弥新。中华民族的目标是构建小康、大同、和谐社会，承继于此，映照国族命运、投射时代诉求的国族梦想，不仅表征着中华民族从小康到大同、实现和谐社会的奋斗目标，而且诠释着具有时代特质和实践理念发展前景的价值归旨。实现中华民族的伟大复兴，以中华文明为历史根基、以中国共产党为领导核心、以全体民族成员为实践主体、以提高中华民族对人类文明的贡献率，指向了中国梦本质意蕴具象的"强盛中国梦""法治中国梦""文明中国梦""和谐中国梦""美丽中国梦"与"幸福中国梦"组成的"5+1"立体结构。其中国道路、中国精神、中国力量的高度凝练和国家富强、民族振兴、人民幸福的高度统一，指谓了中华民族本质规定和外化标识的根本属性，体现了中华民族传统与现实辩证的存在依据，阐发了中华民族发展前景共同向往的不变形体。

在现实性上，任何梦想都以"否定之否定"的相互循环建构，强调肯定与否定双重作用的互为辩证方式，并在实现与展开的过程中确证矛盾存在的必然性。在梦想实现过程中，发现规律、明确目标、明晰路径的过程即为"肯定的过程"，仍有干扰或影响因素存在的过程，以及对这种干扰和影响的克服谓之"否定的过程"。就此意义而言，国族梦想的本质内涵承载了民族共同体传统文化所诠释的国族目标从空想到科学、从理论到实践、从本国到世界、从历史到当代的全过程，并在肯定与否定即各自对立又相互促进的辩证循环中，深刻总结具体民族追梦圆梦的历史经验教训。就此意义而言，实现中华民族伟大复兴正是以中国梦本质内涵的集中体现，浓缩了优秀传统文化的民族基因，承载了近代以降无数仁人志士所追求的奋斗目标，体现了民族群体的共同理想，蕴含着民族群体的价值研判，影响了民族成员共有的价值心理和意识定势，并在根本性上以稳定的精神导引、价值倾向和科学态度，表达了中国人生存与发展的目标牵引、克服困难的坚定信心、走向未来的光明前景。

以共同语言、共同知识和共同记忆阐发的民族基因，审视民族精神价值体认表达的核心要义、省思中国梦内外化相结合的践行方略，实现中华民族伟大复兴中国梦的本质内涵，在新时代凝结为"两个一百年"的奋斗目标，映照了文化互动中循环的共同价值，继而制造出"一个社会的'象征意义体系'和'世界观'"①。就此而言，"两个一百年"奋斗图景所诠释的国族梦想，既是一定时期中华民族共同体社会实践的总目的和总目标，亦是中华民族成员具体时期为之奋斗的基本的、稳定的和持久的价值追求。正是从每个人都有自己的梦想出发，个体理想和追求上升至国家民族层面，以"个人梦"与"国家梦"不断融合的过程，反映了个体心理集义、明义、释义的内在涵化；既一以贯之又反映时代要求的价值阐释，正是通过理想向现实转化的主体投射，指谓了观念形态的价值目标外在化转换的实践过程。"个人梦"与"国家梦"的统一、理想与现实的辩证，投射了意义范畴之中的意图、认识和观念，阐发了"人的意识不仅反映客观世界，并且创造客观世界"②，阐释了"任何事情的发生都不是没有自觉的意图，没有预期的目的的"③。正是通过理想的意图转换为现实的力量，"两个一百年"对中华民族伟大复兴的时代聚焦，不仅"使自己生命活动本身变成了自己意志的对象"④，而且是国族梦想实现的物质基础和现实前提。

作为中华民族的国族梦想，中国梦实现中华民族伟大复兴的本质内涵蕴含了深刻的民族性。回顾民族共同体发展的进程，无论是历史脉络的延续与转换，还是思想理念的变化和演绎，民族的积淀、文化的纳新、族群的整合，均以附着于物质实体之上的精神隐喻，阐释了"具有事实上或自认的共同血统、共同文化、共同体质特征，以及一整套共同态度与行为举止的人们共同体"⑤。中国梦本质内涵民族性发展的理论视野，一方面以中华民族的时代精神为坐标，内蕴于中华民族历史与传统所诠释的价值理念，

---

① 扬·阿斯曼：《文化记忆：早期高级文化中的文字、回忆和政治身份》，金寿福、黄晓晨译，北京大学出版社2015年版，第145-146页。

② 列宁：《列宁全集》第38卷，中共中央马克思恩格斯列宁斯大林著作编译局译，人民出版社1990年版，第228页。

③ 马克思、恩格斯：《马克思恩格斯选集》第4卷，中共中央马克思恩格斯列宁斯大林著作编译局译，人民出版社1995年版，第247页。

④ 马克思、恩格斯：《马克思恩格斯选集》第1卷，中共中央马克思恩格斯列宁斯大林著作编译局译，人民出版社1995年版，第46页。

⑤ 汝信：《社会科学新辞典》，重庆出版社1988年版，第1246页。

立足于中华民族文化精神的认识和再认识;另一方面保持着批判的意识和追求真理的勇气,升华和弘扬于传统的民族精神,实现于现实世界民族性的再整合。就此意义而言,民族特质在国族梦价值内涵中的个性凸显和理性张扬,首先源自现实与历史衔接的实践逻辑和精神演化的发展逻辑。日新月异的人类实践和文化精神观照着的民族意蕴,正是在生机勃勃的社会生活中获取了理论生长的滋养,在一以贯之又兼具时代特质的实践中丰富、发展和创新了自己。中国梦价值内涵以鲜明的"民族观""国家观"与"天下观",不仅指向了中华五千年一脉相承、蔚为大观、生生不息的民族传统,而且指向了近代以来中华民族沉重的历史诉求,并在价值性上凸显了中华民族的民族风貌和性格特征,彰显了中华民族团结互助的社会心理,映照了个体成员内聚与亲和的心理认同。

  作为连接过去、现在和未来的价值追求,中国梦实现中华民族伟大复兴的本质内涵同样具有鲜明的时代性。民族是历史的范畴,国族梦想的本质内涵既是在原有的基础上对传统文化的体认和再诠释,又是在回应时代要求、介入社会实践过程中的成长与创新。正如爱因斯坦所言,"真理必须一次又一次地为强有力的性格的人重新刻勒,而且总是使之适应于雕塑家为之工作的那个时代的需要;如果这种真理不总是不断地重新创造出来,它就会完全被我们遗忘掉。"① 中国梦植根于中华优秀传统文化的民族目标,其本质内涵是以时空序列对中华各民族价值追求进行的整合,其价值诠释阐发了与多元一体民族结构相适应的思想体系。中国梦本质内涵的时代发展,立足于新的历史方位与时代坐标,维护中华民族多元一体格局,是民族个性与群体价值在具体时代的彰显。它以中华民族伟大复兴的时代呼唤,为新时代中华民族的前行提供价值参照和理想目标,体现了中华民族的现实精神对历史和时代的审视。这种生长于历史传承、发展于时代要求的现实运动,亦是在与时俱进的实践指导中书写着中华民族伟大复兴的时代篇章。由此出发,中国梦本质内涵时代表征的当代出场,不仅承载着中华上下五千年的历史、近代中华民族的救亡图存,而且联通着现当代社会主义建设的改革开放,体现了中国梦本质内涵发展新的历史节点、新的历史方位和新的历史使命。

  作为历史规律性逻辑指向的价值体认,中国梦实现中华民族伟大复兴的本质内涵具有强大的精神感召力与价值引领力。民族得益于"被吸引在

---

① 爱因斯坦:《爱因斯坦文集》第1卷,许良英、范岱年编译,商务印书馆1976年版,第84页。

群体中的人们所共同接受才能在群体中维持下去"①，民族凝聚最强大的本源得力于国族梦想所形塑的精神力和引领力。正如米尔所言，"如果事先不确定人们选择把自己结合在一起的人类集团的形式，人们几乎不知道对人类种族的划分该做些什么"②。中国梦本质内涵的文化阐释生成同类价值意识，它所描绘的理想愿景和奋斗目标不仅承载着中华民族共同的精神向往，而且强调了民族成员彼此亲和的一致性，引发民族共同体对民族成员的吸引力，明晰共同的社会特征，进而激发心理认同的亲和力。就此意义而言，中国梦实现中华民族伟大复兴的本质内涵，不仅汇聚了中华民族理想模式的价值表达，而且投射了中国历史和当今现实的目标协同；不仅汇聚了中华民族强大的文化穿透力，而且阐析了中华民族崇高的价值追求和精神境界。共同目标之下彰显的精神感召和价值引领，在现实性上揭示、阐发和肯定民族成员的特定身份，缩影了分散的民族个体走向有组织聚合的过程。

二、中国梦的目标维度

目标是人们对活动预期结果的主观设想，是人们头脑中形成的主观意识形态，是活动的预期目的和前行方向。目标以主观意识反映客观现实程度的主体性、价值性和可操作性协同的现实性，受社会政治、经济制度、文化传统、意识形态规约的社会性，以及为共同体生活指明方向的实践性，构成了维系组织各个方面的关系和形塑组织方向核心的作用。作为反映个体和国家发展趋势的国族目标，中国梦内蕴国家、民族、人民的主体性维度和富强、振兴、幸福的价值性维度，其层次递进的发展逻辑，依据民族成员共生的价值概念，展演着民族成员活动的预期结果；中国特色社会主义发展之梦、中华民族伟大复兴的社会主义建设之梦，以中华民族价值体认的理念，诠释着共同体社会生活的实践向度。中国梦国家富强、民族振兴、人民幸福的目标维度，正是通过民族情感激发和民族规范阐释，以价值性和可操作性的系统衔接，引领社会化导引进行的对象性活动和中华民族共同体的组织方向。具象中国梦目标维度所彰显的民族发展理路与中国特色社会主义建设的统一，不仅反映了民族形态与国族梦本质内容的连接关系，而且表征着民族目标与发展路径抉择的辩证关系。由此出发，"达到理解的目标是导向某种认同。认同归于相互理解、共享知识、彼此信任、

---

① 费孝通：《论人类学与文化自觉》，华夏出版社 2004 年版，第 196 页。
② Mill I S. "*Nationalism, Democracy and the Problem of Multi-national States*". in Clive Christie. *Race and Nation: A Reader*. I. B. Tauris Publishers, 1998, pp. 50 – 53.

两相符合的主观际相互依存。"① 从目标维度透视中国梦的践行，赋予表征的符号形式于客观存在的主观认知，在现实性上将"对象性的存在物是进行对象性活动"②置于主观见之于客观的共同性编码，连接于目标导引下的精神内容传递，关照于目标投射下的理论联系实际，不仅反映了象征意义和符号系统共同作用的方式，而且以民族基因的深刻表达，在根本性上论证了中国道路、中国精神和中国力量的科学性。

承载国家富强、民族振兴和人民幸福价值指向的目标维度，立足于历史向度、现实向度和未来向度的统一，分别从国家层面、民族层面和个体层面构成了中华民族国族梦想继承与发展的价值之维。国家富强指谓中国梦的物质基础，是中华民族成员利益表征的现实诉求；民族振兴指谓中国梦的精神承载，是承接中华民族五千年不灭的文明与振兴中华的国族目标；人民幸福指谓中国梦的奋斗理念，是"人民为本"思想现代发展的价值指向。其中，国家富强、民族振兴是人民幸福的基础和前提，人民幸福是国家富强和民族振兴的终极目标。国家富强、民族振兴和人民幸福不仅内蕴了中华民族契合社会发展规律的价值目标，而且指涉了中华民族符合时代发展要求和价值追求的现代省思。中国梦目标维度以中华民族成员最大公约数的价值阐发，对国家、民族、个体的价值投射，集纳族群、阶层、集团、组织和个体，包括港澳同胞、台湾同胞、海外华侨在内的全体中国人。由此出发，国家富强、民族振兴和人民幸福构成了中国梦价值目标的整体性、同构性和自身调整性，形塑了作为目标系统的中国梦价值之维"各组成要素之间相对稳定的联结关系"③，以及相互依存、相互作用、相互影响的生成机理、联结方式和作用结果。

在现实性上，全面建成小康社会，以国家富强、民族振兴和人民幸福的目标作为指引，构成了推进中国梦实现的基础和前提。"小康"一词最早出现于《诗经》的"民亦劳止，汔可小康"④，意指辛劳的百姓渴望得到安宁；作为一种社会模式，全面建成小康社会中的"小康"概念则源于《礼记·礼运》⑤，以示中华民族孜孜不倦追求的理想社会模式与社会状态。较

---

① 尤尔根·哈贝马斯：《交往与社会进化》，张博树译，重庆出版社1989年版，第3页。
② 马克思、恩格斯：《马克思恩格斯全集》第42卷，人民出版社1979年版，第167页。
③ 金炳华主编《马克思主义哲学大辞典》，上海辞书出版社2003年版，第178－179页。
④ 《诗·大雅·民劳》，原文："民亦劳止，汔可小康，惠此中国，以绥四方。"
⑤ 戴圣：《礼记·礼运》，原文："今大道既隐，天下为家。各亲其亲，各子其子，货力为己。大人世及（贵族世袭）以为礼，城郭沟池以为固，礼义以为纪。以正君臣，以笃父子，以睦兄弟，以和夫妇，以设制度，以立（设置）田里……是谓小康。"

之传统社会所期许的"大道行也,天下为公"①"大道既隐,天下为家"②,全面建成小康社会以国家、民族、个人理想状态的目标为指引,既源于历史的中国传统,又立足于当下的中国国情。全面建成小康社会国族目标的现实作为,正如马克思所言:"历史进程是受内在一般规律支配的。因为在这一领域内,尽管各个人都有自觉预期的目的,总的说来在表现上好像也是偶然性始终是受内部的隐蔽着的规律支配的,而问题只是在于发现这些规律。"③ 正是从中国梦目标维度的结构性指向出发,全面建成小康社会对国家富强、民族振兴和人民幸福的目标统摄、战略部署、统筹安排,落实在经济建设、政治建设、文化建设、社会建设、生态文明建设"五位一体"的践行路径上。它以"创新、协调、绿色、开放、共享"的发展理念,回应与承接了中国梦民族基因的现实关照。

全面深化改革,以国家富强、民族振兴和人民幸福的目标诠释,构成了推进中国梦实现的社会凝聚与利益整合。作为社会主义制度的自我完善与自我发展,全面深化改革旨在坚持社会主义基本制度的前提下,自觉调整生产力与生产关系、经济基础与上层建筑之间的矛盾,连接国家富强、民族振兴和人民幸福的整体发展。在实践中,基于民族文化基因之上的系统变革,立足于社会矛盾解决的改革推进,转化和整合分散而相近的社会意识,明晰个人与社会、民族、国家的关系,过滤和销蚀对立的社会思想,以其特有的运行机制将民族成员个体行为导向中国梦实现的共同目标。一方面,全面深化改革进一步释放实现中国梦的内驱力,它以富强、振兴、幸福的价值性目标透视中国梦的主体性维度;全面深化改革进一步提升实现中国梦的物质力,它以国家、民族、个人发展共生的目标指向聚焦中国梦的价值性维度。另一方面,全面深化改革系统推动社会进步的深层探索,它以中国梦价值目标的整体汇聚,为共同体内部多样性的利益整合提供条件和保证,同时将多样性的发展置于国家、民族、个人相统一的基本框架内;以社会主义现代化理论体系的发展与完善,整合社会要求、调整利益关系、优化动力系统;以社会主义发展模式的实践创新和民族特质时代形塑的价值彰显,凝聚社会共识;以中国梦价值体认对国家、民族、个人的目标牵引,协同社会主体、达致价值共意、发挥能动作用。

全面推进依法治国,以国家富强、民族振兴和人民幸福的目标路径,构成了推动中国梦实现的法治保障。作为中华民族社会治理理念的"德法

---

① 戴圣:《礼记·礼运》。
② 戴圣:《礼记·礼运》。
③ 马克思、恩格斯:《马克思恩格斯选集》第4卷,人民出版社1995年版,第247页。

兼治",强调法安天下、德润人心的整体效用。"德礼为政教之本,刑罚为政教之用"(《唐律》),结合了国家治理法律规范的强制性和道德规范的教化性。正如马克思所言,"正确理解的利益是整个道德的基础"①,所谓"正确理解的利益",在于道德的承诺、蕴藏于社会实践之中。法律规范由民族国家制定和认可,是一种依托外在制裁力的强制性行为规范,它以全民族的面目出现和表示、通过国家机器确立和实施。它对道德要求的包含在客观上强化了道德的作用,其制定和执行蕴含道德的评判,强调得失规范的普遍性。德治与法治相得益彰,体现了中华民族文化基因诠释的"法律是成文的道德,道德是内心的法律"②,凸显了注重道德调解与法律支撑协调转化的中华传统在中国梦实现路径中的基础性作用。从支撑中国梦主体性维度和价值性维度的法治情境出发,中国特色社会主义法律体系直接表达了民族共同体的根本利益和总体要求。它在整体上规定了国家、民族、个人利益之间的共生关系,其内蕴的指导力和约束力,将民族成员的行为引入民族共同体所推崇的秩序范围内,引导着民族成员个体行为和社会行为的基本方向。全面推进依法治国汇聚和凝结中华各族人民的共识理念,强调法律规范的强制与道德教化的规约相结合,在现实性上论证中国梦国家富强、民族振兴、人民幸福的目标维度,构筑"体现人民利益、反映人民愿望、维护人民权益、增进人民福祉"的制度体系。

全面从严治党,以国家富强、民族振兴和人民幸福的目标保障,构成了推动中国梦实现的根本保证。中国梦主体性维度和价值性维度全面对接的和谐共生,既有领导核心作用下纵向科层体制的主导激发,又有横向社会协商体制的脉动共律。从中国共产党"为中国人民谋幸福,为中华民族谋复兴"的初心和使命出发,以中国共产党"全心全意为人民服务"的宗旨,聚焦中国梦国家富强、民族振兴、人民幸福的目标维度,深刻指向了新的历史条件与历史方位下中国梦践行的政治定力。"实现中华民族伟大复兴,关键在党","治国必先治党,治党务必从严",表征着梦想实现过程中"强党"与"兴国"的内在关联,体现了价值情怀所转化的领导责任与使命任务。"为之于未有,治之于未乱"③的民族诠释,延展在领导核心凝聚共识的目标保证,构成了国家、民族、个体在中国梦践行过程中利益调适组

---

① 马克思、恩格斯:《马克思恩格斯全集》第2卷,人民出版社1957年版,第167页。
② 习近平:《坚持依法治国和以德治国相结合 推进国家治理体系和治理能力现代化》,载《人民日报》2016年12月11日第1版。
③ 习近平:《干在实处 走在前列——推进浙江发展的思考与实践》,中共中央党校出版社2006年版。典出:《老子》,原文:"其安易持,其未兆易谋;其脆易泮,其微易散。为之于未有,治之于未乱。合抱之木,生于毫末;九层之台,起于累土;千里之行,始于足下。"

织保证的前提，不仅以自我身份和群体关系确认的尺度，缩影着个体与族群安身立命的根本，而且表征着民族基因对共同体生活社会化的导引；"不仅为主体生产对象，而且也为对象生产主体。"① 全面从严治党投影于中国梦主体性维度的价值阐析，彰显中国共产党执政理念在梦想实现过程中价值统摄的新特点和新要求。而主体性维度在践行场域中的认同引领，则在现实性上凸显了"打铁还需自身硬"价值理念作用的基础。中国梦价值目标的实现与中国共产党建设的内在契合，更是以全面从严治党结构性效用的目标保障，构成了中国梦理想愿景价值共生的推进力量。

三、中国梦的内容层级

作为系统在功能方面不同等级秩序的表征，层级意指构成系统多质、多量、多向结构不同的特质内容。中国梦民族基因内涵表达的层级结构各要素相互依存、相互作用、彼此交互，在一定条件下不仅自身调整而且相互转化。中国梦民族基因作用方式的系统以连续性的梯级和有序性的节点，形塑了既内在契合又相互异质的层级，二者在结构上的对立与统一，不仅决定了中国梦内容结构整体性的内在共生，而且预制了影响机制功能上的外在差异。作为中国梦系统结构中的重要内涵，中华民族价值体认与价值追求作为民族基因的现实表达，在现阶段以全面建成小康社会、实现中华民族伟大复兴、个人梦与家国梦统一（即中华民族团结奋斗的最大公约数）、中华民族贡献人类和平发展真诚意愿，分别从核心要义、目标愿景、关系形态和国际担当构成了中国梦价值内涵内容结构的四个层级。

中国梦生发于民族基因的核心要义，以不同层级的链接表征着中华民族近代梦（1840—1919年）、现代梦（1919—1949年）与当代梦（1949年至今）在梯级与节点上的统一。中华民族的近代梦，以农民阶级梦想"无处不均匀，无人不饱暖"②的"天国梦"（1851—1864年），洋务派主导

---

① 马克思、恩格斯：《马克思恩格斯》选集第2卷，人民出版社1995年版，第10页。
② 典出：《太平天国制度》，原文："务便人卜共早人父上工呈上市大猫，万出同耕，百饭同食，有衣同穿，有钱同使，无处不均匀，无人不饱暖也。"

"师夷制夷"①"中体西用"②的"富强梦"（1861—1895年），资产阶级维新派"演大同主义"③的"维新梦"（1898年6月11日—1989年9月21日），资产阶级革命派"确定共和，普利民生"④的"共和梦"（1911年10月10日—1912年2月12日）为主要代表；中华民族的现代梦，表征为在中国共产党领导下以推翻帝国主义、封建主义、官僚资本主义三座大山为主要目标的新民主主义革命梦；人民当家做主的社会主义革命、实现富强民主文明和谐的社会主义现代化建设，荟萃为中华民族的当代梦。近代、现代、当代的国族梦想与奋斗目标，以历史表达和时代形塑的层级衔接，以中华民族一以贯之的价值体认和价值追求，观照中华民族在各个历史节点上的时代图景与现实诉求。中华民族不同层级的历史形态和文化构图，有所继承、有所创新、有所演绎，在一脉相承和循环建构中发展演化。

中国梦生发于民族基因的目标愿景，以不同层级的连接形塑了国家梦、民族梦与人民梦在梯级与节点上的统一。"中国梦是民族的梦，也是每个中国人的梦"，经济生活的延续、文化思想的传承、政治权利的分享、涵化过程中相互依存以及情感联系的社会习性和彼此认同，通过具体的利益指向"推动着民族和个人的生活"⑤，强调了"我们每一个人的前途命运，都是和这个国家的前途命运，都是和这个民族的前途命运密切关联"⑥。从新中国成立时"中国人民站起来"，到改革开放"中国富起来"再到中国特色社会主义建设新时代"民族强起来"，国家富强、民族振兴和人民幸福以不同的时代表征，贯通着实现伟大复兴中国梦的重要内容。作为国富、族兴、民强目标愿景内容层级的有机结合，中国梦坚持软实力与硬实力的同襄共举；国家、民族、个人的层级衔接，坚守中华民族物质与精神共生发展的民族

---

① 典出：魏源《海国图志》，原文："为以夷攻夷而作，为以夷款夷而作，为师夷之长技以制夷而作。"
② 注释：1895年（光绪二十一年）4月，南溪赘叟在《万国公报》上发表《救时策》一文，首次明确表述了"中学为体，西学为用"的概念；次年，礼部尚书孙家鼐《议复开办京师大学堂折》中再次提出，"自应以中学为主，西学为辅；中学为体，西学为用"；1898年5月张之洞出版《劝学篇·设学》，对洋务派的指导思想做了全面系统的阐述，重申"旧学为体，新学为用"。
③ 康有为：《人类公理》（或名《大同书》）。
④ 典出：孙中山《中华民国大总统孙文宣言书》，原文："尽扫专制之流毒，确定共和，普利民生，以达革命之宗旨，完国民之志愿。"
⑤ 列宁：《列宁全集》第55卷，人民出版社1990年版，第75页。
⑥ 习近平：《在第十二届全国人民代表大会第一次会议上的讲话》，载《人民日报》2013年3月18日第1版。

目标，指向了中国梦"刚柔并济"① 与社会和谐的价值理念。一方面，国富、族兴以国家和社会层面的价值连接，构成各族人民国家认同、民族自尊、共创幸福的目标层级；另一方面，"民惟邦本，本固邦宁"② 的传统文化与"人民为本"的标识，不仅聚焦了国家、民族层面目标愿景的内容层级，而且彰显了个体层面与国家层面有效连接的价值指向，以此诠释国家、民族、个人理想愿景和奋斗目标在民族基因价值阐释中的最大公约数。

中国梦生发于民族基因的关系形态，以不同的层级连接展演了理论与现实、合力与张力在梯级与节点上的统一。理论与现实相结合的关系形态，指谓了现实印证理论和理论指导现实的转换层级，指谓了理论对时代的回应、对现实的介入、对社会改造的过程，指谓了实践与发展相互满足的关系共演。一方面，作为承接民族基因投射国家、民族、个体共同理想的中国梦，从理论上把握中国发展前景、映照世界发展趋势，具有前瞻性、合理性、严密性、确定性和创新性；另一方面，作为植根于中华优秀传统文化民族基因作用场景的中国梦，从现实上不断延展于中华精神时代特质的要求，始终立足于中国发展需要的土壤，具有阶段性、过程性、必要性、发展性和能动性。合力与张力结合的关系形态，指谓了国家整体、社会群体、个体成员的交互层级，指谓了中国梦在价值多元语境下共意、共情、共通达成的过程，指谓了统一思想、凝聚力量的实践性连接。一方面，在"合"与"张"的对立中，切入个体与群体、特殊与普遍的转换，实现中国梦关系形态演化层级链接的比较研判与理论澄明；另一方面，在"合"与"张"的统一中，形塑交融与交锋、理解与认同的连通，实现中国梦关系形态演化层级链接的理论诠释和实践对接。

中国梦生发于民族基因的国际担当，以不同的层级链接凸显了国族梦想连通世界在梯级与节点上的统一。政治互信、经济相融、文化包容的关系层级，"共商、共建、共享"的演进节点，命运共同体、利益共同体、责任共同体的衔接梯级，以中国梦连接世界梦，彼此承认、平等交往、理解沟通、优势互补，诠释人类文明锻造的新形式、和平发展的新内涵和文化交融的新路径。一方面，在包容的联结中阐释中国梦的世界意义，在互鉴的交往中明晰世界梦的向度，在兼顾各文明主体利益关系的基础上促进中国梦与世界梦的战略对接与合作共赢，在物态化转换和利益分享的场域中明确中国梦与世界梦文明互鉴的归旨。另一方面，集目的性和指向性于一

---

① 典出：王粲《为刘荆州与袁尚书》，原文："当唯义是务，唯国是康。何者？金木水火以刚柔相济，然后克得其和，能为民用。"
② 典出：《尚书·五子之歌》，原文："皇祖有训，民可近不可下，民惟邦本，本固邦宁。"

体的梦想交融，以全方位的务实合作、互学互鉴，在情感共通达至价值共鸣的过程中，实现和谐包容、平等互利的人类文明共同体的构建；集相互作用和共同支撑于一体的愿景连接，以"和衷共济"的符号概括、共同承诺的文明理念、满足需要的利益交汇，在伙伴关系、安全格局、发展前景、文明交流的层级作用中，实现中国梦与世界梦的联结。

第二节　以爱国主义为核心的中华优秀传统文化

承载民族基因的传统文化是国族梦生发的基础，以爱国主义为核心的中华优秀传统文化是中国梦延伸的前提。文化是人类为满足自身需要创造的精神成果，是具体民族与生俱来的外化性标识，共同体成员文化身份的主客体关系，具有情感皈依的身份定位和理论建构的双重意义。传统文化涵儒内外交互形成的普遍社会心理和价值涵量，内蕴传统与现实矛盾和冲突的历时与共时，反映民族共同体传递意义的累计性成果。它以文化的命运性预设和群体的社会性归属，论证了"社会成员平均具有的信仰和感情的总和，构成了他们自身明确的生活体系，我们可以称之为集体意识或共同意识"[①]，而这种意识正是具体民族理想愿景和发展目标一以贯之的价值体认。根植于国族梦想的中华优秀传统文化，以爱国主义为中心，不仅缩影了中华民族的生活方式、群体心理和文化价值体系，而且展演了中华民族集纳历史传统、社会传承、思想观念和梦想实现的社会模式。

一、爱国主义的价值追求

中华优秀传统文化是一个主题鲜明、内容丰富、层次多样的民族文化系统，它对国族梦想价值追求的理想投射，反映了民族形成和发展过程中凝聚起来的心理状态。其中，爱国主义是中华优秀传统文化的核心要素，是其他要素萌发和生长的前提。"整体为上"是爱国主义的价值实现，其家国一体的价值表达，形成了中华民族的群体价值取向；"自强不息、厚德载物"是爱国主义的精神动力，它以民族气节、情感和意志的统一，为中华民族提供了刚健有为、奋发进取的价值实现方式；"和合与共、兼容并蓄"，

---

① 埃米尔·涂尔干：《社会分工论》，渠东译，生活·读书·新知三联书店2000年版，第42页。

强调人与人、人与社会、人与自然的和衷共济，为中华民族提供了合作共赢的生存发展方式。

在中华优秀传统文化的内容结构中，必有一个核心要素起到纲举目张的作用，这就是爱国主义的价值追求。"爱国主义是由于千百年来各自的祖国彼此隔离而形成的一种极其深厚的感情"①，是历史上形成的、以维护祖国利益为最高职责、反映历史进步趋势的思想观点和行为模式。它以对祖国深厚的思想感情为基础，以符合历史进步趋势的祖国利益为核心，以自觉维护祖国的尊严为准则，是世界各个民族普遍推崇的思想情感。

作为一种思想观点，爱国主义的价值追求表达了爱国主义的人生观、价值观和道德观，即为祖国的利益和尊严而奋斗的精神风貌，献身祖国的价值取向，以及自觉维护祖国利益和尊严的民族气节。以"天下兴亡，匹夫有责"②"人生自古谁无死，留取丹心照汗青"③"僵卧孤村不自哀，尚思为国戍轮台"④ 为代表的爱国诗章，就是这种人生观、价值观和道德观的真实写照。作为一种行为模式，爱国主义的价值追求既是促进人们热爱、报效祖国的情感力量，又是在情感力量基础上勃发的集思想和意志于一体的行为准则。在国家和民族利益上，反对侵略，捍卫主权，实现民族平等；在群体与国家的关系上，反对分裂，维护统一，地方拥护中央，个别民族支持整体民族；在个人与祖国的关系上，祖国利益为上，个人利益服从祖国利益。岳飞精忠报国的赤胆忠心、文天祥宁死不屈的浩然正气、邓世昌视死如归的英雄气概，就是这种行为模式的突出代表。爱国主义的价值追求经历了从感性上升为理性，从思想观点转变为行为模式，由浅入深、由低到高的发展过程。作为思想观念和行为模式的爱国主义价值追求，不仅受到传统理念的制约，而且受到社会条件和民族关系变化的影响，呈现出不同的时代特色。

在中华民族发展的每一个阶段，爱国主义的价值追求会有不同的侧重，但主要的内容和大致的表现却是一脉相承的。

第一，情系故土的民族情怀。这既是爱国主义价值追求产生的基点，又是爱国主义价值追求的重要组成部分，集中体现了各族人民对中华民族共同体的深层认同。乡土和国土构成了中华民族赖以生存和发展的空间，

---

① 中央编译局列宁斯大林著作编译室：《对列宁关于"爱国主义"的一处论述的译文的订正》，载《光明日报》1985年10月13日第3版。
② 顾炎武：《日知录》。
③ 文天祥：《过零丁洋》。
④ 陆游：《十一月四日风雨大作》。

古往今来一代又一代的文人墨客,用饱含深情的笔墨抒写了无数壮丽的诗篇,尽情地倾诉对祖国无尽的爱。这种爱并不是与生俱来的,而是在建设祖国的伟大实践中逐步培养和确立的。燧人氏钻木取火,神农氏尝遍百草,愚公移山,大禹治水……透过一个又一个古老的神话和动人的传说,不难看到中华民族的先人们在极其艰难困苦的条件下,移山填海建设祖国的高昂斗志。"慈母手中线,游子身上衣。临行密密缝,意恐迟迟归谁言寸草心,报得三春晖"①,"美不美,家乡水;亲不亲,故乡人"②的情系故土,不仅是中国人情感认同的基础,更是一股强大的精神力量,它构成了中华民族永恒的话题,构成了海外华人不懈的寻根意识。

第二,忧国敬民的爱国意识。所谓忧国意识,指的是"修身、齐家、治国、平天下"的人生抱负、"以天下为己任"的社会责任感以及关注中华民族前途和命运的自觉与行动。"大畏民志,此谓知本"③"民可近,不可下"④"国将兴,听于民"⑤,故应"施实德于民"⑥。敬民意识即指将民众视为国家的主体,以民为本。在国泰民安之时,"忧国敬民"的爱国意识居安思危,防患于未然;在民族的多事之秋,"忧国敬民"的爱国意识正视危难,立志变革,故有"易之兴也,其与中古乎?作易者,其有忧患乎?"⑦"君子忧道不忧贫"⑧"生于忧患,死于安乐"⑨"忧民之忧者,民亦忧其忧,乐以天下,忧以天下"⑩"贤者不悲其身之死,而忧其国之衰"⑪"位卑未敢忘忧国"⑫"先天下之忧而忧,后天下之乐而乐"⑬等重要论述。在近代百年历史沧桑中,从林则徐到李大钊,在探索中不断前行的中国人先后提出"中体西用""君主立宪""民主共和""社会主义"等多种救国方案,从"师夷长技以制夷"到坚信"只有社会主义能够救中国",时间持续之长、内容跨度之大,反映了中国人探求真理的曲折与反复,体现出传统爱国意

---

① 孟郊:《游子吟》。
② 《增广贤文》。
③ 《大学》。
④ 《国语·周语》。
⑤ 《左传·庄公二十三年》。
⑥ 《尚书·盘庚》。
⑦ 《易传·系辞传》。
⑧ 《易传·系辞传》。
⑨ 《孟子·告子下》。
⑩ 《论语·述而》。
⑪ 苏洵:《管仲论》。
⑫ 陆游:《病起书怀》。
⑬ 范仲淹:《岳阳楼记》。

识的发展与升华。

第三，追求民族的美好理想。中华民族的共同理想构建是小康、大同、和谐社会和各尽所得、各有所能"天下为公"的美好世界。早在殷商之际，中华民族的先哲们就已提出了"守则变，变则通，通则久"[1] 的变通思想，以及"苟日新，日日新，又日新"[2] 的鼎新主张。这些观念和主张深刻昭示了中华民族为实现民族理想而变革图强的奋斗精神，以及为了美好理想不惜舍身求法的高尚品质。战国时期，商鞅"苟可以强国，不法其故；苟可以利民，不循其礼"[3]，废井田、开阡陌、奖励军功、推行郡县制、统一度量衡；北魏孝文帝汉化政策，摒除旧习；宋朝初步扭转宋朝积贫积弱的王安石变法；明朝张居正的一条鞭法等，都为改良旧制度进行了有益的尝试。中国近代的戊戌变法、辛亥革命，为中国社会的进步打开了前进的闸门；中国共产党领导人民推翻三座大山，实现了中华民族的"站起来"；改革开放，邓小平同志直接引用了古代先贤提出的"小康"概念，以此作为中国式现代化阶段划分的标志。所有这些都是追求民族理想的具体表现，都是爱国主义价值追求的重要内容。

第四，竭诚维护国家的统一。追求国家的统一、维护民族的团结，一直是中华民族爱国精神的重要内容。统一，"首先是个民族问题，民族的感情问题。凡是中华民族子孙，都希望中国能统一，分裂状况是违背民族意志的。"[4] 从某种意义上来说，中华民族的发展史就是一部反对分裂、坚持统一的历史。两千多年来，中华民族虽然存在分分合合、政权更迭的现象，然而统一始终凝聚着中华民族的民心所向；中国历史上也曾出现过七雄争霸、三国鼎立的局面，但争霸及鼎立的目的均在于将对方置于统一的国家秩序中。纵观中华历史演进的长河，统一的时间越来越长、统一的规模越来越大、统一的程度越来越高；几乎每一个重要朝代的建立，都是民族迁移和融合的结果；每一次民族的交流和杂居，都为新的、更大范围的民族融合创造了条件。历史文化的广泛认同，造就了中华民族强烈的民族凝聚力和民族向心力，维护统一、反对分裂的思想，逐渐内化为整个民族的心理诉求，积淀成中华民族传统的思维定式。

---

[1] 《周易·系辞下》。
[2] 《礼记·大学》。
[3] 《商君书·更法》。
[4] 邓小平：《邓小平文选》第3卷，人民出版社1993年版，第170页。

二、整体为上的价值导向

在中华优秀传统文化的内容结构中,起价值引导作用的是整体精神所倡导的集体主义价值观。中国传统文化中的群体意识孕育了中华民族整体为上的思想传统,构成了中华民族历久而弥坚的整体精神。代表中国传统文化主流的儒家学派将天、地、人合为一体,把三者视为一个整体,形成了以三者和谐统一为基础、以不破坏整体协调为特征的传统思维定式。中国传统文化另一主要学派道家则在强调人与自然、人事与天道协调的基础上,追求主观与客观、人与环境之间的平衡与和谐,其"穷则独善其身,达则兼济天下"[①]的心态折射出整体为上的群体意识。除此之外,中国传统文化重要组成部分的墨家思想亦渗透了"天下尚同"的政治诉求。

在文化心理上,整体为上的价值导向使大一统的理性自觉积淀成中华民族深层的社会心理和群体意识。作为中国传统文化主流的诸子学派,尽管在各自的主张上形同水火,但是国家统一、民族融合的思想方面上,却是相辅相成的。所谓"上因天时,下尽地财,中用人力"[②] "仰取象于天,俯取度于地,中取法于人"[③],天下一家,民胞物与,四海之内皆兄弟。而大同理想的实现,即"天下一家""天下为公"的实现,则是整体精神的最终价值旨归。在治国方略上,整体为上的群体意识使《中庸》所宣扬的"万物并育而不相害,道并行而不悖"[④] 的思想上升到了本体论的高度,所谓"中也者,天下之大本也;和也者,天下之达道也。致中和,天地位焉,万物育焉"[⑤]。而以"兼爱"为核心的墨家,也主张"兴天下之利,除天下之害"[⑥],并提出要尚贤、尚同、节用、节葬、兼爱、非攻等。

在价值推崇上,整体为上的价值导向使个人自我价值的实现必须以个体和群体的协调为前提,从而建立起立足于群体运转之上的集体主义原则,全局利益高于局部利益,整体利益高于个体利益。为了从整体存在和心理满足中实现自身的价值、完成生存的道义,人们不惜牺牲个人的利益乃至生命,从而培育出一种以他人为重、以集体为怀的高尚情操,表现出中华民族以小我成全大我,以牺牲局部利益成全整体利益的高尚品格。整体为

---

① 《孟子·尽心章句上》。
② 《淮南子·主术训》。
③ 《淮南子·泰族训》。
④ 《礼记·中庸》。
⑤ 《礼记·中庸》。
⑥ 《墨子·兼爱》。

上的价值导向，是中华民族长期生活实践和社会文化积淀的产物，是中华民族特有的文化心理和思维定式，代表了中华民族终极的价值关怀，是各民族成员评价行为、事物以及目标选择的标准，这个标准既内含于个体成员的内心深处，又外显于社会群体的整体态度和行为选择。整体为上的价值导向是爱国精神的价值实现，它通过家国一体的价值表达，形成了与西方个体价值观不同的群体价值取向，成为维系民族生存和团结统一的基础与纽带。家庭是中国社会的细胞群，由家庭到宗族、到社会、到国家，"天下之本在国，国之本在家"①，在这个基础上形成的整体意识、家国一体不仅具有政治上的强制性，而且具有伦理上的感召力。受整体为上价值导向的影响，"天下为公"的社会理想一直是中华民族的最高理想和人生追求。从"先天下之忧而忧，后天下之乐而乐"的士大夫意识，到"天下兴亡，匹夫有责"的社会觉醒，无不体现了中华民族在整体为上价值导向引领下的特殊人生使命和社会责任感。作为文化发展与民族发展的支撑点，整体为上的价值导向丰富和深化了民族精神的文化内涵，提升了民族成员的人生境界。

三、自强不息的精神动力

在中华优秀传统文化的内容结构中，必有其基本要素发挥精神推动作用，刚健有为、奋发进取的"自强不息"就是这样一种精神。

"天行健，君子以自强不息。"②"健"是刚健和能动，"刚健而文明"③"刚健笃实辉光"④；自强不息，是积极向上、永不停止。锲而不舍、知难而进，形象地体现了中华民族百折不挠、完善进取的精神。无论是盘古开天辟地、女娲补天造人、后羿射日、精卫填海，还是愚公移山，中华民族的古老神话，塑造的都是劳动创造世界、改造自然的开拓者形象。"士不可以不弘毅，任重而道远，仁以为己任，不亦重乎？死而后已，不亦远乎？"⑤对事业，"学而不厌，诲人不倦"⑥"知其不可而为之"⑦；对生活，积极乐

---

① 《孟子·离娄上》。
② 《周易·乾·象传》。
③ 《周易·大有》。
④ 《周易·大畜》。
⑤ 《论语·泰伯》。
⑥ 《论语·述而》。
⑦ 《论语·宪问》。

观,"发愤忘食,乐以忘忧,不知老之将至"①,"故天将降大任于斯人也,必先苦其心志,劳其筋骨,饿其体肤,空乏其身,行拂乱其所为,所以动心忍性,增益其所不能。"② 自强精神的核心是革故鼎新、与时俱进。《周易·杂卦》云:"革,去故也;鼎,取新也。"③ 主张革故鼎新,除旧立新。"有物混成,先天地生,寂兮廖兮,独立不改,周行而不殆,可以为天下母。"④ 既然天地"周行而不殆",人应该伴随天地的运行,无休无止、永不懈怠。治理国家更应该"不法古,不修今,法古则后于时,修今则塞于世。"⑤ "是以圣人不期修古,不法常可,论事之世,因为之备。"⑥ "法与时则治,治与世宜则有功。"⑦ 基于对"日新""革新"的认识,《周易大传·革卦·象传》还主张社会变革论,说:"天地革而四时成。汤武革命,顺乎天而应乎人。革之时,大矣哉。"⑧ 自强不息的精神动力强调艰苦奋斗、勤俭节约的传统美德。艰苦奋斗是一切事业成功的保证,是立国之本。艰苦奋斗往往与勤俭节约联系在一起,它是修身、齐家、治国、平天下的必备品质与要求。自强精神的本质要求是放眼世界、追求真理。开拓进取必须以认识世界、获得知识为前提,孜孜不倦的格物致知,体现的是中华民族勤奋好学、追求真理的精神。

自强不息的精神动力强调民族意识、民族志气、民族气节、民族情感和民族意志的统一,是民族独立、民族特色、民族生息繁衍数千年的动力源泉。自强不息的精神动力是指导和推动民族成员改造主、客观世界能动作用的集中表现,是中华民族凝聚力和创造力的核心与基础。"一个民族,没有振奋的精神和高尚的品格,不可能自立于世界民族之林。"⑨ "自尊、自信、自强,是中华民族几千年来赖以生存和发展的伟大精神。正是依靠这种精神及其产生的巨大创造力,中华民族在人类历史上很早就兴旺发展起来,一直屹立于世界民族之林,为人类文明做出了不可磨灭的贡献。"⑩ 无

---

① 《论语·述而》。
② 《孟子·告子下》。
③ 《周易·杂卦》。
④ 《老子·二十五章》。
⑤ 《商君书·开塞》。
⑥ 《韩非子·五蠹》。
⑦ 《韩非子·心度》。
⑧ 《周易大传·革卦·象传》。
⑨ 江泽民:《全面建设小康社会开创中国特色社会主义事业新局面》,人民出版社2002年版,第39页。
⑩ 中共中央宣传部:《毛泽东邓小平江泽民论思想政治工作》,学习出版社2000年版,第14页。

论是锲而不舍、知难而进、刚健有为、奋发进取、革故鼎新、与时俱进、艰苦奋斗、勤俭节约，还是放眼世界、追求真理，自强精神体现的都是中华民族顽强的生命力，以及捍卫民族利益与尊严、实现整体价值观的意志与决心。这种特殊的价值实现方式，使中国人将苦难看作对个人乃至整个民族道德和能力的考验和磨炼，将个人的奋勇拼搏和民族的独立自主视为走向自由王国的必由之路。"贫贱忧戚，庸玉汝于成也"①，频繁的自然灾害、周期危机始终没有压倒中华民族，反而在艰苦困难的岁月里培养了我们奋发向上、百折不挠的民族性格。自强不息的精神动力，凝聚了中华民族坚强不屈的意志，增强了中华民族生生不息的向心力，哺育了独立自主、不断进取的民族斗志。在自强不息的精神动力推动下，"我们自古以来，就有埋头苦干的人，有拼命硬干的人，有为民请命的人，有舍身求法的人……虽是等于为帝王将相作家谱的所谓'正史'，也往往掩不住他们的光耀，这就是中国的脊梁。"②

四、和合与共的发展方式

在中华优秀传统文化的内容结构中，"和合与共的发展方式"不仅为我们提供了人与自然、人与社会、人与人和谐共生的价值理念，而且为我们提供了以"和风细雨"的非对抗方式、"和衷共济"的相向而行解决矛盾与冲突的途径和方法。

"和谐"指的是不同事物之间和衷共济的状态，以及反映这一状态的精神观念。中华民族关于"和谐"的思想源远流长，早在3000多年前，甲骨文和金文中就有了"和"字。"谐"字最初见于《尚书·舜典》的"八音克谐，无相夺伦"③，《左传·襄公十一年》亦载："如乐之和，无所不谐。"④ 后代学者把"和""谐"二字连缀成"和谐"一词，引申为协调、调和、和同之意，⑤ 如西周太史伯云"和实生物，同则不继"⑥，孔子曰

---

① 张载：《西铭》。
② 鲁迅：《鲁迅全集》第6卷，人民文学出版社1981年版，第118页。
③ 《尚书·舜典》。
④ 《左传·襄公十一年》。
⑤ 《后汉书·仲长统列传》引《昌言·法诫》："夫任一人则政专，任数人则政相倚，政专则和谐，相倚则违戾。"《晋书·挚虞列传》："施之金石，则音韵和谐。"《广韵》："和，顺也，谐也，不坚不柔也。"
⑥ 《国语·郑语》。

"君子和而不同"①,《尚书·尧典》②说"百姓昭明,协和万邦",《左传》记:"夫和戎狄,国之福也"③"上下慈和,慈和而后能安靖其国家"④。生活在春秋末年的老子,是最早把和谐思想升华为哲学理论的古代先贤,他提出了"道生一,一生二,二生三,三生万物。万物负阴而抱阳,冲气以为和"⑤的哲学思想。主要意思是,道是万物的本源,万物由阴阳二气构成;阴阳二气相反相成,在冲突中产生和谐。受此影响,以宽为"上德"的"和谐"思想,成为中华民族共同的精神财富。儒家学派"和为贵"⑥的主张,强调"天时不如地利,地利不如人和"⑦;法家学派"莫争""莫讼""莫得相伤"的张扬,上下和谐才能理想治世;道家学派要求人们清心寡欲、返璞归真,恢复自然与和谐的状态;墨家学派强调"兼爱",从情感心理上打动人,达到人际的和谐,只有"万民和,国家富……便宁无忧"⑧。先秦以后,经汉代儒家、魏晋玄学家、宋明理学家及清代学者的咀嚼和加工,"和谐"的理念深入中国人的心髓,逐渐积淀和演变成为一种思维定式,成为中华民族的优秀品性。在人与自然的关系上,和谐精神强调"天道"和"人道"、"自然"和"人为"的统一与和谐。"人法地,地法天,天法道,道法自然"⑨,以遵循自然规律为最高准则,指谓"天人之际,合而为一"⑩"民吾同胞,物吾与也"⑪之意。

在人际关系上,和合与共的发展方式强调个人的德性、修养与完善,强调有原则的团结和睦,而不是无原则的同流合污,所谓"君子周而不比,小人比而不周"⑫,只要保持高尚的道德情操,就可看淡生死富贵、名利官场,保持身心内外的和谐。在文化关系上,和合与共的发展方式强调以宽容的态度对待各种思想观念,提倡百花齐放、百家争鸣、兼容并蓄、相辅相成,即"天下同归而殊途,一致而百虑"⑬"其言虽殊,辟犹水火,相灭

---

① 《论语·子路》。
② 《尚书·尧典》。
③ 《左传·襄公十一年》。
④ 《左传·襄公二十七年》。
⑤ 《道德经》四十二章。
⑥ 《论语·述而》。
⑦ 《孟子·公孙丑下》。
⑧ 《墨子·非乐下》。
⑨ 《老子·二十五章》。
⑩ 《春秋繁露·深察名号》。
⑪ 张载:《西铭》。
⑫ 《论语·为政》。
⑬ 《周易·系辞传下》。

亦相生也。仁之与义，敬之与和，相反而皆相成也"①。此外，儒释道三者长期并行不悖，融合为一，在世界文化史上是罕见的，有鉴于此，和谐精神主张吸收其他民族之所长，对佛教东传、西学东渐，都采取了开放的态度。在民族和国际关系上，和合与共的发展方式强调反侵略、爱和平，主张"以德和戎"、取信四夷、团结互助、"协和万邦"②。"夫乐以安德，义以处之，礼以行之，信以守之，仁以厉之，而后可以殿邦国，同福禄，来远人，所谓乐也。"③

和合与共的发展方式是中华优秀传统文化的精髓，和谐社会是这一方式所指向的民族理想，"人和政通"是这一方式以"安邦立国"的宏图方略所展示的鹄的。在社会生活中，由于不同人群的利益得以兼顾和协调，因而能够形成"万邦和睦"的天下太平。和合与共的发展方式寻求的是天人、人人、人与社会、人与自然的协调有序，它是维持民族稳定、促进社会发展的思想保证。张岱年先生认为，和谐精神所指向的和合与共是"以宽厚的态度兼容不同事物"的方法和原则，即"以和为贵的兼容精神"④。具体而言，和合与共的发展方式所要达到的宽容是一种"普遍的和谐"，以"地势坤，君子以厚德载物"⑤，包括自然的和谐、人与自然的和谐、人与人的和谐以及人自我身心内外的和谐。⑥综观中国历史，和合与共的发展方式所倡导的"和而不同""兼容并蓄"的原则和方法，在创造远大精深的华夏文明的同时，亦造就了中华民族宽广兼容的胸怀，在解决社会问题、民族矛盾和对外冲突等方面发挥着十分重要的作用，显示出中华民族宏伟的气魄和纳新的力量。

第三节　融通传统与时代的中国梦

传统是历史积淀的产物，连接着民族发展过程的同一性。传统精神承载着中华优秀传统文化基因，构成了中国梦历史表达的文化要素和价值研

---

① 《汉书·艺文志》。
② 《尚书·尧典》。
③ 《左传·襄公十一年》。
④ 张岱年：《张岱年全集》第7卷，河北人民出版社1996年版，第329页。
⑤ 《周易·坤·象传》。
⑥ 汤一介：《略论儒学的现代意义》，载《儒学与二十一世纪》，华夏出版社1996年版，第245页。

判。时代是动态的现实,连接着文化发展与其前身不可割裂的价值脉动,历代民族成员经过选择、承袭、创新的文化精神,构成了中国梦现实形态内涵表征的文化诉求和价值基础。从中国梦融通传统与时代的双重律动出发,其内蕴的时代精神正是现实中的民族传统,而民族传统经中国梦阐发的价值追求则构成了历史传递着的时代精神。传统精神赋予中国梦以历史底蕴,时代精神则赋予中国梦以现实形态,融通传统与时代,中国梦以中华民族价值体认的历史底蕴、国族梦想现实形态的核心要义、国族梦想当代承载的价值追求,彰显了既一脉相承又与时俱进的民族特性。

一、中国梦的历史底蕴

国族梦想反映了一定历史条件下国家、社会、个体发展的时代性、民族性和阶段性。沉积在时间的一体性凝聚为传统,反映共同体成员主观认同的群体本质,传统对国族梦想的价值解释和文化建构,集结为集内涵性、意向性和价值性于一体的情感、思想方式和世界观。"通过传统和教育承受了这些情感和观点的个人会以为这些情感和观点就是他的行为的真实动机和出发点"①,经积淀成为后世成员不容选择的历史继承,他们的习性和心理会有所改变,但总的精神依然是民族的。作为中华民族价值体认和价值追求的总体表达,中国梦以中华优秀传统文化为历史底蕴,从时代发展中获得某种精神的气质。传统与时代共同规制了作为民族存在的群体特殊性和反映时代诉求的民族特质,其过程不仅影响所继承的历史文化价值,而且助力社会生活实践所孕育的时代精神意义。就此而言,中国梦价值内涵展演的历史继承与现实作为同构的过程,既表现为国族梦想民族基因作用的一般性法则,又体现为国族梦想时代发展的一般性规律。

人类社会的每一次重大变革,总是发生在人类命运转折的历史节点上。在五千年不灭的中华文明历史上,一次又一次重大的历史变革,汇聚着中华民族的智慧与力量,以鲜明的民族符号,永存于中华民族最深层的集体记忆中,沉积在中华民族理想愿景最深层的价值追求中。近代的革命梦、社会主义建设梦、改革开放发展梦,演绎着这些重大历史节点对中华民族传统与时代精神融通的"站起来""富起来"和"强起来"。近代以降,随着半殖民地化的加深,中华民族的国族梦想在这一阶段缩影为以实现民族独立、人民解放为主要目标的革命梦。鸦片战争改变了中国的社会形态,

---

① 马克思、恩格斯:《马克思恩格斯选集》第1卷,人民出版社1995年版,第611页。

国族目标向"民族独立、国家富强、人民民主"理念阐释的转向,开启了对社会现实深刻回应的理论诠释和梦想践行的时代历程。从"开创新朝"救中国的太平天国运动、"师夷长技以制夷"的洋务运动、"救亡图存、变法图强"的维新运动、"实现共和"的辛亥革命、"反帝反封建"的五四运动,到无产阶级领导的新民主主义革命,这场"由人民组成的,从亿万大众意志和斗争中吸取能量的革命"①梦想的践行,"从封建主义到社会主义,像雷奔电驰似的,越过了欧洲思想发生成熟的数百年行程"②。"中国往何处去"的深层诘问,从"大成至圣文宣王先师"的式微、"天父上主皇上帝"的本土化改造、"自强求富""君主立宪""天赋人权"的失败,到"十月革命一声炮响,给我们送来了马克思列宁主义"③。梦想践行的转向、挫折与求索的"百年"行程,"帮助了中国的先进分子,用无产阶级的宇宙观作为观察国家命运的工具,重新思考自己的问题"④。争取民族独立、人民解放和实现国家富强、人民富裕,"确实是我们时代最伟大的历史性事件之一"⑤,由此阐释了"中国已经走了它自己的道路"⑥"中国不再处于沉睡状态"⑦的革命梦指向。

新民主主义革命胜利后,中华民族的国族梦想在这一阶段具象为实现人民当家做主、建立社会主义制度、逐步实现工业化的社会主义建设梦。建设梦的践行在现实性上印证了人们不能随意选择历史,然而,历史却常常赋予人们以新的选择的时代阐发。换言之,每个时代的历史均孕育了国族梦想时代践行的机缘,同时提出了时代发展赋予我们的历史重任。新中国成立开启了中国历史的新纪元,确立了人民代表大会制度的根本政治制度,以及中国共产党领导的多党合作和政治协商制度与民族区域自治制度的基本政治制度,为实现人民当家作主的价值理念奠定了制度前提。早在新中国成立前夕,毛泽东同志在讲话中已明确揭示了社会主义建设梦实施的国体和政体:"我们是人民民主专政,各级政府都要加上'人民'二字,各种政权机关都要加上'人民'二字,如法院叫人民法院,军队叫人民解

---

① 洛伊斯·惠勒·斯诺:《斯诺眼中的中国》,王恩光等译,中国学术出版社 1982 年版,第 262 – 263 页。
② 李泽厚:《中国近代思想史论》,人民出版社 1979 年版,第 453 页。
③ 毛泽东:《毛泽东选集》第 4 卷,人民出版社 1991 年版,第 1471 页。
④ 毛泽东:《毛泽东选集》第 4 卷,人民出版社 1991 年版,第 1471 页。
⑤ 费里克斯·格林:《觉醒了的中国——美国人不了解的中国》,吴越、初扬译,北京出版社 1981 年版,第 1 – 2 页。
⑥ 费正清:《美国与中国》,张理京译,商务印书馆 1987 年版,第 347 页。
⑦ 罗伊斯特:《中国牌的马克思主义》,载《华尔街日报》1978 年 11 月 1 日,引自《参考消息》1978 年 11 月 16 日第 4 版。

放军……"①由此明晰了构成这一时期社会主义建设梦"人民当家作主"政治目标的主体内涵。伴随着过渡时期总路线的酝酿与提出，通过对农业、手工业、资本主义工商业的社会主义改造，建立了社会主义制度，完成了这一时期社会主义建设梦的阶段性目标。对社会主义工业化道路的探索与实践，更是极大地推进了由落后的农业国走向先进的社会主义工业国的步伐。独立的、比较完整的工业体系和国民经济体系的建立，人民生活水平的极大提高，文化、教育、医疗、科技事业的发展，国际地位的提升与国际环境的改善，阐发了"没有独立、自由、民主和统一，不可能建设真正大规模的工业。没有工业，便没有巩固的国防，便没有人民的福利，便没有国家的富强"②的建设梦指向。

改革开放大幕开启，中国发展进入了一个高歌猛进的新时期，中华民族的国族梦想在这一阶段表征为解放和发展生产力、全面建设小康社会、实现共同富裕的发展梦。历史与文明的前进总是随着社会实践经验的持续积累和人们所遭受挫折的深刻总结而不断演化，如恩格斯所言，"一切社会变迁和政治变革的终极原因，不应当到人们的头脑中，到人们对永恒的真理和正义的日益增进的认识中去寻找，而应当到生产方式和交换方式的变更中去寻找"③。中国的改革开放正是处于这样的历史关键期，它所带来的深刻社会变革孕育了影响人们对真理和正义认识的生产方式与交换方式的重要改变。在这一阶段，国族目标向"以经济建设为中心、建设社会主义现代化"转变，从"摸着石头过河"到"顶层设计与基层探索"相结合的阶段性连接，不仅实现了思想启蒙"历史上一次伟大觉醒"，而且实现了新中国成立以来党的工作重心的历史性转折。"行之力则知愈进，知之深则行愈达"④，作为决定"当代中国命运的关键一招"和"实现'两个一百年'奋斗目标、实现中华民族伟大复兴的关键一招"，改革开放为中国经济社会发展注入了新动力，为国族梦想的阶段性推进注入了新活力。"一个中心，两个基本点"基本路线的提出、从计划经济体制向社会主义市场经济体制的转变、从单一公有制向以公有制为主体多种经济成分共同发展的转变，以"怎样发展社会主义、如何发展社会主义"这一伟大时代命题的深刻回应，聚焦了国族梦想实现形态历史衔接的阶段性特点，以此诠释了"以发展为第一要务、为人民谋幸福、中华民族'富起来'"的建设梦指向。

---

① 中共中央文献研究室编《毛泽东文集》第5卷，人民出版社1996年版，第135-136页。
② 毛泽东：《毛泽东选集》第3卷，人民出版社1991年版，第1080页。
③ 马克思、恩格斯：《马克思恩格斯文集》第3卷，人民出版社2009年版，第547页。
④ 张栻：《论语解·序》。

革命梦的阶段性、建设梦的民族性、发展梦的时代性，以国族梦想传统精神的民族基因，深刻论证了国族梦想奋斗目标生成的历史底蕴，以及时代内涵与一定的、不容选择的历史环境和回应时代需求现实挑战的结合。在传统精神与时代精神融通的历史底蕴之上，国族梦想的践行必须对继承下来的成果有所改造、有所创新。国族梦想的时代转换有赖于对民族传统的不断丰富，这种丰富并不意味着文化函数的简单置换，其重要的价值体认和精神形态，总是以某种方式内蕴着国族梦想本质意涵的价值表达。一以贯之的发展愿景是国族梦想传统精神中最稳定和连贯的部分，不同阶段的奋斗目标则是这一价值追求对现实介入的深层依据和历史表征。国族梦想传统与时代基于历史底蕴的融通带来了新的冲动，这是"一个新的原则，一个新的民族精神"①。从革命梦、建设梦到发展梦的逐层演绎，不仅凝聚着传统国族梦想价值追求的理论精华，体现着过去历史活动的精神表征，而且相应于其赖以产生和发挥作用的时代，进行奋斗目标的再发现和再创造。文化主体的介入和时代精神的渗透，更是在革命梦、建设梦、发展梦的历史演进中，深刻论述了"不仅我们创造了文化，文化也创造了我们。个体永远不能从自身来理解，他只能从支持他并渗透于他的文化的先定性中获得理解。"②

国族梦想基于历史底蕴对传统与时代的融通，借助革命梦、建设梦和发展梦的逐层演绎，"借助于实践而将自己转化为理解的对象"，把实践活动的实际结果作为"反观传统和自身的'镜子'"，这种对象性活动所生发的"与传统的关系才是真正自由的关系"③。革命梦、建设梦、发展梦的价值贯通，"是历史的产物，是世世代代活动的结果"④，每一个奋斗目标均立足于前一代所达到的基础，并经社会实践确证为国族梦想意义的组成部分，存在于整个民族群体之中、上升为具有特殊意义的价值诉求。革命梦、建设梦、发展梦所表征的不同时代特质，反映了近代以来不同历史阶段中华民族共同体的社会实践所彰显的新内涵和新活力，三者在不同时代具有不同的个性，然而这些个性均寓于国族梦整体愿景之中。就此意义而言，国族梦想对不同时代发展目标的投射，"不能从过去，而只能从未来汲取自己的诗情。它在破除一切对过去迷信以前，是不能开始实现自己的任务的"⑤。

---

① 黑格尔：《历史哲学》，张作成、车仁维译，北京出版社 2008 年版，第 30 页。
② 蓝德曼：《哲学人类学》，工人出版社 1987 年版，第 273 页。
③ 陈筠泉、刘奔：《哲学与文化》，中国社会科学出版社 1996 年版，第 291 - 292 页。
④ 马克思、恩格斯：《马克思恩格斯选集》第 1 卷，人民出版社 1995 年版，第 76 页。
⑤ 马克思、恩格斯：《马克思恩格斯选集》第 1 卷，人民出版社 1995 年版，第 585 - 587 页。

"站在"而不是"躺在"历史的基点上,主动接受实践的检验,通过直视时代的新要求、发展的新观念,在传统与时代的衔接中获得与时俱进的品质;在一以贯之的民族基因上增添新内容、进行价值的再创造,正是国族梦想历史底蕴作用于传统与时代精神的重要方式。

二、中国梦的现实形态

概念意义上的形态指谓了事物的形状或表现形式。作为国族梦想基本内涵的观念外化,中国梦的现实形态以"站起来""富起来"和"强起来"的实践历程和发展轨迹,表征为实现中华民族的伟大复兴,即国家富强、民族振兴和人民幸福。就此意义而言,中国梦的现实形态既反映了不同历史阶段国族梦想过程性与发展性的辩证统一,又体现了一定时代背景下"国家—民族—人民"目标展演的有机结合。一方面,作为中国梦观念形态具体、直观的外显,中国梦的现实形态指向了中华民族"强起来"的目标使命,它以"强盛、法治、文明、和谐、美丽、幸福"的"5+1"立体结构,具象为社会主义现代化强国理想愿景的建设。中国梦"强起来"的现实形态,既承继于实现民族独立和人民解放的"站起来"阶段,又延续于实现解放和发展生产力的"富起来"时期。另一方面,作为中国梦概念形态表意空间的外显,中国梦现实形态以集国家、民族、人民于一体的目标体系,缩影为国家层面整体实力增强的指标体系,包括具体的经济、政治、文化、科技、军事等实力指标;诠释为中华民族重新屹立于世界民族之林的崛起;阐发为个体层面"对美好生活的向往"以及"获得感、幸福感、安全感"的全面提升,落脚为人们"共同享有人生出彩的机会,共同享有梦想成真的机会,共同享有同祖国和时代一起成长与进步的机会"[①]。

生发中国梦"强起来"的"站起来"和"富起来",指谓了革命梦、建设梦、发展梦对中华民族一以贯之国族梦想历史形态的承袭,是对中华民族"强起来"国族梦想现实形态的链接。从"站起来""富起来"到"强起来"的时代转化,从革命梦、建设梦、发展梦到迈向中华民族的伟大复兴,中国梦现实形态的价值诠释,是传统精神和时代精神融通的结果。

革命梦、建设梦、发展梦以现实任务和阶段性目标具体延伸的接续推进,具象不同阶段理想愿景的现实标的。革命梦的实现形塑了国族梦想演绎的制度保障,经新民主主义革命到社会主义制度的建立,开创了国族梦

---

① 习近平:《习近平谈治国理政》第一卷,外文出版社2018年版,第40页。

想践行的新纪元。20世纪60年代，国族梦想的阶段性目标是建立"独立的比较完整的工业体系和国民经济体系"和"把我国建设成为一个强大的社会主义国家"①；在80年代这一目标基本达致之后，党的十三大新"三步走"战略将新的阶段性目标明晰为"人民生活达到小康水平"②；在党的十五大，这一目标被明确为"使人民的小康生活更加宽裕"③；后来，党的十六大、十七大将这一目标概括为"全面建设小康社会"；党的十八大将其深化为"全面建成小康社会"；而在党的十九大，国族梦想的阶段性目标被进一步明确为"建设社会主义现代化强国"。

"站起来""富起来""强起来"以国族梦想不同阶段演绎先后的承继，衔接不同历史时期的战略步骤。"站起来"获得了国家独立和人民解放，奠基着国族梦想演绎的制度前提。1964年第三届全国人民代表大会第一次会议提出，以"独立的比较完整的工业体系和国民经济体系"的建立，"全面实现农业、工业、国防和科学技术的现代化"④，推进基本实现"四个现代化"的战略部署；1975年第四届全国人民代表大会第一次会议进一步具象这一战略步骤完成的时间；1987年党的十三大提出"带领人民实现小康生活"的"三步走"战略；在人民生活总体达到小康的基础上，1997年党的十五大提出"使人民生活更加宽裕"的新"三步走"战略；2017年党的十九大提出"基本实现社会主义现代化与社会主义现代化强国"的新"两步走"战略。

"站起来"的革命梦、"富起来"的建设梦、改革开放的发展梦以国际先进水平为参照，集聚国族梦想"强起来"现实形态具体直观的赶超标准。"站起来"革命梦的实现奠定着中国梦连接世界梦的基础，奠定着赶超世界发展水平，按照国际水平设定梦想践行之步骤、阶段和目标的前提。20世纪60年代"我们同国际上科学技术水平有差距，但不很大"⑤，以毛泽东为核心的国家领导人提出要在20世纪内实现"四个现代化"。"富起来"建设梦的实现深化着中国梦连接世界梦的关系，受制于社会主义建设的曲折和"文化大革命"的影响，20世纪七八十年代我国同发达国家的差距被进一步

---

① 中共中央文献研究室编：《毛泽东文集》第7卷，人民出版社1999年版，第24页。
② 中共中央文献研究室编：《十三大以来重要文献选编》（上），人民出版社1991年版，第16页。
③ 中共中央文献研究室编：《十五大以来重要文献选编》（上），中央文献出版社2000年版，第4页。
④ 中共中央文献研究室编：《建国以来重要文献选编》第19册，中央文献出版社1998年版，第483页。
⑤ 邓小平：《邓小平文选》第2卷，人民出版社1994年版，第132页。

扩大,"要达到西方比较发达国家的水平,至少还要再加上三十年到五十年的时间"①,以邓小平为核心的国家领导人提出到21世纪中叶我国发展达到中等发达国家水平,基本实现现代化。改革开放发展梦的实现推进着中国梦连接世界梦的步伐,"改革开放极大改变了中国的面貌、中华民族的面貌、中国人民的面貌、中国共产党的面貌"②,以习近平同志为核心的国家领导人提出在21世纪中叶把我国建成富强、民主、文明、和谐、美丽的社会主义现代化强国。

革命梦、建设梦、发展梦所诠释的现实任务和阶段性目标,"站起来""富起来""强起来"所阐释的战略步骤,"站起来"的革命梦、"富起来"的建设梦、改革开放的发展梦所生发的赶超标准,形塑了中国梦融通传统与时代的现实形态——"强国梦"。实践中,依赖于革命梦、建设梦、发展梦的"强国梦",以经济、政治、文化、社会、生态"五位一体"目标愿景的擘画,具象了新时代国族梦想的新形态、新方向和新未来。就"强国梦"的经济维度而言,新的发展理念、建设现代化经济体系的具体目标,以着力解决"发展不平衡不充分"的突出问题,提高发展质量、提升经济效益、增强创新能力;就"强国梦"的政治维度而言,人民当家作主制度体系的健全,充分保障人民平等参与、平等发展的权利,以社会主义民主法治建设的促进,全面提升政治文明建设水平;就"强国梦"的文化维度而言,社会主义核心价值观的价值引领,增进人的本质力量、促进人的全面发展,以文化强国建设的具体推进,提升文化软实力;就"强国梦"的社会维度而言,在发展中保障和改善民生,直面人民群众就业、教育、医疗、居住、养老等方面的难题,以全面建成小康社会的系统推进,带领人民创造美好生活;就"强国梦"的生态维度而言,人与自然、人与人、人与社会和谐共生、良性循环、持续繁荣,以社会主义生态文明观践行"绿水青山就是金山银山"的发展理念,拓展人与自然和谐发展的新格局。

"站起来"的独立解放、"富起来"的改革开放、"强起来"的繁荣昌盛,凸显国族梦想对时代特质的重点回应,贯通国族梦想践行的发展逻辑,演绎着中国梦价值追求所诠释的目标使命。实践中,基于现实形态国族梦想对"站起来""富起来"和"强起来"的系统连接,要求我们"必须走

---

① 中共中央文献研究室编:《邓小平年谱(1975—1997)下》,中央文献出版社2004年版,第769页。
② 习近平:《在庆祝改革开放40周年大会上的讲话》,载《人民日报》,2018年12月19日第2版。

中国道路,必须弘扬中国精神,必须凝聚中国力量"①;要求我们必须将中国道路、中国精神、中国力量的实体化具象到行为主体、结构关系、价值规范所导引的发展进程中。其中,中国道路是中国梦现实形态演绎的方向。国族梦想推进道路所诠释的民族发展方式,延伸于价值律动、规律遵循和人民意愿,是中华民族实践特色、理论特色、民族特色在时代特质中的统一。中国精神是中国梦现实形态演绎的基质。无论历史还是现实,"一个民族或一个国家的社会文化体系不管怎样庞大、复杂,总有它的基本的文化精神及其历史个性。"② 国族梦想现实形态内蕴的价值体认,凸显了以爱国主义为核心的传统精神、以改革创新为核心的时代精神共同演绎的价值追求,具有强大的民族凝聚力、价值感召力和精神感染力。中国力量是中国梦现实形态演绎的动力。"你中有我、我中有你、谁也离不开谁的中华民族命运共同体"的集体力量是"中国力量"的现实表达,国家梦、民族梦、个人梦的有机统一是中国梦价值追求的时代指向,二者结合在国族命运的深层意义表达和国族发展必由之路的深刻阐发中。

三、中国梦的当代承载

作为事物转化和发展序列的中间环节与依据,"承载"以彼此联系、互为条件的中介范畴,指涉了事物发展"否定之否定"过程的担当和支撑。中国梦作为一种内蕴价值追求的观念形态,它以实现中华民族伟大复兴为宏观目标,以国家富强、民族振兴和人民幸福为现实考量,反映了融通传统与时代的中华民族成员共同的发展信念、理想愿景和职责使命。而国族梦想的观念外化、目标达致、现实形塑,则指谓了中国梦当代承载的时代命题。在传统与时代融通的过程中,作为一项主观见诸客观的对象性活动,中国梦的践行需要一定的现实承载,即主体成员通过一定的中介因素实现主观世界的客观化,从而在能动的实践中佐证他们是"对象性的本质力量的主体性,因而这些本质力量的活动也必须是对象性的活动"③。道路、理论、制度、文化是共同体生活的建构性命题,体现了共同体成员普遍性的情感在国族梦想中所汇聚的共同信念,是共同体成员基于信仰抉择、价值研判和理论澄明而形成的一种社会规范。中国特色社会主义道路、理论、制度和文化,既承继于中华传统文化的核心理念,又反映了中华民族成员

---

① 参见习近平《在第十二届全国人民代表大会第一次会议上的讲话》,人民出版社 2013 年版。
② 司马云杰:《文化社会学》,山东人民出版社 1987 年版,第 501 页。
③ 马克思、恩格斯:《马克思恩格斯全集》第 42 卷,人民出版社 1979 年版,第 167 页。

生发于历史与时代链接而形成的对中国特色社会主义的理解认同。中华民族的道路自信、理论自信、制度自信和文化自信，更是以中华民族成员立足当下、继往开来的自我笃定和面向未来的精神状态，指向了中华民族共同体生活时代特质的本性规范，指向了中华民族成员的普遍意志，指向了中国梦融通传统与时代践行的当代承载。

就这一承载的现实要素而言，中国特色社会主义道路、中国特色社会主义理论、中国特色社会主义制度与中华优秀传统文化、革命文化、社会主义先进文化，彼此的相互循环建构形塑了实现中国梦融通传统与时代的应然向度。其中，中国特色社会主义道路是实现中国梦的方向指引，中国特色社会主义理论是实现中国梦的行动指南，中国特色社会主义制度是实现中国梦的制度保障，中华优秀传统文化、革命文化、社会主义先进文化是实现中国梦的价值指向。在现实性上，中华民族共同体对自身历史传统、民族发展前景和发展活力的高度确信，凝结在中华民族成员因道路自信、理论自信、制度自信和文化自信而激发的正向肯定里，映照了从"站起来""富起来"到"强起来"国族梦想系统演进的过程，形塑了中国梦融通传统与时代的根基。"四个自信"的内在关联性则以精神的自信、能力的肯定、道路的自觉，统一在实现中华民族伟大复兴的奋斗历程中，书写在"四个自信"建设、物质力量集聚和精神力量的涵养里。就此而言，中国梦实践形态理论诠释与践行推进的结构性阐发，指向了中国梦当代承载的内容体系、创造主体和发展路径，指向了中国梦当代承载现实要素作用的基质。

在现实性上，中国梦实现国家富强、民族振兴、人民幸福价值目标承载于中国特色社会主义道路。作为中国梦融通传统与时代的道路承载，中国特色社会主义道路并非单纯的概念演绎和理论设计的产物，而是理论与实践互动的选择结果。理论与实践的双重律动生发于中国历史发展的内在逻辑，充分证明了中国特色社会主义道路的历史必然性与现实肯定性。一方面，无论是林则徐开启的"睁眼看世界"、洪仁玕争取的"与番人并雄"、郑观应宣传的"采英德之制"、康梁提出的"借鉴日本"，还是孙中山倡导的"效法欧美"；无论是近代中国的工业救国主张、教育救国呼唤，还是科学救国诉求，各种尝试和努力虽助益了中国近代社会的进步，但未能从根本上给濒临危亡的中国指明正确的出路。历史与事实证明，只有将救亡图存的行动寓于正确的道路之中，"才能形成一场规模宏大，影响深远的运动"。另一方面，马克思主义在中国的传播将人民大众作为实践的主体，深刻认识中国历史发展之实际，系统把握中国社会发展之趋势，社会主义道路的历史性抉择连接无数仁人志士的社会实践，使"沉睡的巨人"苏醒，摆脱耻辱的苦难，重新走向世界，从根本上解决了"中国向何处去"的问题。改革开放的伟大成就，更是在现实性上诠释了"有着世界上最能干的十亿人民和庞大的自然资源的中国，不仅能够成为世界上人口最多的国家，而且也能够成为世界上最强大的国家"①。发展与现实证明，中国特色社会主义道路以社会主义现代化建设为落脚点，深刻回应着中华民族伟大复兴中国梦的时代命题。

中国梦实现国家富强、民族振兴、人民幸福价值目标承载于中国特色社会主义理论。作为中国梦融通传统与时代的理论承载，中国特色社会主义理论并非等同于经验事实的简化和概括，而是将现象视为隐藏在它们背后的实体和过程的显现，借此进行规律性的阐发。作为对事物进行实践观察、总结逻辑思辨、形成描述模型的原理，理论具有联系客观实际并推动、指导实践的能动作用。在马克思那里，"理论一经掌握群众，也会变成物质力量。理论只要说服人，就能掌握群众；而理论只要彻底，就能说服人。所谓彻底，就是抓住事物的根本"②；在列宁那里，"观念的东西转化为实在的东西，这个思想是很深刻的；对于历史是很重要的"③。中国特色社会主义理论反映中国社会发展的客观规律、搭建主观思想与客观实践相联系的桥梁，它对实践的指导和引领精神变物质的实现，正如马克思所言，"思想的闪电一旦彻底击中这块素朴的人民园地，德国人就会解放成为人"④。一方面，中国特色社会主义理论形塑于中国社会主义革命、社会主义建设和社会主义现代化发展的社会实践中，是对中国道路、中国精神、中国力量的深入分析与科学总结；另一方面，中国特色社会主义理论以实现中华民族"两个一百年"奋斗目标和中华民族伟大复兴为宗旨，不断丰富和创新内容体系，为新时代中国梦的实现提供科学指导。

中国梦实现国家富强、民族振兴、人民幸福价值目标承载于中国特色社会主义制度。作为中国梦融通传统与时代的制度承载，中国特色社会主义制度源于顶层设计和基层探索的科学性与合理性，具象在制度建构理论逻辑的深刻把握、适应中国社会实际要求的理性思考和增进人民福祉的责任担当。"王者以制度为节，使用之有道，役之有时，则不伤财，不害民也"⑤，作为对社会文化规范和行为模式的强制性表征，制度内容对社会整

---

① 尼克松：《领导者》，尤勰等译，世界知识出版社1997年版，第285页。
② 马克思、恩格斯：《马克思恩格斯选集》第1卷，人民出版社1995年版，第9页。
③ 列宁：《列宁全集》第38卷，人民出版社1986年版，第117页。
④ 马克思、恩格斯：《马克思恩格斯选集》第1卷，人民出版社1995年版，第15–16页。
⑤ 孔颖达：《周易正义》。

体程序的价值判断与价值选择，具有指导、约束、激励等功能。中国特色社会主义制度涵盖人民代表大会的根本政治制度、中国共产党领导的多党合作和政治协商制度、民族区域自治制度和基层群众自治制度的基本政治制度；涵盖以公有制为主体、多种所有制经济共同发展的基本经济制度，中国特色社会主义法律体系，以及建立在基本政治经济制度上的其他政治制度、经济制度、文化制度和社会制度。中国特色社会主义制度继承和批判地吸收发展了中国传统政治文化的深层基因与人类政治文明的优秀成果，囊括经济、政治、文化、社会、党建等重要方面，关乎国家、社会、个人发展的前进方向。中国特色社会主义制度"是当代中国发展进步的根本制度保障，是具有鲜明中国特色、明显制度优势、强大自我完善能力的先进制度"[1]，它所形成的制度安排和社会规约，为新时代中国梦的实现提供制度支撑。

中国梦实现国家富强、民族振兴、人民幸福价值目标承载于中华优秀传统文化、革命文化与社会主义先进文化。作为中国梦融通传统与时代的文化承载，中国特色社会主义文化"源自中华民族五千多年文明历史所孕育的中华优秀传统文化，熔铸于党领导人民在革命、建设、改革中创造的革命文化和社会主义先进文化，植根于中国特色社会主义伟大实践"[2]，它以民族成员对自身文化价值的充分肯定和积极践行，具象为文化价值理念的深刻认同、文化生命力的坚定信念、文化价值物化力的坚定信心。文化自信源于中华民族交往、交流、交融经文化涵容所形成的多元一体文化格局，发展于具有深刻文化认同和情感共鸣的中华民族精神，它以民族成员对中国道路价值理念和文化目标的高度确信，开启了中国梦时代践行的建构进程。文化自信不仅是历史自觉、文化比较和自由抉择抽象的产物，而且是话语逻辑"主观见诸客观对象性活动"的实践自觉；不仅是历史合理性与永续生命力文化选择律动的产物，而且是现实能动力与民族延续性理论自觉作用的结果。文化自信的当代承载立足于中国本土的历史文化资源、借鉴人类先进文明成果、把握中国梦践行的时代新机缘，在实现经济政治全面发展的基础上，以价值选择社会性和民族性的呈现、自觉性与超越性的结合、实践性与创造性的统一，以及文化自觉更加开阔的视野、更加坚定的信心、更加笃实的战略定力，系统观照着实现中华民族伟大复兴中国梦的价值归旨。

---

[1] 习近平：《在庆祝中国共产党成立95周年大会上的讲话》，载《人民日报》2016年7月2日第2版。

[2] 习近平：《决胜全面建成小康社会 夺取新时代中国特色社会主义伟大胜利——在中国共产党第十九次全国代表大会上的报告》，人民出版社2017年版，第41页。

第三章　中国梦价值传承的民族文化谱系

中国梦价值内涵植根于中华优秀传统文化的深层基因，是中华民族成员观念意识形态和思维方式的外显与表现。中国梦内涵的价值传承与民族文化发展的历史共在性、民族成员国族梦想认同与民族文化认同的价值共通性，映照了民族精神上升到思想体系民族共同心理形塑的过程；中国梦价值传承与民族文化谱系基础作用相律动，历史传统、思想启蒙、价值体认与传统文化当代价值相互构，观照了中国梦价值传承链接民族文化的演化机制。在现实性上，价值整合、共享观念、凝聚共识不仅演绎着价值传承的发展逻辑、层次结构和作用机制，而且在文化涵濡共意性的导引下链接着中国梦价值传承与民族文化谱系价值共生的道路自信、理论自信、制度自信和文化自信。

第一节　中国梦价值传承的历史演进

"每一时代的理论思维，从而我们时代的理论思维，都是一种历史的产物，它在不同的时代具有完全不同的形式，同时具有完全不同的内容。"① 国族梦想的价值传承与时代要求相链接，"直观的感性的具体性"总是在"弘"与"扬"的衔接中"表述出理性和理念的具体性"②。王道梦、小康梦、大同梦相互交织的历史传统，天国梦、富强梦、维新梦、共和梦依次更替的思想启蒙，强国梦、复兴梦、富民梦相互印证的价值体认，民族忧患、民族自省和民族自强的逻辑结果，构成了中国梦价值传承的历史过程、思想启蒙和价值体认。

---

① 马克思、恩格斯：《马克思恩格斯选集》第4卷，人民出版社1995年版，第284页。
② 黑格尔：《小逻辑》，贺麟译，商务印书馆1980年版，第417页。

一、中国梦价值传承的历史传统

传统指涉历史悠久的社会性和适应历史条件而生的反映性。作为民族发展传承性的表现，集思想文化、价值体认、观念形态于一体的民族传统，以稳定的社会风俗和行为习俗、民族情绪和社会心理，影响民族成员的社会行为，发挥着社会性导引的涵化作用。中国梦价值传承的历史演进首先植根于因中华文明演化而荟萃的、反映民族特质和民族风貌的传统文化，其根基性和原生性的民族特色、历史悠久的价值传承、博大精神的内容体系，助益于国族梦想价值诠释的历史演化；"小康梦""大同梦""王道梦"等相互交织的历史传统，奠基着中国梦价值传承的历史脉动。

"小康梦"源于孔子的思想体系。"小康"最早出现于《诗经》"民亦劳止，汔可小康"①，郑玄在《毛诗传笺》曰"康，安也"②。所指谓的"小康"，即"小安"，意指一种能安居的社会状态。孔子在《礼记·礼运篇第九》中，将"小康"系统描绘为一种太平盛世初级阶段的社会模式，并对此进行了完整的叙述。在孔子看来，小康社会中的家庭情况是"各亲其亲，各子其子"③，经济情况是"货力为己"④，政治情况是"大人世及以为礼"⑤，有了"城郭沟池"⑥和诸侯间的征战杀伐。杰出人物不绝如缕，"礼"产生并越来越广泛地运用于社会。孔子用"礼"来规定社会中人与人之间的关系，使社会达到小康的境界。孟子提出"老吾老，以及人之老；幼吾幼，以及人之幼"⑦的主张，较之孔子"各亲其亲，各子其子"的小康社会要进一步，开始向更高一级的"大同"社会迈进。孟子描绘一种初级理想社会的情景（王道梦），其思想是孔子"先富后教"的观点具体化，其中虽未提到"小康"字样，但与小康的理想是一致的。孔子的"小康"思想对后世影响很大，"小康"一词被沿用至今，多指经济良好、家境富裕的境况，如"山陵既固，中夏小康"⑧ "在位年谷屡丰，兵革罕用，校于五代，

---

① 《诗经·大雅·民劳》。
② 《尔雅·释诂》。
③ 戴圣：《礼记·礼运》。
④ 戴圣：《礼记·礼运》。
⑤ 戴圣：《礼记·礼运》。
⑥ 戴圣：《礼记·礼运》。
⑦ 《孟子·梁惠王上》。
⑧ 《晋书·孙楚传》。

粗为小康"①"庠不能治生，贫悴落魄……然久困于穷，冀以小康"② 等。

"王道梦"是儒家提倡的社会梦想。王道是儒家的道德主张，原意指先代圣王之正道，泛指以仁义治天下，与霸道相对。最早语出《尚书·洪范》："无偏无党，王道荡荡；无党无偏，王道平平；无反无侧，王道正直。"③孟子推崇王道贬抑霸道，指出"养生丧死无憾，王道之始也"④，即实行仁政、用道义服人者为"王道"，"以力假仁者霸，霸必有大国；以德行仁者王……以力服人者，非心服也，力不赡也；以德服人者，中心悦而诚服也"⑤。孟子对王道思想做了完整的论述，他认为，"霸道"是一种凭借实力的强权政治，只会使人被迫屈服，而"王道"是一种以道德为基础的仁政，能使人口服心服、最后统一天下。他指明施行王道的要点是："制民之产"⑥"不违农时"⑦"省刑罚，薄税敛"⑧"尊贤使能，俊杰在位"⑨"谨庠序之教，申之以孝悌之义"⑩ 等。

"大同梦"是中华民族价值体认的理想追求。"大同"一词出自《礼记·礼运》⑪，在孔子看来，近乎原始共产主义的社会制度代表美好的历史未来，或许这在历史观方面留有待商榷的空间，但"大同"作为中华民族的社会理想成为后继者憧憬美好社会制度、要求变革现实的进步思想家们的共同旗帜。儒家兼容并蓄百家思想，创设了"大同"思想，虽具有空想的色彩，但它反映了当时人们对美好社会的追求愿望，在中国思想史上极早地、全面地描绘出人类对社会、政治、道德的美好憧憬，这是极为可贵的。"大同"理想社会的提出，对后来的社会历史观有一定的影响，为历代进步思想家和政治家以及各个阶级革命家所承袭和所向往；庄子学派以

---

① 《资治通鉴·后唐明宗长兴四年》。
② 宋洪迈：《夷坚甲志·五郎君》。
③ 《尚书·洪范》。
④ 《孟子·梁惠王上》。
⑤ 《孟子·公孙丑上》。
⑥ 典出：《孟子·梁惠王上》，原文"是故明君制民之产，必使仰足以事父母，俯足以畜妻子，乐岁终身饱，凶年免于死亡；然后驱而之善，故民之从之也轻。"
⑦ 《孟子·梁惠王上》。
⑧ 《孟子·梁惠王上》。
⑨ 《孟子·公孙丑章句上·第五节》。
⑩ 《孟子·寡人之于国也》。
⑪ 注释：儒家以"大同"指谓一种理想的社会模式。"大同"一词出自《礼记·礼运》，原文"大道之行也，天下为公。选贤与能，讲信修睦。故人不独亲其亲，不独子其子，使老有所终，壮有所用，幼有所长，矜、寡、孤、独、废疾者，皆有所养。男有分，女有归。货恶其弃于地也，不必藏于己；力恶其不出于身也，不必为己。是故谋闭而不兴，盗窃乱贼而不作，故外户而不闭。是谓大同。"

"颂论形躯,合乎大同,大同而无己"① 形容忘物忘我的精神境界,战国时期惠施以"大同而与小同异,此之谓小同异;万物毕同毕异,此之谓大同异"② 考察事物性质与类属关系,战国时期吕不韦以"天地万物,一人之身也,此之谓大同"③ 将万物概括为一个统一体。

"小康梦""王道梦""大同梦"的历史传统连接着中国梦古代思想演化的价值归旨,折射出中华传统文化和社会理想的价值追求。"仁者爱人""厚德载物""民为邦本""和而不同""礼义廉耻"等中华优秀传统思想的核心理念与理想愿景,更是以中国传统社会价值传承的灵魂、核心要义和实质标志,构成了中国梦价值内涵生发的价值底蕴和思想精髓。"这些思想文化体现着中华民族世世代代在生产生活中形成和传承的世界观、人生观、价值观、审美观等,其中最核心的内容已经成为中华民族最基本的文化基因。"④ 世易时移、代际相袭,凝聚为中华民族共同体社会理想发展的主体自觉,拓展为中华民族成员以观念形式感知、把握、理解和认同国族梦想的现实根基。

二、中国梦价值传承的思想启蒙

"启蒙"一词在汉语中的出现,最早见之于《风俗通义·皇霸·六国》:"每辄挫衄,亦足以祛蔽启蒙矣。"启蒙指涉使社会接受新事物、普及新知以及摆脱愚昧迷信的一种历史文化现象,因而既包括文化启蒙,又包括政治启蒙。就影响国族梦想价值意蕴的思想启蒙而言,"历史从哪里开始,思想进程也应当从哪里开始,而思想进程的进一步发展不过是历史过程在抽象的、理论上前后一贯的形式上的反映。"⑤ 近代以降,西方列强的侵入使中国社会自生秩序在社会继替中被打破,衍生为中国社会"三千年未有之大变局"⑥。所谓"变局",既是国族梦想价值诠释由古典走向近代历史的深刻变革,亦是影响价值传承交往空间共时态的变化。作为一种思想潮流,

---

① 《庄子·在宥》。
② 《庄子·天下》。
③ 《吕氏春秋·有始览》。
④ 习近平:《在纪念孔子诞辰2565周年国际学术研讨会暨国际儒学联合会第五届会员大会开幕会上的讲话》,载《人民日报》2014年9月25日第2版。
⑤ 马克思、恩格斯:《马克思恩格斯全集》,人民出版社1957年版,第152页。
⑥ 典出:1872年(同治十一年)李鸿章上《复议制造轮船未可裁撤折》,原文"臣窃惟欧洲诸国,百十年来,由印度而南洋,由南洋而中国,闯入边界腹地,凡前史所未载,亘古所未通,无不款关而求互市。我皇上如天之度,概以立约通商,以牢笼之,合地球东西南朔九万里之遥,胥聚于中国,此三千余年一大变局也。"

思想启蒙所内蕴的启发和启示，以思想阐发、理论澄清和价值澄明，引导人们从黑暗走向光明。"天国梦""富强梦""维新梦""共和梦"依次递进的思想启蒙，正是从遮蔽走向揭示、从愚昧走向智慧，演绎着中国梦历史发展的阶段性特征。

农民阶级主导"无处不均匀，无人不饱暖"①的"天国梦"。1853年冬，太平天国制定并颁布了《大朝田亩制度》，提出了"凡天下田，天下人同耕"的原则，试图建立一个"有田同耕，有饭同食，有衣同穿，有钱同使"②的美好天国与理想社会，行至后期提出带有资本主义色彩的《资政新篇》，主张借鉴西方经验进行社会政治、经济、文化等方面的改革；义和团运动则力主打击外国教会的侵略势力，将救亡图存的矛头直指帝国主义。在中外反动势力的联合绞杀下，表征农业社会主义空想的太平天国运动和义和团运动虽然最终未能取得成功，但二者的出现与兴起都"表现了中国人民不甘屈服于帝国主义及其走狗的顽强的反抗精神"③，反映了中华民族成员对于"富强、民主、文明、和谐"美好生活的追求与向往，粉碎了帝国主义妄图瓜分中国的侵略野心，在一定程度上重挫了列强的侵略行为。

洋务派主导"师夷制夷""中体西用"的"富强梦"。鸦片战争作为中国近代历史发展的重要节点，以中国失败并签订《南京条约》（中英）、《天津条约》（中俄英法）、《北京条约》（中俄英法）、《瑷珲条约》（中俄）赔款割地告终，中国至此开始沦为半殖民地半封建社会。为维护和巩固清朝封建地主阶级统治、解决内忧外患的严峻境况，19世纪60年代清王朝封建统治集团内部以曾国藩、李鸿章、左宗棠和张之洞等人为代表的洋务派，提出了学习西方文化及先进的技术以增强国力的洋务运动思想。他们以"自强""求富"为标语，主张学习西方资产阶级的自然科学甚至社会政治学，提倡兴"西学"、办军工、开企业，以期达到打败西方列强侵略和扩张的目的，但30余年的"洋务运动"最终仍以失败而告终，洋务派的"富强梦"并未实现。

资产阶级维新派主导"演大同主义"的"维新梦"。以康有为、梁启超为代表的资产阶级维新派主推的戊戌变法，其目的是希望通过学习西方的文化、科学技术，发展资本主义，建立君主立宪制。康有为吸取欧洲空想社会主义、资产阶级民主主义和达尔文进化论，指出处"据乱世"之中国必须向已进入"升平世"的欧美资本主义国家看齐方能实现"太平世"，并

---

① 洪秀全：《天朝田亩制度》。
② 洪秀全：《天朝田亩制度》。原文："万出同耕，百饭同食，有衣同穿，有钱同使。"
③ 毛泽东：《毛泽东选集》第2卷，人民出版社1991年版，第632页。

在 1884 年开始"演大同主义",1885 年"手定大同之制,名曰《人类公理》",1913 年在《不忍》杂志上公开发表《大同书》,梦想建立"大同无邦国故无有军法之重律,无君主则无有犯上作乱之悖事,无夫妇则无有色欲之争,奸淫之防……无宗亲兄弟则无有望养、责善、争分之狱,无爵位则无有恃威、估力……佞谄之事,无私产则无有田宅、工商、产业之讼……"的理想世界。梁启超在 1902 年撰写了小说《新中国未来记》,构想了半个世纪后中国的景象:"先于南方有一省独立,举国豪杰同心协助之,建设共和立宪完全之政府,与全球各国结平等之约,通商修好;数年之后,各省皆应之,群起独立,为共和政府者四五;复以诸豪杰之尽瘁,合为一联邦大共和国;东三省亦改为一立宪君主国,未几亦加入联邦;举国国民,戮力一心,从事于殖产兴业,文学之盛,国力之富,冠绝全球。"毛泽东同志指出:"康有为写了《大同书》,他没有也不可能找到一条到达大同的路。"① 由于遭到以慈禧太后为首的清朝封建统治集团内部顽固派的坚决反对,表征大同社会主义空想的戊戌变法最终以失败告终。

资产阶级革命派主导的"确定共和,普利民生"的"共和梦"。孙中山先生指出:"一旦我们革新中国的伟大目标得以完成,不但在我们的美丽的国家将会出现新纪元的曙光,整个人类也将得以共享更为光明的前景,普遍和平必将随中国的新生接踵而至,一个从来也梦想不到的宏伟场所,将要向文明世界的社会经济活动而敞开。"② 以孙中山为代表的资产阶级革命派放弃了资产阶级维新派对封建王朝改良的幻想,他们联合革命力量、发动武装起义,通过辛亥革命领导中国人民推翻清朝统治,结束了中国几千年的君主专制制度。然而,"中国人向西方学得很不少,但是行不通,理想总是不能实现。多次奋斗,包括辛亥革命那样全国规模的运动,都失败了"③,孙中山先生领导的辛亥革命也未能改变中国半殖民地半封建的社会性质和中国人民被压迫、被剥削的悲惨命运。

"天国梦""富强梦""维新梦""共和梦"的思想启蒙折射出近代国族梦想承接古代"大同"思想的价值启迪,连接着中国梦近代思想演化的价值体认。在洪秀全那里,"天国梦"的追求源于"皇上帝天下凡间大共之父"④,因而"天下多男人,尽是兄弟之辈,天下多女子,尽是姊妹之群,

---

① 毛泽东:《毛泽东选集》第 4 卷,人民出版社 1993 年版,第 1471 页。
② 孙中山:《孙中山全集》第 1 卷,中华书局 1981 年版,第 255 页。
③ 毛泽东:《毛泽东选集》第 4 卷,人民出版社 1993 年版,第 1470 页。
④ 洪秀全:《原道醒世训》。

何得存此疆彼界之私，何可起尔吞我并之念？"① "天国梦"的愿景是"天下有无相恤，患难相救，门不闭户，道不拾遗，男女别途，举选尚德"的"大同"社会。② 在康有为那里，"维新梦"的内涵缩影于《大同书》所描绘的大同世界，这是一个无阶级、无压迫、无帝王的世界。"人人相亲，人人平等，天下为公"，没有国界、世界合为"公国"，成立"公政府"管理全社会的经济文化生活。③ 在孙中山那里，"共和梦"表征在民生主义对未来之中国的勾画里，"实业由国家经营，所得的利益由大家共享"④，使"全国人民都可以安乐，都不致受财富不均的痛苦"，由此还认为"民生主义就是社会主义，又名共产主义，即是大同主义"⑤，并在《同盟会宣言》中更加明确为"平均地权"⑥。

"天国梦""富强梦""维新梦""共和梦"的思想启蒙，反映了"睁开眼睛看世界"的价值审视，连接着救亡图存、民族自强时代印记的历史演绎。近代中国在"悉夷""师夷""制夷"的过程中，在承袭中国传统社会愿景的同时，推进了近代思想启蒙的逐层深入。"天国梦"在强调"无处不均匀，无处不饱暖"的同时，糅入了基督教的思想；"富强梦"在强调"以中国之伦常名教为原本，辅以诸国富强之术"的同时，糅入"师夷长技以制夷"的自强和求富思想；"维新梦"在强调大同世界的同时，糅入基督教思想、达尔文进化论、卢梭天赋人权论、傅立叶空想社会等思想，形成自己独特的空想社会主义政治思想体系；"共和梦"在强调"天下为公"的同时，糅入了西方自由、平等、博爱的思想。"天国梦""富强梦""维新梦""共和梦"的价值演进是对西方社会理想愿景的借鉴和引入，使思想启蒙在比较中延伸价值内涵、在批判中进行价值研判、在建构中完成理论澄明。

三、中国梦价值传承的时代体认

历史传统与思想启蒙、价值体认与国族愿景的现代衔接，诠释在仁人志士对中国前途命运的探索进程中，阐发在"建立一个自由平等的民主国家"的奋斗目标中。具象之，在这个国家中，"有一个独立的民主的政府，

---

① 洪秀全：《原道醒世训》。
② 李华兴：《近代中国百年史辞典》，浙江人民出版社1987年版，第529页。
③ 陈远、于首奎、张品兴：《中华名著要籍精诠》，中国广播电视出版社1994年版，第390、392页。
④ 孙中山：《实业计划》。
⑤ 黄彦：《孙文选集》（上册），广东人民出版社2006年版，第593页。
⑥ 陈瑛、许启贤：《中国伦理大辞典》，辽宁人民出版社1989年版，第208页。

有一个代表人民的国会，有一个适合人民的宪法"，"经济是向上发展的，农业、工业、商业都大大发展"，"人民有言论、出版、集会、结社、信仰的完全自由，各种优秀人物的天才都能发展"，等等。毛泽东同志将其归纳为"这就是中国的现代国家，中国很需要这样一个国家。有了这样一个国家，中国就离开了半殖民地与半封建的地位，变成了自由平等的国家，离开了旧中国，变成了新中国。"①

中国梦价值传承时代体认的现代演化，承继于古代优秀历史传统和近代思想启蒙的价值律动。"自强不息"的奋斗精神、"精忠报国"的爱国情怀、"天下兴亡，匹夫有责"的担当意识、"舍生取义"的牺牲精神、"革故鼎新"的创新思想、"扶危济困"的公德意识、"国而忘家，公而忘私"的价值理念、"天下为公"的社会理想、"以人为本"的治国理念、"居安思危"的忧患意识、"协和万邦"的和平思想、"与人为善"的处世之道、"儒法并用"的治理思想、"和衷共济"的东方智慧，皆为中华民族奋发进取的精神动力和治国理政的精神之源；"仁者爱人"与民本主义、"厚德载物"与以德治国、"民为邦本"与执政为民、"和而不同"与和谐社会、"礼义廉耻"与公民诚信，皆为民族忧患、民族自省和民族自强时代发展的价值演绎；从争取经济独立到建设社会主义现代化国家、从赢得政治独立到建设社会主义民主政治、从封闭半封闭到全方位开放的历史性转变，皆为建设中国、发展中国、实现中华民族伟大复兴价值追求作用的结果。中国梦价值体认从深度上看，是中国传统社会理想、现代社会政治原则、"为人民服务"执政理念的时代融合，这是一种植根于公平正义基础之上的政治正义；从广度上看，中国梦以"和而不同"的价值理念，涵盖了中国社会基本结构的多元因子，这是一种植根于政治、经济、文化、生态和谐共生基础之上的社会正义。

中国梦价值传承的当代体认以"强国梦""复兴梦""富民梦"的价值衔接，浓缩在"两个一百年"的奋斗目标中。"文学艺术、科学技术会繁荣发达，党会经常保持活力，人民事业会欣欣向荣，中国会变成一个大强国而又使人可亲"②，构成了"强国梦"的价值意蕴；"中华民族历经磨难，自强不息，从未放弃对美好梦想的向往和追求。到本世纪中叶，建成富强民主文明和谐的社会主义现代化国家，实现中华民族伟大复兴的中国梦"③，构成了"复兴梦"的价值追求；"更好的教育、更稳定的工作、更满意的收

---

① 胡乔木：《胡乔木回忆毛泽东》，人民出版社1994年版，第124、125页。
② 中共中央文献研究室：《毛泽东文集》第7卷，人民出版社1999年版，第291页。
③ 参见《习近平接受拉美三国媒体联合书面采访》，载《人民日报》2013年6月1日第1版。

入、更可靠的社会保障、更高水平的医疗卫生服务、更舒适的居住条件、更优美的环境，期盼孩子们能成长得更好、工作得更好、生活得更好。人民对美好生活的向往，就是我们的奋斗目标"①，构成了"富民梦"的价值目标。

实现国家富强、民族振兴、人民幸福的中国梦，是"强国梦"。强国梦以物质与精神的共同繁荣发展为表现形式，实现于经济建设、政治建设、文化建设、社会建设、生态文明建设"五位一体"的总体布局，以及全面建成小康社会、全面深化改革、全面依法治国、全面从严治党"四个全面"战略布局的稳步推进中。"强国梦"的物质形态指涉国家经济、科技、军事等硬实力，"强国梦"的精神形态表征文化、价值观、话语权等软实力。进一步建设经济强国的梦想推进，意味着"创新、协调、绿色、开放、共享"发展理念的秉承；意味着继续进行产业升级、结构转型与创新型产业发展，深化供给侧结构性改革；意味着切实推进"一带一路"倡议、京津冀协同发展、长江经济带建设。进一步建设科技强国的梦想推进，立足于"三步走"战略布局，以世界科技强国建设为目标，具象之，到 2020 年我国进入创新型国家行列、到 2030 年我国进入创新型国家前列、到新中国成立 100 年时我国成为世界科技强国。进一步推进建设文化强国的梦想，遵循社会主义先进文化的发展方向，承接修齐治平、尊时守位、知常达变、开物成务的历史传统，繁荣发展中华优秀传统文化、近代以来的革命文化和社会主义先进文化。

实现国家富强、民族振兴、人民幸福的中国梦，是"复兴梦"。中华民族的国族梦延续五千多年生生不息的中华文明，历经秦、汉、唐、宋、元、明以及康乾盛世，为世界文明和人类发展贡献了优秀成果。随着独立的中国逐步演变为半殖民地半封建的中国，振兴中华、实现中华民族的伟大复兴成为全体中国人的共同愿景和共同期盼。面对"方今强邻环列，虎视鹰瞵，久垂涎我中华五金之富、物产之繁。蚕食鲸吞，已效尤于接踵；瓜分豆剖，实堪虑于目前"② 的现实处境，孙中山先生"振兴中华"③ 的口号，直指"天下安危，匹夫有责，先知先觉，义岂容辞"④，强调"亟拯斯民于

---

① 习近平：《习近平谈治国理政》第一卷，外文出版社 2018 年版，第 4 页。
② 孙中山：《兴中会章程》。
③ 典出：孙中山 1894 年 11 月、1895 年 2 月发表的檀香山和香港《兴中会章程》。原文："本旨宜明也，本会之设，专为联络中外有志华人，讲求富强之学，以振兴中华，维持国体起见。"
④ 孙中山：《历数满清政府罪恶——致港督办书》，见孟订鹏编《孙中山文集上》，团结出版社 1997 年版。

水火，切扶大厦之将倾"①。振兴中华必须旗帜鲜明地反对西方列强的侵略，以政治革命"创立合众政府"，借此实现"民族""民权""民生"的"三民主义"梦想。中国共产党革命奋斗的历程、执政治国的历程、领导改革开放的历程，"几代中国共产党人始终以实现中华民族伟大复兴为己任"②。无论是从革命救国到执政兴国的历史转变，还是从温饱不足到总体小康的历史跨越，均以国民经济的快速健康发展、现代化建设事业的稳步推进、综合国力和国际竞争力的显著提高，实践于复兴梦的时代体认里，"我们比历史上任何时期都更接近中华民族伟大复兴的目标，比历史上任何时期都更有信心、有能力实现这个目标"③。

实现国家富强、民族振兴、人民幸福的中国梦，是"富民梦"。人民群众是中国梦的创造者和享有者，人民幸福是中国梦的落脚点与归宿，就此意义而言，"中国梦归根到底是人民的梦，必须紧紧依靠人民来实现，必须不断为人民造福。"④ 在现实性上，作为中华优秀传统文化的当代出场，作为国族梦想时代体认的当代形态，中国梦的价值体认和价值追求秉持中华民族一以贯之的"民本"思想和"以人为本"的价值取向，以"发展为了人民、发展依靠人民、发展成果由人民共享"的价值理念，致力于为广大人民谋福祉；作为个体梦与群体梦的有机结合、人民梦与国族梦的辩证统一，中国梦的强国、复兴始终以"富民"为价值归旨，"强国梦"与"复兴梦"的实现最终落脚于"富民梦"的达成。人民幸福的"富民梦"具象为到 2020 年国内生产总值和城乡居民人均收入较 2010 年翻一番，到 2035 年在全面建成小康社会、解决发展不充分和发展不平衡问题的基础上基本实现社会主义现代化，到 21 世纪中叶把我国建成富强民主文明和谐美丽的社会主义现代化强国，实现人民幸福的伟大目标。

第二节　中华优秀传统文化的当代价值

作为民族精神世代相传的部分，传统文化是"一个独特的民族所特有

---

① 孙中山：《兴中会章程》。
② 参见《中共中央关于加强和改进新形势下党的建设若干重大问题的决定》，人民出版社 2009 年版。
③ 习近平：《在纪念孙中山先生诞辰 150 周年大会上的讲话》，载《人民日报》2016 年 11 月 11 日第 2 版。
④ 习近平：《习近平谈治国理政》第一卷，外文出版社 2018 年版，第 4 页。

的根本的不可分割的秉性和取向",是"这个民族的共同信念,以及对其内在必然性的共同认识"①。传统文化以民族发展的延续性连接共同体的过去、现在和未来,是现代开拓的文化因素和现代发展的精神资源,以此构成我们的集体记忆和共有精神家园。中华优秀传统文化的当代价值表征在传统精神与时代精神的衔接中,生发于国族梦想一以贯之的价值诠释里。因而,对中华优秀传统文化当代价值的强调,不仅在于对国族梦想价值表达的根基性阐释,而且在于对国族梦想价值演化的同一性阐发。

一、爱国主义与社会主义相统一

作为思想观念和行为准则的统一体,爱国主义是中华各族人民在改造自然和社会的实践中,在与落后的社会制度以及民族内部分裂势力做斗争的过程中,在与外国侵略者浴血奋战的洗礼中形成和发展起来的;作为复合民族共同体的精神支柱,爱国主义同时还萌发和生长于民族融合的过程中。伴随着爱国主义与爱国精神的发展,中华民族从小到大,从弱到强,从各民族的相互排斥和相互分离,到相互吸引和相互同化,爱国主义与爱国精神由此具有了悠久的历史传统和深厚的历史积淀。古往今来,爱国主义与爱国精神以其独有的魅力和磁性,渗透在中国人的思想深处,吸引和影响着各族人民的认同心理,引导和协调着他们的思想感情和行为方向。

作为一个历史的范畴,爱国主义在社会文明发展的不同阶段中,既表现出一以贯之的内容和原则,又表现出相差异的时代特征和要求。较之其他的复合民族共同体,中国历史上的爱国主义是一个拥有独特意蕴和人文魅力的思想观念和行为体系,它以情系故土的民族情怀、忧国敬民的爱国意识、追求民族复兴的美好理想、竭诚维护国家统一为主要内容,以广泛性、发展性、贯通性和深厚的积淀性为基本特征,始终与整体主义的价值关怀、理性主义的价值认同、和平主义的价值观念联系在一起,充分体现了中华民族将个体融入整体、将感性纳入理性、将历史联结未来的人文睿智。中华爱国传统主张人的本质是爱人,由爱人到爱群,在血亲之爱的基础上建立起爱家、爱国、爱民族、爱集体的价值诉求,由骨肉之情发展起爱国、爱民族、爱集体的崇高情感。中华爱国传统强调"防微杜渐""居安思危",着眼于民族和国家的未来;"立乎其大""天下兴亡、匹夫有责",凸显了中华民族独特的价值意识和历史敏锐度。由此可见,中华传统的爱

---

① 萨维尼:《论立法与法学的当代使命》,许章润译,中国法制出版社2001年版,第7页。

国主义不仅表现为对国家、对民族爱意深沉的情感主义,而且表现为以符合历史进步趋势的祖国利益和祖国尊严为最高准则的理性主义。"精忠报国""国而忘家","苟利国家生与死,岂因祸福避趋之"的光荣传统,"杀身成仁""舍生取义"的崇高气节,无一不是这种理性主义的深刻写照。

在当代中国,爱国主义与社会主义是辩证统一的。爱国主义是中国特色社会主义的力量源泉,中国特色社会主义是爱国主义不断发展的方向保证。因此,社会主义与爱国主义本质上是一致的。爱国就是要爱社会主义的中国,爱国主义的主题就是要推进中国特色社会主义的建设。回顾中华民族的发展史,无数先进的中国人为振兴中华进行了艰难困苦的探索,无论是"大同思想""资本主义",还是所谓的"第三条道路",其结果不是陷于空想就是陷于失败。"多少仁人志士苦苦求索,都没有找到解救中国的出路。伟大的孙中山先生领导的辛亥革命,推翻了帝制,是近代中国有重大历史意义的事件。可是政权重心落入封建军阀手中,中国半殖民地半封建的社会性质没有改变,民族民主革命被认为没有完成。在强大的帝国主义和封建的社会势力的双重压迫下,软弱的民族资产阶级共和国的方案在中国行不通。"① 只有社会主义才能救中国,只有社会主义才能发展中国,这是全体中国人浴血奋战得出来的共同结论。"如果不进行以社会主义为前途的人民革命,就不可能推翻帝国主义、封建主义、官僚资本主义,不可能把黑暗的中国变成光明的中国。"② 作为对资本主义制度的扬弃,社会主义是比资本主义更具先进性的社会制度;作为一项前无古人的伟大事业,社会主义建设在摸索前进的过程中难免会产生各种失误。现实中的社会主义大多建立在比较落后的经济基础之上,由于物质文化条件相对薄弱,人们的思想观念差异很大,所有这些均给社会主义建设带来了意想不到的困难。然而,新中国成立以来,"我们运用社会主义的基本的政治制度和经济制度的力量,依靠各族人民发扬自力更生、艰苦奋斗的精神,克服种种困难,使中国由一个一穷二白的半殖民地半封建国家,变成了一个初步繁荣昌盛的社会主义国家"③,初步显示了社会主义制度的优越性。改革开放以来,由于对社会主义本质的科学认识,社会生产力得到了巨大的发展,社会主义制度日益巩固,综合国力大为提高,全面建设小康社会已经展开,

---

① 江泽民:《在庆祝中国共产党成立七十周年大会上的讲话》,见教育部社会科学院与思想政治工作司组编《邓小平理论和"三个代表"重要思想概论》,高等教育出版社 2003 年版。
② 中共中央文献研究室编《改革开放三十年重要文献选编(上册)》,中共中央出版社 2008 年版。
③ 《江泽民庆祝建国 40 周年大会上发表讲话》,见张树军主编《图文共和国年轮 4 1980—1989》,河北人民出版社 2009 年版。

中华民族的伟大复兴取得了可喜的成就。

"党和人民奋斗的历史告诉我们,只有社会主义才能救中国;只有改革开放才能建设中国特色的社会主义;只有走中国特色社会主义的道路才能独立自主地建设富强、民主、文明的社会主义现代化国家。这是当代中国最重要的历史真理。"① 中华民族的发展和复兴,同时意味着中国特色社会主义的成功,必然对世界社会主义事业起到极大的推动作用。由此可见,爱国主义是社会主义的基础,社会主义是爱国主义的升华,只有坚持社会主义方向,当代的爱国主义才能成为具有实际内容的思想和行动。以此为基础,中华爱国精神在当代的发展,是把握历史、立足现状、面向未来的发展;是在继承古代爱国情怀与爱国内涵的基础上,吸纳团结统一、文化认同的传统与积淀的发展;是在弘扬近代中国争生存、求发展的奋斗精神的基础上,光大时代之进步的民主与科学的发展;是在总结中国特色社会主义实践的基础上,全面建设小康社会、实现中华民族伟大复兴的发展。"这种爱国主义,坚持马克思主义科学理论的指导,融入了体现时代进步的民主精神和科学精神,使中华民族的发展有了正确的思想指引。这种爱国主义,与社会主义紧密结合,推动中华民族伟大复兴的事业走上了正确道路。这种爱国主义,把中国的前途和命运放在世界格局中观察,把中国社会的发展与整个人类社会的进步紧紧联系在一起。"②

当代爱国主义是与社会主义相结合的发展。这一发展,是"解放生产力、发展生产力、消灭剥削、消除两极分化,最终达到共同富裕"的发展。其中,"解放和发展生产力",是从生产力的角度把握爱国主义与社会主义的结合;"消灭剥削和两极分化",是从生产关系的角度展示爱国主义与社会主义的结合;"最终达到共同富裕",是从最终目标的角度阐述爱国主义与社会主义的结合。生产力、生产关系和最终目的之间,互相联系、互相依存、互为条件是辩证统一的基础。解放和发展生产力是实现民族成员共同富裕的物质前提,消灭剥削和两极分化是实现社会主义国家共同富裕的根本保证,而共同富裕则是爱国主义在当代中国的最终目的和奋斗目标。

爱国主义与社会主义的结合,使解放和发展生产力成为推动社会主义中国政治、经济和文化发展的根本动力,体现了当今世界科技进步推动民族国家综合国力迅速提升的时代特征,它强调了社会主义中国在当代发展

---

① 江泽民:《在毛泽东同志诞辰一百周年纪念大会上的讲话》,载《人民日报》1993年12月27日第1版。

② 江泽民:《在纪念中国共产主义青年团成立八十周年大会上的讲话》,载《人民日报》2002年5月16日第1版。

的目标和方式，指出发展生产力的最终成果属于中华民族全体人民。当代的爱国主义，"国家的主权、国家的安全要始终放在第一位"①。爱国主义与社会主义的结合，高扬爱国主义旗帜，使维护国家主权和民族的根本利益成为中华民族一切思想和行为的最高准则，团结全国各族人民，应对经济全球化的冲击和挑战。人民当家作主是社会主义法制的依托，是爱国精神的目标，也是中国共产党始终不渝的奋斗方向。"没有民主就没有社会主义，就没有社会主义的现代化。"② 爱国主义与社会主义的结合，使民主与法制的思想得以真正地融入并得到发展。当代爱国精神，不仅在原则上承认人民群众在国家政权中的主体地位，而且在运行机制上制度化、规范化和程序化。当代爱国精神承认广大人民群众是国家政治的根本，是推动社会历史前进的动力。社会主义社会是全面发展的社会，它不仅要建立高度的物质文明，而且要建立高度的政治文明和高度的精神文明；既要发展物质文明，又要发展精神文明，还要发展社会主义民主，使人民群众充分享有政治自由和民主权利。社会主义法制是社会主义民主的基本保障，只有健全的法制才能保证社会主义民主各个方面和全部内容的制度化，在这个基础上，民主的严肃性、稳定性和发展性才能得到彰显。

当代爱国主义是与改革开放相结合的发展。所谓改革，主要是指党的十一届三中全会以后发生的深刻改变中国社会贫穷落后状态的革命性变革。它的实质和目标是要从根本上改变束缚我国生产力发展的经济体制，建立充满生机和活力的社会主义市场经济体制，同时相应地改革政治体制和其他方面的体制，以实现社会主义现代化。所谓开放，主要是指对过去自我封闭状态的改变，全方位、多层次、高水平地加强与世界其他国家的联系和交流。全方位，就是对世界所有国家的开放，它代表着开放的广度；多层次，就是在经济、政治、思想、文化等各个领域，从物质到精神的各个层面吸收人类文明的先进成果，它代表着开放的深度；高水平，就是要积极介入世界市场和国际分工，参与国际竞争和经济合作，发展全球化经营，它代表着开放的质量。

中国的社会主义，脱胎于半封建半殖民地社会，生产力水平远落后于发达国家，且在短时期内不可能从根本上改变这种状况。我国社会主义的原有体制基本上来自苏联模式，这种模式的弊端经过几十年的运行得到了充分的释放。所以，我国的社会主义社会，尤其是它的初级阶段，存在着体制上的缺陷和弊端。这些缺陷和弊端与生产力发展之间的矛盾，构成了

---

① 邓小平：《邓小平文选》第3卷，人民出版社1993年版，第348页。
② 邓小平：《邓小平文选》第2卷，人民出版社1994年版，第168页。

当代中国社会基本矛盾的主要形式和主要表现。这些矛盾的解决，既不能依靠疾风骤雨式的阶级斗争，更不能搞大规模的"政治革命"，只有通过经济和政治体制改革，才能从根本上改变束缚社会主义生产力发展的体制，解放和发展生产力。对外开放是当代爱国主义发展的另一项重大内容。爱国主义与对外开放相联系，不仅凸显了时代的特征和特点，而且是历史经验的提炼和总结。过去中国长期停滞，其中一个重要原因就是闭关自守。我们是在开放的世界中进行社会主义现代化建设，必须充分利用经济全球化的契机，在改革的基础上开放，走进开放的世界中。"我们坚持的爱国主义同狭隘的民族主义是有本质区别的。要使我们的人民懂得，坚持对外开放，认真学习世界各民族的长处，积极引进先进科学技术和经营管理经验，增强我们自力更生的能力，加快祖国的发展，这本身就是爱国主义的重要内容。"从根本上来说，开放也是改革，它是中华民族与外部世界联系的一种变革。它以生产力和世界性交往的普遍联系为前提，内在性地要求破除狭隘的地域和民族的局限，从而成为真正的"世界历史性的存在"。

二、群体主义与集体主义相结合

中国传统精神中的群体意识孕育了中华民族整体为上的思维传统。在文化心理上，整体为上的群体意识使大一统的理性转化为深层的社会心理；在价值推崇上，整体为上的群体意识将"个体"与"类"的概念、"个人"与"社会"的概念交融互摄，强调个体对社会的从属，主张从人伦和人群关系的角度去认识和把握人，从而将人与一定的集体、民族和国家联系在一起。全局利益高于局部利益，整体利益高于个体利益，没有集体、民族和国家的整体利益，就没有个人的利益。因此，个人自我价值的实现必须以个体和群体的利益为前提，从而建立起立足于群体运转之上的集体主义原则。

中国传统的群体意识在新的时代仍然具有伟大的现实意义。中国特色社会主义是建立在以社会主义公有制为主体的经济基础之上的社会制度，其内在的思想源泉必然是社会主义的集体主义。在恩格斯那里，"共产主义者并不像圣麦克斯所想象的……那样，是要为了'普通的'、肯牺牲自己的人而扬弃'私人'——这是纯粹荒诞的想法……'共同利益'在历史上任何时候都是作为'私人'的个人造成的。他们知道这种对立只是表面的，因为这种对立的一面即所谓'普通的'一面，总是不断地由另一面即私人利益的一面产生的，它绝不是作为一种具有独立历史的独立力量而与私人利益相对抗"①。集体主义把个人利益与集体利益结合了起来，使个人利益服从集体利益，它内在地包含了个人利益与集体利益的关系，蕴涵着个人与集体关系的认知和选择。因此，集体主义是社会主义意识形态道德建设的基本原则。与其他一切道德尤其与资本主义道德根本相左，集体主义体现了无产阶级和广大人民群众的整体利益，它是衡量个人行为和思想品质的最高标准，也是调节个人与社会的关系、指导个人行为的最一般要求。以集体主义为原则，强调的是广大人民群众的长远利益和根本利益，社会主义国家的普通公民，都不应该局限于眼前的和暂时的利益，都不应该从个人或小集团的利益出发，不能以少数人的利益作为价值评判的标准。以集体主义为原则，主张在价值目标的行为规范的实现方面，先公后私，个人服从集体，弘扬为国家、为民族、为人类无私奉献的精神。社会主义的集体主义本身具有强大的凝聚力和内在的推动力，它注重国家、社会、民族和集体的力量，将社会、国家、民族和集体利益置于个人利益之上，因此，它能将分散的支力汇成强大的合力，将个人的支流汇成巨大的洪流，去完成个人难以完成的伟大事业。继承中国集体至上群体意识的传统原则，尊重个人正当的利益和要求，扬弃西方极端个人主义原则，坚持集体利益为先的指导方针，在这个基础上，传统的群体意识与社会主义的集体主义结合了起来。

  中国传统的整体精神是一种以家族和群体为本位的整体主义价值观，是爱国精神在家国一体上的体现。传统整体精神培育的是以他人为重、以集体为怀的情操，强调的是个体对社会的从属，主张从人伦和人群关系的角度把握人的生存和发展的本质，维护的是民族的根本利益，表现的是以小我成全大我、以牺牲局部利益成全整体利益的品格。当代整体精神的发展，是与社会主义意识形态联系在一起的发展，是与社会主义意识形态安全的维护联系在一起的发展。意识形态是一种自觉地反映一定社会集团利益的系统化、理论化的思想观念体系。满足民族生存和发展的需要既是国家利益的直接体现，也是意识形态的功能之一。在多样性的社会里，取得统治地位的阶级往往把本阶级的意志上升为国家意志，并且维系和巩固现存的社会制度赖以存在的思想体系。因此，无论是哪个国家，采用何种具体的手段，国家利益的实现都是在意识形态指导下运用和展开的；一个民族、一种社会制度、一个政权赖以存在的思想基础和精神支柱总要通过意识形态的强调得到体现。所以，摧毁一种意识形态，不仅意味着推翻一种

---

① 马克思、恩格斯：《马克思恩格斯全集》第 3 卷，人民出版社 1960 年版，第 275 页。

制度、一个政权，同时也在某种程度上意味着摧毁一个民族。社会主义意识形态是反映无产阶级根本经济政治利益的、自觉的、系统化的观念体系，是中华民族整体利益的表达，是实现社会主义国家利益的手段，是保证国家安全和民族发展的屏障。因此，维护社会主义意识形态安全，意味着维护和实现中华民族的整体利益，它构成了整体精神当代发展的新特色。

整体精神的当代发展强化了意识形态政治性与社会性的结合。意识形态的政治性主要是指它的政治功能，而政治的合法性往往是政治统治的依据。意识形态的社会性主要是指它的社会功能，即全民性的社会公共服务。过去，我们过多地强调意识形态的政治性，使意识形态建设出现了偏差和失误。当代整体精神与社会主义意识形态的结合，使民族精神的运作机制广泛地作用于意识形态的功能，促成了意识形态政治性与社会性更好地结合，为社会主义经济基础和上层建筑提供更好和更有效的服务，确保了社会主义意识形态的安全性。整体精神的发展还使社会主义意识形态的建设体现出普遍接纳的原则。人民群众既是创造意识形态的主体，又是接受意识形态的主体。接受的普遍性是对意识形态结构和功能的最终评价。尽管社会主义意识形态具有天然的群众性和阶级性，整体精神与它的结合，可以在更高程度上突破阶级、阶层和团体的局限，将现代化所产生的社会力量吸收进国家的政治系统，达到对社会力量进行整合的目的。整体精神还通过示范、宣传、教育、引导社会舆论等各种途径和形式，通过民族情感、规范和目标与社会主义意识形态结合的强化，实现主导价值观念的内在化，使其成为民族成员自觉遵循的内在信念和社会生活的外在准则，抵制西方的分化与西化，维护中华民族的整体利益。

整体精神在当代的发展，从具体内容来看具有深刻而宽泛的含义。历史上的整体主义价值观，重家族、重群体、重国家、重民族，强调个体的责任和义务。作为社会主义精神文明建设的重要内容，以集体主义为原则的社会主义整体精神，强调个体与集体利益的协调性、集体利益的优先性，以及个人利益的合理性。国家、集体、个体利益的相存和相依，是社会主义整体精神区别于一切封建社会和资本主义社会整体主义的根本出发点。坚持个人与集体利益的辩证统一，不仅符合人类的本质属性，而且符合个人与社会的共同理想和道德。在这个基础上，国家、民族和集体的利益置于优先的地位，当两者发生矛盾时，首先顾及和实现的应该是国家和集体的利益。同时，尊重个人的合法利益，保护个人的正当利益。把社会利益和个人利益从根本上统一起来，是社会主义的优越性之一。在列宁那里，社会主义的整体精神"必须把国民经济的一切大部门建立在个人利益的关系上面"①，我们"不是直接依靠热情，而是……依靠个人兴趣，依靠个人利益上的关心……走向社会主义的"②。社会主义集体主义的原则，在于人们对社会和国家、民族和集体这种更高层次利益和理想的认同，强调的是人们自觉的认知和理性的奋斗。邓小平同志指出："不讲多劳多得，不重视物质利益，对少数先进分子可以，对广大群众不行，一段时间可以，长期不行。革命精神是非常宝贵的，没有革命精神就没有革命行动。但是，革命是在物质利益的基础上产生的，如果只讲牺牲精神，不讲物质利益，那就是唯心论。"③ 整体精神的当代发展不仅意味着对多样性价值观的一种承认，同时也意味着其他价值观必须接受集体主义精神价值观的引导和约束。整体精神当代的发展，既坚持集体利益高于个人利益，个人利益服从集体利益的原则，又尊重个体的正当利益；既代表全体成员的共同利益，又代表每一个社会成员正当的个人利益，防止片面追求个人利益，整体精神的当代发展，符合中国特色社会主义"共同富裕"的最终目的和根本要求，体现了社会主义市场经济的本质。

三、"民为邦本"与"人民为本"相连接

"民为邦本"是中华文化的基本精神之一。早在夏初，人们就已注意到民众是护卫邦国的力量，所谓"众非元后，何戴？元后非众，何以守邦?"④ 商周统治者认为"民之所欲，天必从之"⑤，因而有了"重我民""罔不唯民之承""视民利用迁""施实德于民"的宣示。⑥ 孔子的"仁学"，以"爱人"为核心内容，所谓"大畏民志，此谓知本"⑦，这一思想后来被概括成为"民为邦本，本固邦宁"的民本思想。⑧ 孔子还主张"泛民众"，要求统治者实行"庶民""富民""教民"政策。⑨ 孟子创立的"仁政"进一步提出了"民为贵，社稷次之，君为轻"的理念⑩，明白无误地表达了民众比国

---

① 列宁：《列宁全集》第33卷，人民出版社1957年版，第51页。
② 列宁：《列宁全集》第4卷，人民出版社1972年版，第572页。
③ 邓小平：《邓小平文选》第2卷，人民出版社1994年版，第146页。
④ 《国语·周语》。
⑤ 《尚书·泰誓上》。
⑥ 《尚书·盘庚》。
⑦ 《大学》。
⑧ 《尚书·夏书·五子之歌》。
⑨ 《礼记·檀弓》。
⑩ 《孟子·尽心下》。

家、君主还要重要的思想。老子曾说"圣人无常心，以百姓之心为心"①。韩非子认为"闻之善用人者，必循天顺人"②"利之所在，民归之"③。正因为民众是国家之本，所以"保民而王""民犹水也，君犹舟也。水能载舟，亦能覆舟"。④ 所谓"民者，万世之本"，"与民为敌者，民必胜之"⑤；"天下之务莫大于恤民"，只有"行仁政"，才能符合"天意民心"⑥。

近代以来，先进的思想家大多继承了古代民本思想的传统，在康有为所描绘的"至仁至治""尽善尽美"的大同世界里⑦，我们仍能看到"民为邦本"思想的光辉。至于孙中山的"三民主义"思想，特别是民生主义方面更是直接继承了孔子"爱民""利民""富民"的主张。"民为邦本"的思想对当代社会观念体系具有十分重要的意义。"人民为本"是中国梦"富民"价值指向的重要内涵，作为观念形态，"人民为本"的思想立足于人民的需要、保障人民的利益，是现代条件下"民为邦本"的升华与发展。"人民为本"诠释了中国梦价值内涵对最广大人民群众根本利益的映射，就是要使广大人民群众在社会发展进步的基础上不断提升获得感、幸福感和安全感。在这个基础上，"民为邦本"传统观念与"人民为本"的精神理念形成了现实的连接。

"人民为本"对"民为邦本"的发展，是中华民族一以贯之的文化精髓和国家治理理念的发展。"民为邦本"的思想是指治国应以安民、得民为根本，深刻阐释了治理国家、实现国族目标应重视人民的力量、敬畏人民的意志，把人民视为安邦立国的根本。"人民为本"的治国理念是中国梦践行的根本立场，人民幸福的价值目标是中国梦发展的根本取向。"民为邦本"的现代价值不仅有机地连接了国族梦想意蕴的文化传统与时代精神，而且体现了中国共产党"执政为民"的发展理念，它以"软包装硬内核"的语义表达注解着中国梦价值内涵的符号传播与修辞学作用。

"民为邦本"与"人民为本"的连接，指向了实现国家富强、民族振兴、人民幸福中国梦的价值体认。作为中华传统文化的核心观点之一，"民为邦本"以连续不断的动态过程，展示了中国古代社会和近代发展特殊的价值理念，它与当代社会"人民为本"的价值融合，观照了传统文化现代

---

① 孙享林编《李聃道德经更正》，华中师范大学出版社1990年，第20页。
② 国学整理社：《诸子集成》第五册，中华书局1954年，第151页。
③ 国学整理社：《诸子集成》第五册，中华书局1954年，第196页。
④ 《荀子·王制》。
⑤ 《新书·大政上》。
⑥ 《宋史·朱熹传》。
⑦ 《大同书·去新界至太平》。

转换作用的基础。事实上，任何时代的人们都面临着一定的、不容选择的文化创造环境，并依据自己的经验和需要对继承的文化资源加以弘扬和创新，抛弃过时的理念，注入新的内容。因而，在传统文化价值转化的具体时空里，先前文化理念的特征总会以各种方式存在于后续的文化现象中。"民为邦本"原生于过去的文化，凝聚着古代思想理论的精华，体现了中华民族共同体历史活动历时态表征；"人民为本"延展于经过选择和积淀的"民为邦本"的传统要义，体现了传统文化现代转换创新发展的动态过程。受此影响，"人民为本"对"民为邦本"的现代继承，以国家富强、民族振兴、人民幸福的组目标，缩影了当代社会价值理念为实现自身价值和满足自身需要而对历史所获成果的一种强调。

"民为邦本"与"人民为本"的连接，体现了创造主体特有的、作为劳动过程特殊成果的能动性和反映性。二者在践行场域中对中国梦价值内涵的实践阐发，表征了传统文化现代价值在历时性与共时性的交织中，所进行的重新筛选和价值创造。正是通过一代又一代人创造性的历史活动，"民为邦本"文化传统不断获取新的生命与活力，在现代社会中焕发出新的力量与生机。因此，反映了历史的、时代的、民族的"民为邦本"思想，在共同体社会实践的当代践行中，经"人民为本"思想的再诠释，由民族成员在共同的历史传承中保持、完善和弘扬，并在现实性上，将中国梦的价值体认和价值追求深耕于民族群体的土壤，反映民族群体的存在，折射民族群体的特征。

第三节　中国梦价值传承的演化机制

中国梦价值传承的演化，生发于国族梦想继承与发展的价值定位和价值定向，助益于民族成员情感皈依的身份确立和群体归属的价值研判，影响于凝聚共同体意识与利益整合的价值共识。中国梦价值传承的发展逻辑、层次结构和作用机制，构成了中国梦价值传承相互联系、相互影响、互为建构的关系和调节形式，其深层机理、联结方式和作用结果的系统生成，以同构性、调整性和相互转换性的结构性功能，推动中国梦价值传承演化的实现。

一、中国梦价值传承的发展逻辑

继承性与超越性的统一、民族性与世界性的统一、主观性与客观性的统一，构成了中国梦价值传承的发展逻辑。继承性决定了价值传承的连续和渐进，超越性决定了传承的跨越和突进。继承是基础，超越是目的；民族性是根本，世界性是借鉴；经济与精神发展是软硬实力决定性与能动性的统一；主观性与客观性相容是价值传承的主观抽象和民族发展的创造性选择。就此而言，中国梦价值传承的发展逻辑是中国历史传统在其运动过程中内在的、本质的和必然的联系。中国梦的价值传承源于中华民族文化精神的价值内核，在历史的流变与发展、世界的互动与交往、文化的更新与扬弃中，必然带来中国梦价值传承的升华。

继承性与超越性的统一。中国梦价值传承的当代发展，是对中华民族优秀历史传统的继承与发展。其着重于民族情感认同，是共同体长期历史积淀和传统选择的现实产物，是共同体成员批评继承的理论结果。归根到底，它是民族历史传统的自我丰富、自我充实和自我发展。世界各共同体在追求现代文明的基本需要大体是一致的，但是不同的文明背景又决定了其选择的差异性。这是因为文化是一个民族的根，精神是民族的魂，传统是民族的本，"立足现实，着眼未来，构成中国梦价值传承'历史的辩证法发展'"[①]。"中国现时的新政治新经济是从古代的旧政治旧经济发展而来的……因此，我们必须尊重自己的历史，决不能割断历史。"[②]中国梦价值传承是根植于中华大地的中国精神、中国气派，集中体现了当代中国的时代精神，是推动中华民族自强不息的文化软实力。中国梦价值传承既是对中国千年文明的继承，也是对中国千年文明的超越，既凸显着中国气派，也彰显着中华民族的世界担当。中国梦的价值传承既不同于集物质主义、自由主义、实用主义于一体的美国梦，也不同于结合个人主义和地方主义扩大版的欧洲梦。它是中华民族千年以来的民族反思和民族认同的精神，是中国传承的思想联系与情感黏合的统一，中国梦的价值传承凭借中华民族历史和现实的文化联系与价值表达，展示了中国梦的民族意涵和情感皈依，最终表现为中国梦情感相依、休戚与共的身份归属。

在继承的前提下，中国梦价值传承发展的目的是实现对自身的超越。所谓超越，就是根据社会不断出现的新情况和新问题，创造出新理论；根

---

① 詹小美：《民族精神论》，中山大学出版社2007年版，第192页。
② 毛泽东：《毛泽东选集》第2卷，人民出版社1952年版，第708页。

据共同体及其成员发展的需要，不断调整自身的内容和结构，探索中国梦价值传承作用的功能和方式。超越既是一种创造性的存在，也是一种开拓性的发展。中国梦价值传承是根据时代和社会的变迁关注国计民生的内在展演，是民族意识和国家意识的天然契合，是民族自尊心、自豪感与爱国主义、社会主义相结合的结果，是保证共同体成员利益共享、保持和增强国家凝聚力和综合实力的价值平台。

综上所述，在中国梦价值传承发展继承性和超越性的统一中，继承性决定了中国梦价值传承发展的连续和渐进，决定了其发展性质上的统一和相承。继承是发展的前提，没有继承，发展就没有了根基。超越性决定了中国梦价值传承演进的跨越和突进，决定了其新质的不断丰富与充实。超越是发展的目的和方向，没有了超越，中国梦价值传承就没有了生机和活力，就会沦为保守和僵化。因此，中国梦价值传承发展继承性和超越性的统一，是一以贯之和与时俱进的统一。

民族性与世界性的统一。中国梦价值传承是当代中国的马克思主义，其涵盖了两个价值向度：本民族的和全世界的。之所以属于本民族的是因为它受到中华民族意识的支撑，为民族性格所制约；之所以属于世界的是因为它的进步性和积极性最终将为全人类所共同认知和拥有。人类历史发展表明，多元价值体系的世界共同体与一元价值体系的国别共同体相辅相成。各民族独具特色的文化是人类文明传承、发展的载体和基础，它使任何一种重要的精神导向和精神形态都以某种方式蕴涵了人类共同的价值追求和类的本质，并由此具备了普遍性的特征。中国梦价值传承的发展，首先是民族的，然后是全人类的，表现出局部与整体的共生和共融。

中国梦价值传承的当代发展，是保持和弘扬民族性基础上的继承与发展。所谓中国梦价值传承的民族性，就是其必须主张中华民族的尊严和独立，体现中华民族的历史特征，为中华民族屹立于世界民族之林提供合法性的辩护，为中华民族的伟大复兴准备动力和目标。所谓中国梦价值传承的世界性，是指其不是中华民族单一的自我理解和自我认识，而是吸纳不同的国家的发展理念和理想愿景，形成自身内在结构逻辑性的演变和发展，是具体的人类共同体社会文化和民族精神的新形成、新组合和新创造。在当代，中国梦价值传承的发展需要博采众长，需要中国的开放性与世界性，但这并不意味着丧失自己文化的本真而与其他文化同质，与世界文化的接轨更不代表民族文化个性的消解和消融。中国梦价值传承是孕育于中国土壤上的中国精神，显示着鲜明的中国气派和中国精神，学习世界不是机械地模仿，而是"各美其美，美美与共"。除了强化和提升中国历史传统外，中国梦价值传承的发展是学习和借鉴世界其他民族优秀文化成果。

由此可知，在中国梦价值传承发展民族性和世界性的对立统一中，民族性是目的和源泉，世界性的学习和借鉴是手段和方法。在现实生活中，一方面，中国梦价值传承是共同体成员在特定历史条件下解决具体问题表现出来的思维方式、行为特征和价值取向，因而它是带有中华民族特殊品格的精神成果；另一方面，作为人类理论思维和社会实践的产物，中国梦价值传承本身具有突破情景和形式制约的特殊性，通过符合理性思维的运动与方式，达到民族性和世界性在理论发展上的统一。内容上的民族性和形式上的世界性，在一定程度上构成了中国梦价值传承发展的内在逻辑。

主观性与客观性的统一。中国梦价值传承的发展是主观性与客观性的统一，是一种综合性的发展。一方面，中国梦价值传承是民族成员在认识和改造世界的实践中进行的主观抽象，它的发展必然要对民族群体的客观存在进行反映和有所适应，因而也就具有了客观性的发展特征；另一方面，中国梦价值传承同时也是民族成员把握和解释客观世界的一种手段，它采取的形式是主观的，因而也具有了某种程度上的主观性因素。中国梦价值传承的客观性必须通过主观的认识才能逐渐加以呈现，因此，它有赖于民族成员永不停顿的大胆设想和积极求索。中国梦价值传承是中国人民为了满足需要、追求价值对客观世界所进行的探索和抽象，既有为自己的需要和意图进行规定的一面，又有受客观规律限制和制约的一面，前者是理性的价值规定，后者是理性的逻辑规定。价值规定支配着中国梦价值传承理智活动的方向和动力，逻辑规定决定着中国梦价值传承观念体系的连贯，以及对外部世界客观规律的适应。就中国梦价值传承的发展而言，这两种规定的联系和张力具有十分重要的推动作用。

简而言之，中国梦价值传承的发展既是主观的又是客观的。一方面，它是中国在社会继替中走向辉煌的主观抽象；另一方面，它是民族复兴的一种需要，一种要求，一种选择，一种创造。两者之间，客观性不仅是主观性产生的前提，而且是制约其发展的基础。换言之，中国梦价值传承发展的主观抽象不能脱离客观实际而追求单一的目标，它必须以物质生活的目标和方式作为自己发展的根本。中国梦的客观存在要求中国梦价值传承的主观精神必须给予一定程度的抽象和反映，要求其发展和变化必须服从共同体及其成员的利益诉求，这就是中国梦价值传承发展客观性制约下的主观世界的现实化。马克思指出："意识在任何时候都只能是被意识到了的存在，而人们的存在就是他们的现实生活过程"①，"物质生活的生产方式制约着整个社会生活、政治生活和精神生活的过程。"② 一方面，中国梦价值传承是客观的物质生活对精神生活的规范，使其自身的逻辑展演受到一定程度的制约，形成本民族的行为规范和制度约束。另一方面，中国梦价值传承的主观抽象反过来也是在客观世界所限定的范围内做出决定并发挥作用，它对可能的客观世界的认知和把握，使共同体获得了在多样性中进行选择的行为和自由。这是因为，事物存在的可能性并非单一而抽象的，其发展过程也是向现实的转化。一定范围内的中国选择不仅是可能的，而且是必要的。中国梦价值传承发展的主观抽象以其所设定的理想世界为范导，影响共同体生存的客观方式，规范共同体成员的思想和行为，使之不断地趋向于国家理想愿景的标准和要求，从而推动着中国梦价值传承的发展。

二、中国梦价值传承的层次结构

民族情感、民族规范、民族目标构成了中国梦价值传承的系统结构；根基性的象征与情感、利益性的竞争与分配、价值性的理解与自觉，构成了中国梦价值传承的演进向度。二者互为印证、相互作用，构成了中国梦价值传承的层次连接。

民族情感指一个民族多数成员所共有的、反复起作用的文化精神、心理特质和性格特点的集合体，是维系一个民族统一而不破灭的内在纽带，是植根于民族成员内心、体现民族特点的一种文化模式。③ 在费孝通先生看来，民族情感就是同一民族的人感觉到大家是属于一个人们共同体的自己人的这种心理。④ 多元一体的中华民族具有共同的民族情感，是各民族群体对中华民族整体精神的一种契合和认同，它源于共同的民族意识，以及各族人民对先在的、作为民族生存方式的文化模式的肯定与赞同。这种情感的维系来自热爱故土的情思、慎终追远的意识，以及对祖国和民族由衷的爱。中华民族崇尚伦理、重视亲情、恪守孝道，有着深厚的尊亲情感和谒祖意识；中国人重友情、乡情，讲和谐、和睦，有着文化的深层感知和血缘共生。就此意义而言，中国人的"故乡"情节，不仅指谓一方有限的水

---

① 马克思、恩格斯：《马克思恩格斯选集》第1卷，人民出版社1995年版，第72页。
② 马克思、恩格斯：《马克思恩格斯选集》第2卷，人民出版社1995年版，第32页。
③ 参见梁漱溟《中国文化要义》，学林出版社1987年版，第78页。
④ 参见费孝通《关于我国民族的识别问题》，载《中国社会科学》1980年第1期，第147 – 162页。

土山河，而且表征一片无垠的精神原野。较之于其他民族的民族情感，中华民族情感首先是一种积极入世的精神状态，它对伦理本位的突出，对主体意识的高扬和对整体观念的强调，表现出旺盛的民族活力和顽强的生命力。究天人之际，通古今之变；为天地立心，为生民立命，为往圣继绝学，为万世开太平；己欲立而立人，己欲达而达人；己所不欲，勿施于人；正己正人，成己成物；兼容并蓄，和而不同；顾全大局，舍生取义。对新事物的敏锐和不懈的追求，对社会政治和正义事业的积极参与，对民族利益的强烈维护，对物质和精神文明的不断创新，无不昭示着民族精神的情感朝气和底蕴。

民族规范作为一种社会性的约束机制，其本质是对民族共同体社会存在的反映，也是民族共同体价值观念的具体化。一方面，民族规范是民族成员在社会生活中自然形成、相习成风、约定俗成的；另一方面，民族规范是民族共同体为了满足自身的需要而自觉设立和明确实施的。中华民族通过精神观念表现出来的民族规范，大致包括风俗习惯、道德规范和法律规范等。道德规范在某种程度上代表了中华文化的传统与特质，历史上的中国很早就形成了宗法等级制，春秋战国时期更是用道德本位对血缘关系进行了某种程度的扩大和补充。"德"成为贵贱尊卑的基础，礼的道德性亦因此得到了巩固和强化。在日常生活中，礼是中国人修身、待人、接物的基础，忠顺、孝悌、慈惠和诚信是社会公众履行义务、承担责任、遵守公德的标准。中华民族传统的法律规范，其内容不仅见之于具体的法令和政策，而且见之于道德的延伸和扩展。从"为政以德"①"以刑去刑"②"刑德相养"③ 到"任德而不任刑"④ 的演进发展，无不表明这一点。"德礼为政教之本，刑罚为政教之用"⑤，中国历史上法律规范的强制性与道德规范的教化性的结合，其基本思路就是"礼法并用""纳礼入法"和"以礼援法"。《秦律》有"父盗子，不为盗"⑥ 的规定，汉律有"亲亲相容隐"⑦ 的

---

① 典出：《论语·为政》，原文"子曰：'为政以德，譬如北辰，居其所而众星共之。'"
② 典出：《商君书·靳令》，原文"行罚，重其轻者，轻其重者，轻者不至，重者不来，此谓以刑去刑，刑去事成。"
③ 典出：《十六经·姓争》，原文"凡谌之极，在刑与德。刑德皇皇，日月相望，以明其当。望失其当，环视其殃。天德皇皇，非刑不行。穆穆天刑，非德必倾。刑德相养，逆顺若成。刑晦而德明，刑阴而德阳，刑微而德章。"
④ 典出：《汉书·董仲舒传》，原文"阳为德，阴为刑；刑主杀而德主生……以此见天之任德不任刑也。"
⑤ 长孙无忌等：《唐律疏义·名例一》。
⑥ 《睡虎地秦墓竹简·法律答问》。
⑦ 《汉书·宣帝纪》。

内容，董仲舒作《春秋决狱》二百三十二事，用儒家经义解释法律；马融、郑玄、应劭等人亦著书"引经决狱"，"以礼为本，以法为用"逐渐成为古代法律规范的正统。所谓"历代王朝，皆以汉九章为宗"①，法律规范对道德要求的包含，在客观上强化了道德的作用，法律的制定和执行蕴含道德的评判，强调的是规范的普遍性，保证了人际关系的稳定和发展。

民族目标是民族群体经验、价值、思想和意志的集中体现。一方面，它是不同民族在特定生活环境中所形成的对外部世界的一种思维和肯定；另一方面，它构成了民族群体具有特殊意义和价值倾向的文化理念与精神世界，影响着民族成员共有的价值心理、价值观念和意识定势。现实性，民族目标往往奠基于民族群体的历史需要，体现了民族群体的共同理想，蕴含着民族群体的价值评判，以一种稳定的定势、倾向和态度，影响民族群体生存演进的过程。中华民族立足于整体价值取向，以国为重，强调的是对道德的重视、对人文的关怀、自强不息和求同存异，具有很强的吸引力和凝聚力。古代先贤把社会发展分为乱世、平世、小康、大同四个层次。所谓大同，是一个没有剥削压迫，人们和睦相处，各有所得，各尽所能的理想世界。小康是继大同之后低一级的社会构想，这是一个充满田园牧歌式的和谐社会。"今大道既隐，天下为家，各亲其亲，各子其子，货力为己，大人世及以为礼，城郭沟池以为固，礼仪以为纪。以正君臣，以笃父子，以睦兄弟，以和夫妇，以设制度，以立田里，以贤勇知，以功为己。故谋用是作，而兵由此起……是谓小康。"② 中华民族的民族目标聚焦国家民族的文化底蕴，成为世界上唯一一个没有中断的古老民族，绵延不绝，世代相传，历久而弥新。

民族情感展演了中华民族根基性的象征与精神，是中国梦价值传承系统结构中的基础层级。作为民族精神的本位性规定，民族情感是民族成员在社会实践中对自身需要与交往对象所形成的情绪体验，是民族成员对待自然、社会和自身的一种价值态度，反映的是民族成员与生俱来的心理特点，其中蕴涵着民族生存和发展的特性，呈现出民族群体特殊性的色彩。作为中华民族群体亲和的基础，中华民族共同情感通过遗传和继承决定了民族个体的语言、心理和思维，进而决定了中华民族群体的社会意识、价值观念和心理素质。这些因素的潜移默化，积淀为中国梦价值传承的情感基础，它将中华优秀传统文化的内涵和外延进一步框定在民族的范畴中，使之成为中华民族群体内聚性和团聚力的本源。"任何一个民族的人们都热

---

① 《明史·刑法志》。
② 《礼记·礼运》。

爱本民族的历史和优良的文化传统，习惯于本民族的习俗、生活方式，并关切它们的存在和发展。"①

民族规范表达了中华民族利益性的竞争与分配，是中国梦价值传承系统结构中的中继层级。作为一种社会历史的存在物，民族成员的实践活动可划分为物质和精神两个方面：物质活动表现出自觉和有目的能动，精神活动亦须借助于一定的物质过程；物质活动是精神活动的基础，精神活动对物质活动具有能动的作用。这些活动，不是个人直接作用自然对象的产物，而是以社会形式加以展开的结果，于是交往关系成为民族成员社会存在的一种方式。在现实性上，中华民族根据自身的利益和需要，在民族生存和发展过程中逐渐形成了中国梦价值传承的规范和原则，用以调节中华民族个体成员与中华民族整体之间的行为和相互关系。所以，中国梦价值传承系统结构中的民族规范，指涉中华民族成员在社会关系一切领域必须遵循的普遍原则，直接表达了中华民族的根本利益和总体诉求，从整体上规定了中华民族成员个人利益和中华民族整体利益之间的关系，引导着民族成员个体行为和社会行为的基本方向。

民族目标形塑了中华民族价值性的理解与自觉，是中国梦价值传承系统结构中的最终层级。共同理想是民族目标中最基本的内容，它规定和引导民族群体的现在和未来的方向与道路，是民族共同体社会实践所有具体活动的总目的和总目标，也是民族成员在一定时期内为之而奋斗的基本、稳定和持久的价值追求。致力于实现中华民族伟大复兴的中国梦，作为表征全体中华儿女共同理想的目标愿景，为中华民族的生存和发展提供价值指向和目标导引。在现实性上，中国梦价值传承的民族目标，生发于中华民族特殊的社会环境，体现着中华民族整体与社会环境的一致性，代表了中华民族个体民族成员现实的意志、目的和要求。其通过理想的树立、引导、激励、开发和整合，为中华民族成员的生存和发展提供某种具有超越性质的终极意义，体现出中华民族最终的社会理想和未来的发展走向。

三、中国梦价值传承的作用机制

作为中国梦理性认识的结果，价值传承以中国梦价值传承的本质诠释为基础，强化民族成员的政治思考、责任关系、逻辑内化和实践外化，以达到中国梦"自知之明"之上的理解，最终实现民族成员命运相关的自觉。

---

① 中国大百科全书出版社编辑部编《中国大百科全书·民族》，中国大百科全书出版社2004年版，第306页。

对象性活动、自觉内化、自觉外化构成了中国梦价值传承的作用机制。

对象性活动是中国梦价值传承的前提。作为社会实践的产物，人通过社会实践把人以外的一切存在（包括人自己的思想和精神）变成了自己活动的对象，变成了自己的客体，也就使自己变成了主体性的存在。人本质力量对象化的实践，使主体不仅可以能动地作用于客体，而且可以使主体的客体化得到实现。与此同时，客体亦成为主体对象化的客体，成为客体化的主体。这种对象性的活动"不仅使自然物发生形式的变化，同时他还在自然物中实现自己的目的，这个目的就是他所知道的，是作为规律决定着他的活动的方式和方法的，他必须使他的意志服从这个目的"[1]，因此，"人本身是他自己的物质生产的基础，也是他进行的其他各种生产的基础"[2]。根据实践的需要，个体民族成员自觉选择意识的对象，并加以主动的观察和能动的反映，从某种意义上来说，个体民族成员形成和发展民族精神的同时，也是在按照与民族国家的责任意识改变和塑造他们自己。

中国梦的形成与发展，指涉在一定主观动机指向下的有目的的对象性活动。中国梦包括个体成员对中华民族情感、民族规范和民族目标的认识、利用和改造，表现为主动性、自主性、选择性、创造性、自为性、道德性、理智性和自觉性的统一。个体成员按照自己的主观要求反映和变革作为客体的中华民族精神，并通过主体能动的自觉达到本质复现的目的。通过这个表现，作为个体民族成员主观动机指向的客体，中华民族情感、规范和目标由此具有了客观性、对象性和受动性的基本特征。由于客体内涵所涉及的是人的思想和精神，所以民族个体成员的主体活动不仅指向了作为客体的民族精神，而且指向了作为主体的他们自己——个体民族成员对作为客体的民族精神关注得越多、越彻底，自己人生意义的确立就越长远、人生动力的形成就越强大、民族精神的影响就越深厚，反之亦然。中华民族个体成员与中华民族的关系实际上表征为一种责任关系，这种关系决定了个体民族精神的形成和发展，不能仅仅从自身的角度获得价值的确认，还必须从国家利益的反观做出价值的规定：个体成员对民族国家的对象性关注，在为他人带来利益的同时，意味着自身社会价值的实现，意味着某种程度的精神愉悦和现实利益的满足。因此，在中国梦产生与发展的对象性活动中，引导个体民族成员关注和关心中华民族，是强化责任关系的必要条件。

自觉内化是中国梦价值传承的内在机制。内化意指个体通过认知将外

---

[1] 马克思、恩格斯：《马克思恩格斯全集》第23卷，人民出版社1972年版，第65页。
[2] 马克思、恩格斯：《马克思恩格斯全集》第26卷，人民出版社1973年版，第300页。

部事物转化为内部思维的过程。民族精神是一个有意义的世界，因此，它赋予个体民族成员的内在心理以民族的群体意识；民族精神是一个有价值的世界，因此，它能够在个体民族成员的内在心理中建构群体精神的价值乐园。民族精神的自觉内化，即个体民族成员真正接受民族群体所要求的情感、规范和目标，并将其纳入自己的价值体系，使之成为意识体系深层中最基本的组成部分。同时，它还是民族精神支配、影响和控制民族个体成员思想、情感和行为的心理历程。因此，自觉的内化不仅是意义上的建立、构造、积累和凝聚，而且是个体心理集义、明义、知义、释义的深层相融和内在涵化，其结果构成了个体民族精神形成和发展的关键。个体民族精神的自觉内化，不仅表现为一切行为的准则必须通过个体成员的大脑，一切内化的精神必须反映客观事物的存在，而且表现为一切内化的内容必须契合主体的需要。因此，个体民族精神的主体自觉，最终表现为个体民族成员参与和感受群体精神价值和意义的心理需要。

在现实性上，中国梦作为中华民族精神的凝练与具象，其自觉内化不仅包含着理性和逻辑的演进，而且包含着情感和意志的成分，是认识、情感、意志三种因素相互循环、交互作用的结果。认识指个体民族成员对自己所在的民族群体的情感、规范和目标的具体内容、理论依据、价值标准和发展方向的认识和理解。中华民族成员通过社会实践不断强化中华民族情感、民族规范和民族目标，经过自觉的选择、消化和吸收，持续深化对中国梦内涵和价值的理解，形成对中国梦正确的价值体认。情感指伴随着认识而产生的内心体验，它是个体民族精神形成和发展的动力，对民族成员的行为起着调节和激励的作用。中华民族成员产生了对中华民族群体精神内涵的情感体验后，形成对中国梦的关注，生发为实现中华民族伟大复兴的民族目标而奋斗的热情。意志指个体民族成员在情感和理性的影响下所产生的积极进取和坚忍自控的精神，是个体民族精神自觉内化的保证，促成了个体民族成员对民族情感、规范和目标的执着追求，保证了个体成员思想的坚定和外化的自觉。在中国梦产生和形成的实践过程中，中华民族意志保持民族成员的情感、规范民族成员的认知活动，使之沿着中华民族精神所要求的方向前行。中国梦形成和发展过程中的认识、情感和意志是彼此相互联系、互相影响的统一体：没有深刻的感受，就不会有正确的认识，就不会有个体民族精神内化的目的性和方向性；没有一定的情感体验，就不会有透彻的分析和判断，缺乏热情和激情，个体民族成员难以产生积极、向上的人生观和价值观，个体选择便会失去客观的条件和基础；没有坚强的意志，即使有正确的选择，个体民族成员的行为同样难以维系和调节；没有自觉的行为，认识、情感和意志无从表现，个体民族精神的"内化"便会成为一句空话。

自觉外化是中国梦价值传承的责任体现。外化意指从内部思维向外部物质动作的转化。个体民族精神的自觉外化，指涉个体民族成员把已经内化了的民族情感、民族规范和民族目标自主地转化为行为表现和行为习惯的过程。自觉外化，不仅要求个体民族成员知道"应该"，而且要求他们的行为与所知道的原则和规范相一致；不仅要求个体成员对民族国家责任意识的水平有所提升，行为选择的能力有所增强，而且要求个体成员对民族国家尽责的实践结果有所张扬。人类的一切活动无不具有选择的规定，责任的冲突归根结底是道德选择的问题，在马克思那里，"道德的基础是人类精神的自律"[1]，自觉外化的理论内涵进一步凸显了责任自律的社会表达。责任选择的特殊性，往往表现于个体成员的责任观念偏重于行为的结果，它将直接产生行为的社会效应，这就需要行为习惯的养成。习惯是一种强大的思想力量，一旦人们养成了责任意识、形成了责任习惯，就会产生积极的进取精神，因此，它是个体民族精神自觉外化的标志。

中国梦的自觉外化，是个体民族精神形成和发展的外在机制，其实质是个体成员对中华民族整体的责任体现。在中国梦生成与发展的实践过程中，个体成员对中华民族整体的责任体现往往以"应该"和"不应该"的价值判定作为外化的起点。在现实性上，"只有你给它的良好原则与牢固习惯，才是最好的，最可靠的，所以也是最应该注重的。因为一切告诫与规则，无论如何反复叮咛，除非实行成了习惯，全是不中用的。"[2] 中华民族精神的思想、价值观念和理想人格，需要多次、长期、有目的的反复，才能外化为个体民族成员自觉的行动，即个体成员民族精神的外化自觉不仅是在一定目的指导下形成的，而且是在反复强化中通过习惯的养成来完成的。换言之，个体成员中华民族精神形成和发展的外化，往往以个体对民族、国家的整体责任为基础，以中华民族整体利益的规定为前提。

---

[1] 马克思、恩格斯：《马克思恩格斯全集》第1卷，人民出版社1956年版，第15页。
[2] 洛克：《教育漫话》，人民教育出版社1985年版，第30页。

第四章 民族文化底蕴之上的美国梦、欧洲梦、中国梦

国族梦是建立在民族文化底蕴之上的关于民族、国家理想愿景和奋斗目标的价值追求。举隅美国梦、欧洲梦、中国梦的价值体认,自身文化传统之上的关于区域、国家、民族、个人的发展愿景,以自身文明形态、发展模式、价值体认的具体化,构成了国族梦的时空定位和价值畅想。在反映民族文化独特性的基础上,梦想的实现往往意味着国族理想与奋斗目标从生成、抉择到延伸的现实性共通和普遍性建构。源于挑战与忧患、成就与挫折、反思与形塑,国族力量精神凝聚的美国梦、欧洲梦、中国梦,体现了不同国家和具体民族生存与发展的价值之维,无论是梦想的历史追溯、梦想的价值解读,还是梦想的生成要件,无不承载着民族文化的传统基因、时代精髓和发展理念。作为人类文明精神资源的重要组成部分,美国梦、欧洲梦、中国梦以人的平等幸福为终极追求,共同构成了梦想实现的世界意义。

第一节 民族文化底蕴之上的"美国梦"

"不论家世和背景,每个人依靠自身的能力和成就,都有机会能获得更好、更富裕和充实的生活"[①],这是"美国梦"的价值指向。这一思想由詹姆斯·T. 亚当斯和霍华德·G. 施耐德曼在《美国史诗》(The Epic of America)中提出,后经不断的演绎、丰富、发展,逐渐形成了与"启蒙运动"相适应的集个人主义、自由主义、实用主义、草根主义、竞争主义思想于一体的观念系统,即"人人都能够通过自己的努力而获得个人成功"

---

① 转自周显信、卞浩瑄《"美国梦"的特色及其对"中国梦"的启示》,载《探索》2013年第2期,第15-19页。

的精神原则。①"美国梦"的价值谱系,可追溯到15世纪清教徒探寻新世界净土的"五月花号"、17世纪欧洲移民的大量迁入、18世纪美国统一市场的形成、文化价值理念国族意识的觉醒和凝聚。在文献法案上,亦可追溯到《独立宣言》《太平洋铁路法案》《宅地法》《莫利尔法》《解放宣言》等经典文本,以及以马丁·路德·金《我有一个梦想》为代表的精神宣言。一种广泛认可的对"美国梦"的通俗解读,将广义的"美国梦"诠释为"基于文本和理念的美式自由、平等和民主",而狭义的"美国梦"则表达为"只要努力,一切皆有可能和最大自由去挣最多的钱"的个体自由思想、个人奋斗过程和幸福生活结果。

一、美国梦的价值内核

"财产私有—财富排他—资源消费—权益增值"构成了美国梦价值内涵生成的逻辑进路。审视美国梦的生成要件不难发现,作为国族梦的价值诠释向个体层面的具象,首先源于财产的私人占有所带来的自我独立性和社会流动性,这二者的自恰与结合形塑了"财富愈多,个人就愈加自由独立"的价值诉求和社会共识。财产私人占有的排他性,以自我塑造的功能作用于美国梦自我定位和边界伸缩的社会影响面,表达了个体在社群和社会中的关系链,由此强调并凸显了财富的"统摄"作用,即"财富愈多,愈是与众不同,愈有社会地位,就愈安全"的价值衡量标准。在这样的社会构型中,个人价值与个人奋斗被置于至高无上的地位,保护个人财产的自主权与流动性,强调个人财富、个人成功、个人幸福的价值底线,一再放大了美国梦资源和财富个人占有的价值内核。"凡有的,还要加倍给他并使其多余;没有的,连他所拥有的也要剥夺"(《新约·马太福音》,原文:For unto every one that hath shall be given, and he shall have abundance; but from him that hath not shall be taken away even that which he hath)的"马太效应"(Matthew Effect)随之被世俗化和合理化,经济增长成为美国梦社会发展的首要目标并延展至国家战略的层面。

美国梦根植于财富和资源的个人占用与物质消费,不仅释放和激活了美国人"自我实现"的价值要求和实践行为,而且极大地增强了美国梦的价值感召力和社会凝聚力。美国梦的社会诉求不仅将社会分层、贫富差距、阶层固化等社会现象的产生归因于社会个体,而且将意识形态的内容与民

---

① 参见马静《十字路口的国家路径选择:美国梦?欧洲梦?还是中国梦?——专访中国社会科学院哲学研究所研究员赵汀阳》,载《人民论坛》2011年第27期,第34-35页。

众日常生活结合在一起，连通了美国梦的文化价值性和物质追求的合理性。与此相适应，居于"山巅之城"的"上帝子民"以独一无二的荣耀成为美国梦践行逻辑起点的同时，也成为美国人维系自身优势与高品质生活的理论依据。美国梦内蕴的排他性，不仅将"平等、自由、民主"的价值抽象具象为"最大自由去挣最多的钱"的价值内核，而且通过国际层面的价值拓展，衍生出最为复杂的金融工具、最有效的科技促进机制、最强的战争工具和最"实用"的外交战略模式等一切梦想者"想要并相信是分内应得的东西"①，这种隐喻的独占性、自私性和扩张性过度消费世界资源，将美国之外的"他者"视为边缘或半边缘国家，其霸权主义与单边主义相结合的竞争策略，更是在文化渗透与强力输出的同时折射出"美国优先"的梦想实现方式。

社会各阶层间的流动是美国梦的外衍方式。早在第一批欧洲移民到来之前，美国作为一片远离文明核心区域的"伊甸园"和"新大陆"，几乎没有任何的制度累赘和发展包袱，以清教徒为代表的欧洲移民凭借着器物和文明方面的巨大优势，在强制淘汰美洲大陆原住民的同时，建构着美式价值主张的合理性，这似乎是"美国梦"鼓励强者生存、提倡阶层流动的逻辑起源。就此意义而言，阶层的流动，尤其是下层向上层的流动，是"美国梦"得以成立的前提，或者说是"美国梦"被虚幻化的理想主义的起源。另一方面，美国梦价值之维的自身延续和"自我实现"存在着发展激励和影响放大的天然契合，在理论上提供促进个体发展最大可能性的"制度保障"。"资产阶级宣传机器的一个主题，是资本主义社会中的每一个工人都可以成为老板。"② 审视大众传媒和主流宣传的舆论场，下层甚至底层民众实现"美国梦"完成上层流动的案例不胜枚举，在娱乐明星、职业运动员、政治家等特殊从业人员中，大批出身下层却凭借自身天赋和努力跻身上层社会的个案被广泛关注和不断翻新，在"能看见的""抓眼球的"民众视域内不断呈现的"美国梦"赢家，更是以无限的想象力和梦想成真的可能性，向世人反复论证着美国梦的价值诉求和践行意义。

美国梦的个人主义价值观派生出重商主义的情怀，构成了美国梦价值之维的精神内核。学者们通过数据实证指出，美国梦价值内涵的特质首先在于大幅度的阶层纵向流动，以及这种流动所昭示的梦想成真的可能性，

---

① 乐黛云：《美国梦·欧洲梦·中国梦》，载《社会科学》2007年第9期，第159–165页。
② G. A. 科恩：《卡尔马克思的历史理论——一种辩护》，段忠桥译，高等教育出版社2008年版，第273页。

尤其是社会下层向上层流动的可能性。① 美国梦的价值内涵以美国国民普遍认可的精神导引，沉积在与个人主义观念相融的国民性中，其衍生的认同力和辐射力不仅表现在阶层流动常态化作用的结果，而且展现出社会结构自我调节制度安排的方式。正是由于阶层流动的个体化倾向和改善空间的大幅度、高频度触发，个体独立意识造就了某种程度的集体意识淡化，在美国人成为原子化个体的前提下，自由、民主等抽象的理念转化为个体公民的黏合剂，由此"塑造出国家的大'梦'"②。

在"美国梦"概念提出的初始，欧洲资本主义国家所倡导的制度安排保留了相当的封建主义残余（以贵族等级及其相关制度为代表）。受此影响，阶层的流动尤其是社会底层向上层的流动几乎是不可能的，人们的社会地位很大程度上由家庭出身和个体背景所决定，后天的作用与个人努力所占份额微乎其微，这种阶层流动的现实性受阻，在观念形态上压抑了美国人"个人奋斗"和"自我实现"的追求与释放。然而，美国的崛起和"美国梦"的传播，为世人提供了一种崭新的梦想实现方式。其价值主张对原有"出身决定论"的否定，宣称要创设超越社会成员身份和等级差异的社会新格局，不仅号召和鼓励了美国人凭借后天努力获取个人成功，而且为美国梦的实现提供了践行力和精神动力，对内提高了社会发展的活性，对外则形成了价值感召"追梦"的吸引力。

个人主义对"个人奋斗"和"自我实现"的强调，更多的是以资源的获取和财富的占有为前提。在资本主义的全球化体系中，资源的意指常常被资本的符号所替代，"普世主义"更是建立在资本增值的扩张中，二者共同形塑了美国梦世界延展的历史大环境。从重商主义的价值之维出发，满足个人主义需求的美国梦聚焦于获取资本的直接方式，个人自由与财富创造被宗教化，不仅被解读为来自上帝的意旨，而且被诠释为自我价值实现和理想主义践行的方法。勇于冒险、敢于奋斗、英勇博弈的企业家精神，被"内化为美利坚民族的价值观念、生活方式和国家的意识形态"③。在美国梦价值诠释的社会宣传中，那些由底层工人上升到大企业老板的个案被充分肯定，从事实角度为美国社会的阶层划分做出了合理性辩解。这种具有意识形态功能的梦想建构，不仅在现实性上"使人消极地接受现实竞争

---

① 参见刘艳《论教育对二战后美国社会阶层流动的影响》，载《学术论坛》2007年第1期，第177-179页。

② 刘波、尤国珍：《"美国梦"与"中国梦"的比较及现实启示》，载《理论月刊》2013年第11期，第5-9页。

③ 李连广：《商业精神与美国20世纪前的扩张》，载《商业时代》2012年第24期，第144-145页。

的一切结果,并为了保护自己获得的一点儿微不足道的利益而放弃任何积极的反抗"①,而这一精神信条的反复被强调,再一次阐释了"个别人偶尔能战胜它们;受它们控制的大量人却不能,因为它们的存在本身就表明,各个人从属于而且必然从属于它们"②,进而在一定程度上缩影着美国梦的价值内核。

二、美国梦的文化底蕴

民族文化是国族梦孕育的母体,"盎格鲁—撒克逊"文化是美国文化生发的源点,同时也是美国梦勃发的基质。盎格鲁—撒克逊文化的变种在早期移民的多种文化体系中,以"权力、认同和文化建构之间的关系构成了一个母质"③,这就是学者威尔·基姆利奇卡所述的,由混合文化所带来的美式价值观念和行为准则,即"盎格鲁—国教模式"的价值图解。作为美国民族文化生成的主体,"盎格鲁—国教模式"大致涵盖了基督教信仰、新教价值伦理观、英语、司法制度、欧洲文学和古典哲学等方面的内容。因此,"美国价值观在很大程度上是曾经在新英格兰地区处于领导地位的那支清教徒部落的思想体系翻版"④。

事实上,美国文化的"盎格鲁—撒克逊"特性与美国的历史相系。美国是一个移民国家,在哥伦布发现美洲大陆后,英国等殖民国家纷纷在此建立自己的殖民地。17世纪,一批躲避宗教迫害的清教徒抵达了北美大陆的东海岸,在开启这片处女地现代文明的同时,各自带来了不同的血缘传承、宗教信仰、民族特色和民族文化。随着这片大陆经济的密切交往、国内统一市场的形成、英语语系居民的增多、与宗主国关系的恶化,英属13个殖民地形成了一个完整的近代民族。独立战争的胜利,使新的具有现代整体意义的美利坚民族得以形成。在缺乏共同种族基因的基础上,寻求某种共通的文化机体以培育美国人的国族认同,成为美国文化在世界范围内精神影响的关键。正是在"盎格鲁—国教模式"的作用下,后续移民融入美国社会不仅拥有了文化认同的精神意蕴,而且获得了美国梦认同的价值真谛。

---

① 汪行福:《主导意识形态命题与西方马克思主义》,载《河北学刊》2003年第6期,第58-63页。
② 马克思、恩格斯:《马克思恩格斯全集》第46卷,人民出版社1995年版,第111页。
③ 乔纳森·弗里德曼:《文化认同与全球性过程》,郭建如译,商务印书馆2003年版,第45页。
④ L. Buell: *New England Literary Culture*. London: Cambridge University Press, 1986, p. 203.

作为一个移民国家，文化传统和价值观念的博弈自然千差万别，由一个民族成为复合民族共同体的核心民族，以其正宗的文化传统形成绝对优势，在压制其他民族的同时抽象出占主导地位的"美国文化"，在现实性上是一件极为困难的事。要开拓和巩固新生的美利坚合众国，每个民族都必须发挥自己的文化之长，尊重并吸收其他民族的优点，成为美国文化生成的重要凭借。在这个基础上，既坚信自我又尊重他人的文化心态构成了美国文化整合的基本原则，爱国、忠诚、守信、勇敢、辨别是非等道德原则则成为这个移民国家公民义务和公民责任的基本内容。美国精神的神圣化以美国人是"上帝的选民"、美国是"山巅之城"、美国是"希望之乡"的强调，不仅激发了美国人的认同意识，而且唤醒了美国人的民族自信心和民族自豪感。尽管置身于庞杂的民族环境中，无论是哪一族的人，亦无论他们操何种语言，都宣称自己是美国人。他们身上流淌的是从祖辈承袭下来的血液，保留的是独具特色的文化色彩；同时，他们又按照典型的美国方式生活，崇尚美国精神。

"'盎格鲁—国教模式'有三个关键性因素支撑着美国文化价值体系，这就是'山巅之城'的概念、理想主义和传教士精神、战无不胜的美国技术。"[①] 其主要内容包括：美国清白无罪、乐善好施，美国例外论（American Exceptionism），以及天定命运观（Manifest Destiny）。作为16世纪欧洲新教改革的一个理论支撑，"因信得教"的"预定论"强调上帝以其绝对意志对民众进行着挑选，被选中者就是"上帝的选民"，其他人则是"上帝的弃民"[②]，"上帝的选民"担负着改造世界的使命。通过"天定命运观"，美国文化得到了进一步的神化，并对民众的心理发挥着深层的影响，这就是"历史与政治的主观感知、基本信念和价值观、认同感与忠诚的集聚，以及作为特定民族或团体的历史经验的产物的政治经历和知识"[③]。与众不同的心理，对美国人天生高人一等的强调，形成了所谓的"美国例外论"，这一理论反过来又丰富了"天定命运观"的文化理念。无论是"上帝的选民""山巅之城"的概念，还是"希望之乡"的描述，都是美国特殊使命观的生动写照。"美国例外论""美国优先""美国至上主义"等思想不仅神圣化了美国文化，而且在一体化的国民生活中以美国梦的价值诠释，架构起与

---

① 杰里尔·A. 罗赛蒂：《美国对外政策的政治学》，周启朋等译，世界知识出版社1997年版，第373页。

② M. Weber: *Economy and Society*. Bedminster Press, 1968, p. 542.

③ Brown A and Gray J. *Political Culture and Political Change in Communist States*. Macmillan Press, 1977, p. 1.

多元信仰相融通的现实之道、搭建起群体之间沟通联系的现实之桥，发挥着团结美国人民、强化社会凝聚的主导作用，最终成为美国梦价值生成的文化指向。

美国文化的价值体认存在于丰厚的物质载体中，美国文化的外在化转换得益于美国地理空间得天独厚的优势——"美国有取之不尽的资源，有巨量的煤铁蕴藏，有无比丰富的水力和通航的河流。"① 就生产力和社会发展而言，美国在成为超级大国之前，"在各种工业发明方面，美国已经肯定地起着领头作用……英国越来越认识到，它的工业垄断地位是一去不复返地丧失了"②。基于丰富的物质和领先的科学技术，美国文化特别强调个体层面的自由、物质财富的占用、所获成果保护和资本分配优势的肯定，不断标榜物质财富争取的最大化、物质财富享用的最大化、个人奋斗激发的最大化，三者融通构成了美国文化自由平等的依托。基于上述前提，个人主义的倡导、财产私有神圣、个体权力不受侵犯的理念，优化了国民发展价值引领的物质驱动和物质占有鼓励，它以文化刻写的现实互动奠基着美国文化的基本精神和价值精髓。

美国文化的核心催生了美国梦趋利、独立、重个体、轻集体的个体民众心理，在给予社会成员圆"梦"的机会和动力之时，亦通过宗教教义、经典文献、价值追求的再诠释，赋予了美国梦以价值内涵和价值追求的神圣性。在美国文化独立、自由、平等标榜的背后，是利益追逐、过度消费和优越感维持的偏执，是"美国精神""美国优先""美国梦"的合理化，所有这些在诱发了民众普遍接纳和大多数认可的所谓"天经地义"之后，"理所应当"逐步地演化为惯常的文化思维和价值信条。"在它的背后，可以发现《圣经》中的原型：出埃及、特选民、希望之乡、新耶路撒冷、牺牲和复活。但它是地道的美利坚的和全新的，它拥有自己的先知和殉难者，有自己独特的圣事和圣地，自己的神圣仪式和象征。"③ 美国文化所黏合的个体梦、所推崇的国族梦、所展现的世界梦，关注的是美利坚依照上帝的旨意建立、拥有最完善的社会形式和国家制度，从理论与实践两个维度回应了美国精神与"上帝意旨"的联系、观照了美国文化与"上帝选民"们的践梦行为。

作为美国国民特性的衍生物，"美国梦"以个人主义的价值表达凸显了美国文化的魅力。作为弱化了原生文化由移民组成的新型国家，美国长期

---

① 马克思、恩格斯：《马克思恩格斯文集》第1卷，人民出版社2009年版，第495页。
② 马克思、恩格斯：《马克思恩格斯全集》第21卷，人民出版社2009年版，第428页。
③ 张涛甫：《"中国梦"的文化解析》，重庆出版社2014年版，第71页。

坚守社会个体阶层流动的基本要旨,美国文化强调的个体人格和自身发展的独立性源生于此,它所带来的个体与群体连接的式微,更多的是美国文化价值内涵作用的结果。受此影响,美国梦的实现方式主要强调逐"梦"过程中的个体品质和勇于冒险、顽强拼搏的道德特性。在此基础上萌发的个体价值主导,诠释于自由、民主、私人判断、程序正义等美国规则,观照了"社会个体通过努力就一定能成功"的美国信条,这是个体梦与国族梦的利益关系阐释。

正如托克维尔所言,"当第一个清教徒踏上美国土地时,我就可以看到整个美国的命运就已经包涵于其间了。"① 在"美国梦"的追逐和实现过程中,社会个体的成功与美国文化的清教教义组合,在"神与富裕的人在一起……物质的成功使这个民族的个性更利己和更像基督"② 的信条中,合理并神圣化了自身的逐利行为和利己心理,将美国建设为"新耶路撒冷"的资本梦想,更是以梦想的形式、宗教的媒介发挥着连通个体梦与国族梦的作用。美国文化的神圣化、美国梦的宗教化,不仅反证了"美国梦"的财富独占心理和国族梦的"美国至上"的"合理性",导引着梦想实现方式的逻辑链接,而且触发了以自身价值判断印证"美国梦"的实践道路,推进了"上帝"所赋责任的世俗化。

三、美国梦的认同教育

教育是人的再生产的文化形式,认同教育指谓了梦想价值的传承和梦想实现的重要方式。通过"公民宗教"对美国人进行"美国模式"的熏陶、"美国优先"的价值养成和国家权利神圣化的循环建构,以美国文化、美国精神和美式理念的解构性反思,提升公众对美国梦的价值认同,构成了美国梦认同教育的重要手段。在《社会契约论》中,卢梭通过"与国家和公众利益密切相关"和"崇敬于另一个世界"的分类标准,将宗教信仰划分为"公民宗教"和"普通宗教"两大类。尽管这两类宗教信仰并存于美国社会,事实上只有公民宗教为美国人所认同,它以种族、党派和团体界限的超越,在凝聚人心的同时转化为引领社会价值导向的中坚力量。作为与国家和公众利益密切相关的宗教信仰,美国所推崇的"公民宗教"着眼于美国人应该具有的对国家和社会的一种情感。这种情感是美国人热爱国家、关注国家、维护正义、遵守法律,必要时为国捐躯的心理基础,同时也是

---

① 托克维尔:《论美国的民主》(上卷),陈羽纶等译,商务印书馆1998年版,第408页。
② Datesman M K, Crandall J, Kearny E N. *The American Ways*. Prentice-Hall, Inc, 1997, p.48.

美国梦认同教育的心理基础。因而，以简洁而确切的语言对公民信仰做出规定和引导，在不违反法律和公民责任的前提下对另一种"普通宗教"信仰予以承认，表征着国家对性质各异的宗教信仰所采取的价值引导，同时也是美国梦认同教育的重要凭借。由此出发，以宗教的形式和意蕴赞颂美国模式、传播美式信条、宣传"美国信念"、强化美国梦认同，构成了公民宗教的重要功能。

宗教信仰往往与政治体制相联系。在美国，承认上帝的存在，是社会治理与政治体制设计的根本原则；否认上帝的存在，则意味着对美国社会和政治体制的一种否定与挑战。公民宗教将美式民主和美国梦的自由寓于上帝的意志中，完成了从理想到现实、从宗教到世俗、从多元到一体的跨越。一方面，公民宗教拥有世俗政府的支持，信仰公民宗教成为美国文化模式的要求，与此相对的无神论者、不信仰公民宗教的"异教徒"，常常沦为众人心目中的"他者"，难以融入美国社会。另一方面，重视公民宗教的作用，进而将宗教习俗转化为美国梦认同的动力，落脚在按照美国梦的价值要求塑造美国人心目中的"上帝"，做到名副其实的"荣神治国"。一直以来，美国政府十分重视对公民宗教的构建。"'上帝保佑美国''我们相信上帝''主权属于上帝'等经典语句都被写进了美国政府的基本文献。"① 事实上，对美国的信仰构成了公民宗教真正的本质。在此之上，宗教不仅是意识形态国家意志的重要内容，而且是美国梦价值内涵的外衍形式。作为美国公民宗教信仰的核心，"上帝"既不是拯救人类灵魂的基督，也不是远离尘世的创世主，它直指美国社会本身，指涉所谓的"美国模式"。举隅美国历史上的三位总统对待公民宗教的态度，可探集精神构成、理想追求、人生信念为一体的"上帝"之趣。艾森豪威尔总统说，"美国如不具有对上帝的信仰就毫无意义——我倒不介意它是哪种宗教"；肯尼迪总统说，"我们祈求上帝保佑并赐神助，但是我们知道，上帝在此世间的工作实际上必然就是我们自己的工作"；尼克松总统虽然以笃信宗教和献身上帝著称，然而，"他的宗教就是爱国，他的神就是美国之梦"②。

公民宗教将"美国"作为崇拜的对象，不仅根植于深刻的社会历史和现实发展之源，而且根植于美国梦认同教育的实践。扫描美国历史之脉，尽管"上帝"的指称和内涵的诠释有所变迁，但与国家法律和社会秩序的本质联系是一贯的，与美国公民权利和义务的价值表达是一贯的，与美国梦的价值体认和美国精神的相系是一贯的。正如神学家马丁·马蒂在《美

---

① 陈立思主编《当代世界的思想政治教育》，中国人民大学出版社1999年版，第59页。
② 陈立思主编《当代世界的思想政治教育》，中国人民大学出版社1999年版，第60–61页。

国宗教的新形式》中所说的那样,"在美国的'国家神道'中,民主是最终的东西,宗教只不过是它的侍婢。"① 回顾历届美国总统就职演说,大多数总统都谈到了上帝,向上帝求助是美国总统就职典礼的固定程序,总统把手放在《圣经》上宣读就职誓词,国会的开幕或闭幕均能看到牧师的影子。除此之外,"上帝""公民宗教"的观念频频出现在美国社会的各个方面;学校课程、教科书、小说、图画、影视等作品随处可见;民众对独立战争、南北战争、阵亡将士纪念日、感恩节等美国重大事件或重要节日的来历耳熟能详;政府注重庆典、国葬以及各种节日的交叉应用,将一些重要的庆典演变成为民俗活动。这些活动的举办、宗旨的凝练、氛围的塑造和实践的养成,均强调了美国梦认同教育的归属——"上帝"的存在。

黏合个体对财富、事业、幸福的追求,具象整体奋斗目标的"美国梦",以社会阶层的流动营造充满希望与万事皆有可能的社会情境。分层连接个体梦与群体梦、国家梦与社会梦,亦是美国梦认同教育的重要方式。奥巴马总统在其演讲《无畏的希望》中就美国梦进行了这样的阐述:"只有在这个国家,我的故事才有可能发生"②,由此强调了美国梦个人奋斗的核心理念,同时凸显了全体美国人基于爱国主义的团结,借此感召个体美国人为实现自己心目中的美国梦而奋斗。在现实性上,美国政府所声称的"一个更好的美国"的共同"美国梦"③ 更是以美好生活预期的阐释,发挥着价值引领和实践感召的功效,从中可缩影美国梦的认同教育。

在社会情境的渲染上,"美国梦"以跨阶层的实际流动和人性关怀统合个人梦与国族梦,强调个人梦实现方式的国家责任和社会支持,将认同教育具象在为社会下层的年轻人提供阶层上升的空间,对贫困特长生和有天赋的学生提供奖学金,各个基金会为出身下层的孩童提供教育和医疗的资助,等等。影视作品、新闻报道、政府推介中的美国梦成功者比比皆是,一个又一个故事演绎着美国社会中上层对下层群体的关怀和扶持。风靡全球的美国大片中,出身于上层社会的主角助力于其他社会成员的范例随处可见,美国人拯救全体人类的"事迹"更是家喻户晓。在典型人物的塑造上,择取美国梦奋斗的经典案例,嵌入美国精神的软包装,构成了美国梦认同教育的常态化举措。无论是以摩根、福特、洛克菲勒、卡耐基为代表的商业巨头,还是以林肯、罗斯福、克林顿为代表的政坛巨星;无论是文

---

① 陈立思主编《当代世界的思想政治教育》,中国人民大学出版社1999年版,第60页。
② 黎小说、高民芳主编《像奥巴马一样说英语:奥巴马演讲集》,上海交通大学出版社2010年版,第163-176页。
③ 参见张涛甫《"中国梦"的文化解析》,重庆出版社2014年版,第71页。

化艺术体育明星乔丹、布兰迪、麦当娜,还是科技偶像乔布斯、马斯克、扎克伯格,无不被包装为美国梦的亲历者和实现者。

广泛开展教育活动是美国梦认同教育的特色。学校、家庭、社区、大众传媒、政党、宗教团体、家长、教师等都是美国梦认同教育的参与者,几乎所有人员、所有场所、所有时机都被用来进行美国文化和美国模式的宣传。在教育指导思想上,美国不仅着重"认知"和"情感"的内化,而且注重"认知"和"情感"的外化,即"行为的养成";在具体教育实践中,美国社会既有严密而完备的法规、制度,又有各种各样的社会活动。在教育者与被教育者、教育的时间与场合、教育的方式与覆盖的领域上,认同教育几乎做到了"无时不有、无处不在和无孔不入"。首先是爱国主义教育,美国梦的认同就是要"向每一代新人传递我们美国社会的基础和奠基石的价值观——爱国主义、忠诚、守信、勇敢、辨别是非的基本能力"①。当然,"对激发学生的进取精神和培养学生未来的生活道路上,单单依靠这两点是不够的,还应该培养学生的正直、公平、忠诚、善良、自尊自律、勤奋守法、具有独立见解和富有爱国主义精神的优良品质"②。美国梦的认同教育还与历史教育密不可分,美国梦的价值内涵蕴含于美国历史之中,政府特别开展了公共历史学(Public History)的研究,注重在美国人的日常生活中灌输历史知识,电视、文学作品、博物馆、新闻媒体甚至广告都是文化意识渗透的载体。

学校是美国梦认同教育的重要场所。1994 年,美国政府颁布的《社会科课程标准:卓越的期望》明确指出,社会科不仅要提高学生的文化知识,更要培养学生应该具有的公民素质。其中,培养学生相应的民族文化素养是题中之意。"学校教导什么,它们坚持哪些道德标准,它们灌输哪些爱国概念……孩子们在学校里学到的东西还不能当真作为衡量他们的性格标准,但几乎可以肯定,这是成年人所赞成的道德体系,而经过人的坚持,这种道德体系就像宪法那样具有权威性了。"③ 为此,在吸取别国经验的基础上,美国人建立起自己的认同教育体系。在美国人看来,如同地理、英语和数学的教学,文化及认同的灌输,同样是学校教育的重要组成部分。"学校一贯坚持教导的一种思想是爱国家、爱自由。课本、文选和供青年人阅读的

---

① 浦卫忠等:《爱国主义与民族精神》,社会科学文献出版社 2000 年版,第 143 页。
② 浦卫忠:《美国精神与青少年教育》,载《中国青年政治学院学报》1999 年第 1 期,第 13-18 页。
③ H. S. 康马杰:《美国精神》,杨静予等译,光明日报出版社 1988 年版,第 55 页。

历史几乎每一页都讲到爱国主义。"① 经过学校教育，民族价值观念、民族意识和国家意识逐渐在民众心中成长，美国梦的价值认同亦在爱国主义教育的建构中得到提升和强化。

利用一切形式强化"美国"意识，是美国梦认同教育的另一特色。学生每天都以唱国歌和对国旗宣誓的仪式开始日常课程；见到国旗，须敬礼；路过纪念碑，须致敬。在各种教育途径中，社区服务活动亦是重要组成部分。参与社区服务项目感知美国社会的多样性和文化的多元性，学会尊重和包容，是强化社会责任感和奉献精神的重要方式。通过各种形式的教育，在小学的最初几年里，美国儿童就已经形成了"我们的国家—我们的梦想"这样的意识，进而将美国与其他国家进行"我们"与"他们"的区分。同时，"美国在世界格局中位置重要""在国际活动中无可替代""经济和科技均领先于其他国家""社会发展程度举世闻名""美国是世界上最好的国家""当一名美国人无比自豪"等思想亦在潜移默化中得到了灌输。

通过优秀文学作品进行美国梦认同教育是美国中小学常用的手段。小说、传记和格言是美国文化不可分割的组成部分，是美国文化最突出、最鼓舞人心的篇章。它们生动、形象、朴实，所蕴含的道德价值充满了感染力、说服力和引导力。较之显性的灌输教育，小说与民间故事传说更能使学生在不知不觉中形成认同。利用文学作品、传记和格言进行美国梦认同教育，可以凝聚不同文化背景和不同母国的移民，团结存在分歧的社会成员，强化共同的梦想。以小说与故事传说作为美国梦认同教育的重要内容，可以使民众感受美国梦深刻底蕴的同时，提高对美国历史、文化、传统以及积淀其中的精神、价值的了解，产生一般教育形式和教育内容远不能比拟的效果。

第二节 民族文化底蕴之上的"欧洲梦"

基于"生活质量"而非个人无限财富聚敛的"可持续性的文明"②，构成了欧洲梦价值追求的核心要义。偏精神的个人主义思想，是欧洲梦强调个人生活质量归于政府保障和社会责任的基础，它以权利设计的投入与民众享受的并行、普遍人权与自然权利的兼顾，彰显了欧洲梦价值内核的生

---

① H. S. 康马杰:《美国精神》，杨静予等译，光明日报出版社 1988 年版，第 55 页。
② 乐黛云:《美国梦·欧洲梦·中国梦》，载《社会科学》2007 年第 9 期，第 159-165 页。

成与实践推动的客观生活条件与主观幸福感受。在关系形态上,作为个人主义与地方主义相结合的扩大版,欧洲梦在指涉欧洲跨国机构与各国政府协调运作的同时,强调了个人福利与区域利益的紧密关联。较之美国梦对"美国优先"的单边主义彰显,欧洲梦更加关注区域合作和协调治理,强调政府、社会、个人三位一体的梦想践行方式。《欧洲梦:21 世纪人类发展的新梦想》曾对欧洲梦进行了观念形态的诠释,在杰里米·里夫金那里,欧洲梦的价值体认修正于突出物质的"现代发展观",它以文化多元主义和全球生态意识,指向了跨国合作的区域化和世界化。实践中,正是这种融通包容性和可持续性的梦想践行努力,注解了区域性的利益保护、外来渗透的排斥性要求和区域一体化的系统推进。

一、欧洲梦的价值内核

人们对欧洲梦价值内核的审视往往与美国梦的解读联系在一起。就欧洲梦的内容特质而言,较之美国梦对财富占有不断扩大的热衷,欧洲梦更重视欧洲人精神水平的提升;较之美国梦对物质主宰和金钱至上的追求,欧洲梦更认同人类自身的全面发展与个体类价值的实现;较之美国梦对"美国优先"、单边主义的强调,欧洲梦更愿意建设一个理解、共意、共享的欧洲,因而更符合人类发展的共同价值与共同生存的理性自觉。就此意义而言,致力于欧洲政治、经济、文化的高度融合,实现区域和欧洲的一体化,构成了欧洲梦重要内容的价值之维。

在现实性上,如果说美国梦延展于竞争和独占意识的凸显,欧洲梦则源起于分享与合作意识作用的现实维度,这一差异缩影在欧洲梦对自由的体验、对社会的融入和对精神物质化绝对性的批判,反映出欧洲有别于美国的社会存在和政治文化的独特性。表现在梦想起源的思想理念上,欧洲梦以康德主张的永久和平理念为基础,复归到个体精神的独立和去物化的思考[1],它以"精神主义"对无节制世俗化的抗衡、对竞争所带来的绝对个人化和"物质主义"的省思,强调了"有质量"的古典贵族情怀和"有品位"的文化享受主义的生活方式,并据此上升为"一个完整的生活体系",它以体现了"包括全部生活内容在内的政治性",重申了欧洲梦在实践推进中的再思考。正是出于维护自身既得利益的需要,欧洲梦衍生并推进的区域保护主义策略,内蕴欧盟成立时所阐释的目标——建立欧洲大陆上的超

---

[1] 乐黛云:《美国梦·欧洲梦·中国梦》,载《社会科学》2007 年第 9 期,第 159 – 165 页。

级强权。

回顾历史,"一体化"是大多数欧洲人的共同信念和愿望,他们称之为"欧洲梦",并确信夙愿能偿①,欧洲梦的这一理想渗透在政治、经济、文化生活的各个方面。欧洲梦与欧洲统一的理念和一体化实践的推进直接相关,二者关系一定程度上呈现为文化理念与政治实践的关系。即使在大分裂时期,各式各样的结盟始终以不同的形式出现在四分五裂的欧洲。20世纪中叶出现的各类现代欧洲合作机制,更是以协商、合作的探索方式进行着欧洲各国的整体利益表达和共同命运黏合,欧洲联盟的成立就是这一梦想现实推进的结果。以欧洲梦内容特质的历史视角加以审视,欧洲梦所追求的有"质量"、有"品位"的生活,有赖于欧洲一体化所带来的空间承载和物质基础,有赖于欧洲共同体所集聚的欧洲政治、文化资源。具象到欧洲梦的"梦想"生活中,在资源富余的基础上追求精神境界的生活,则在现实性上表征着对"小国寡民"局限的历史突破。

在物质生活领域,出于对物质发展追逐影响人际关系竞争本性的先在性判定,欧洲梦的价值之维强调理性为个体竞争所提供的基础与保障。较之生成于欧洲大陆但未能在欧洲延展的美式"启蒙蓝图"对财产占有与个体独立的强调,欧洲梦的核心要义连接于植根在欧洲大陆的父权制度和区域合作意识的历史影响。基于理性反思和对欧洲整体认同的追逐,欧洲人个体心理对多元文化的包容和对他者的承认与善待,使一定物质基础之上的文化资源竞争,表现出对多元文化背景的尊重和对欧洲各群体身份建构的一体化认同。这种尊重与建构,不仅将民众的梦想愿景置于社会整体评价的指标体系中,而且将梦想内容的价值诠释书写在社会彼此依赖的关系中;不仅淡化了以财富占有的多寡作为单纯的衡量标准,而且弱化了个体自由绝对化的价值倾向。就此意义而言,欧洲梦所倡导的理想愿景和发展目标,更多地指向了民众的心理感受和来自外界的价值佐证,欧洲梦所追求的物质生活丰盈、个体利益获得承认、集体安全获得保障,更多的是将不同的民族纳入欧洲一体化的梦想实现中。

有别于美国梦对财富占有的根基性依赖,欧洲梦所强调的"价值"既与私有制度的诞生之所相吻合,又对绝对化的财产占有指向相区分。正是这种对财产私有绝对化的反思,促进了欧洲梦在互联网时代对"共享理念"的推崇,以此构成了欧洲梦有别于美国梦的重要标志。受其影响,与其说欧洲梦是对财富增值和占有的追逐,不如说是对财富的归属和真正利用提

---

① 雷钰:《欧洲一体化的历史文化渊源》,载《人文杂志》2008年第5期,第154–160页。

出的反思。在美国梦的理念图谱中，个体的存在、发展、自由助力于财富的占有量和资源的拥有量，这是精神自由与个体独立的基础。因此，直面并投身于激烈的物质争夺是理所当然的事。欧洲梦试图克服美国梦社会个体目标和价值实现的极端主义倾向，强调区域一体的群体意识和物质基础上的自由主义的相互连接性。一方面取决于其自身能够在多大程度上驾驭物质实存而不被异化，另一方面取决于能否通过人生的价值反思实现真正意义上的自由，前者是个体如何看待财富追逐的问题，后者是个体如何实现超越财富追逐的人生目的。欧洲梦在文化反思过程中的多元与包容，某种程度上促进了欧洲人于互联网时代对经济共享化、产品虚拟化、文化高尚化的推崇，这正是欧洲梦所倡导的理想愿景超越的现实结果。

在扬弃美国梦极端个人主义的基础上，欧洲梦的价值目标指向了一体化进程中的社会责任和个体权益结合。欧洲人在批判美国梦所宣扬的个人主义和达尔文主义的基础上，使梦想的价值体认奠基于个体能力的激发和社会发展推进的结合，统筹梦想的价值诠释和实践推进，彰显既尊重个人能力，又强调社会责任的权益反哺和文化氛围营造。就此意义而言，欧洲梦实现的背后不仅是欧洲版的世界性伦理标准的推出，而且是体现欧洲价值追求消解互联网时代"消极罪恶"的欧洲方案。毋庸置疑，所谓消极罪恶不同于"积极罪恶"的直观化与常态化，其产生的根源在于全球化和互联网技术的发展，它不仅拉近了人们的空间距离，而且缩短了灾难问题爆发的时空间距。欧洲梦的时代发展和独特的价值意蕴，强调人类同情感的放大和关怀他者的情怀，通过自觉与自律的价值引导、内化与外化结合的实践养成、日常行为与宏大叙事的责任衔接，可以更好地以社会行为的文化熏陶补益个人奋斗不足的社会情境塑造。

就深层次的目标愿景而言，欧洲梦所要建构的是富有同情感的相互依赖的社会，在分享权力、扩散同情的基础上，不仅面向区域而且面向世界，表现在欧洲梦的时代诉求里，是内蕴分享和同情的共同体情怀。比较培根所主张的旧启蒙主义，欧洲梦以体现欧洲特质的价值追求，摒弃了将自然和附带资源视为人类工具的实用主义观点，将"永远着眼于与自然合作而非围困自然"的观点，视为人与自然的情景交融、人与自然和平共处的真谛。实际上，欧洲梦在社会价值维度上所倡导的分享与同情，直面的是人类生存和社会发展所面临的全方位威胁。欧洲梦所诠释的价值之维，主张生命圈内普遍存在着的内在联系性和价值共生性，不仅将"类同情"扩展到欧洲的区域一体化进程，而且扩展到自然界，借此开启人类生活的新纪元，在理念刻写的社会实践中表征了欧洲梦基于"同情"而派生的生命共同体思想。

二、欧洲梦的文化底蕴

欧洲梦的价值体认起源于欧洲文化的价值归旨。欧洲文化的源头不仅追溯到欧洲大陆发展的历史，而且与欧洲文明整合的演进息息相关。作为最早公开寻求区域间国家联合的地区，一体化追求几乎贯穿于整个欧洲的文明进化史。欧洲文化发端于古希腊——罗马文明，"以地中海为中心，扩展到离海岸很远的地方，尤其是在欧洲，并在那里传播希腊、罗马文明，也给那里带来相对的然而是真正的统一"[1]。"希腊的文化成就和罗马的帝国统治构成了今日欧洲走向统一的一个重要的历史基因"[2]，"没有希腊文化和罗马帝国所奠定的基础，也就没有现代的欧洲"[3]。

从现代化或现代性的意义出发，欧洲梦的建构和完善与欧洲文化导引的欧共体、欧盟的创设紧密关联。欧洲共同体的发展，经历了从1951年的欧洲煤钢共同体、1958年的欧洲经济共同体和欧洲原子能共同体的建立，到1967年三大共同体聚合，成为统一关税、外贸、货币、农业政策，趋向共同外交的一体化政治共同体，再到1993年从经济领域迈向政治、军事领域的欧洲联盟的正式成立。欧洲一体化从梦想生成到实践推进的演化，不仅导引了后现代思潮的泛起，而且在对美国梦进行文化省思和文化批判的基础上，具象并提升了内蕴现代性逻辑的欧洲梦。

让·莫内曾经说过："欧洲从不曾存在；我们必须从头开始创造欧洲"[4]，从经历第二次世界大战后欧洲的凋敝局面中塑造共同体，不仅源于欧洲各国文化的共通性，而且源于民族交融的普遍性。"二战"后，欧洲国家"寻求一种能够把它们联合在一起、远离古老争端的政治机制"[5]，不仅关涉生存、发展的文化存续，而且关涉身份认同的文化需要。欧盟成立时的《罗马条约》强调"为欧洲各民族日益紧密的联合而奠基"的宗旨，正是以根植于欧洲民众头脑中的观念体系，凸显了欧洲梦"的"欧洲"概念，

---

[1] 德尼兹·加亚尔、贝尔纳代特·德尚：《欧洲史》，蔡鸿滨、桂裕芳译，海南出版社2000年版，第112页。
[2] 郭华榕、徐天新主编《欧洲的分与合》，京华出版社1999年版，第23页。
[3] 马克思、恩格斯：《马克思恩格斯选集》第3卷，人民出版社1971年版，第220页。
[4] Sciolino, Elbine. "Visions of a Union: Europe Searches for New Identity." *The New York Times*, 2002-12-15.
[5] 杰里米·里夫金：《欧洲梦：21世纪人类发展的新梦想》，杨治宜译，重庆出版社2006年版，第181页。

从文化之基展示了强化"欧洲共同体——欧盟"对欧洲精神版图的黏合。从调查数据来看,三分之二的欧洲民众认为自己是"欧洲人";三分之一的欧洲民众认为自己"非常依恋"或者"相当依恋"欧洲;21～35岁之间的欧洲民众中有三分之一将自己看作"欧洲人"而非国籍所在国的国民。[①]

作为以文化高地自居,诞生了爱琴文明、开创了启蒙时代、象征着古典正统的欧洲,欧洲梦的价值追求阐发了欧洲文化对资本主义的反思与批判。不同于美洲大陆几乎是新制度试验的伊甸园,欧洲人不仅经历了资本主义产生时的阵痛,而且经历了资本主义发展所带来的战火和对欧洲文明的摧残,反映在思想文化上,是思想家和先驱者对事物发展的辩证思维和意向性批判,所有这些决定了欧洲梦对财产占有绝对化的现实性批判和带有自律色彩的价值诠释。

欧洲文化所秉持的对生活"质量"和生活"品位"的追求,可追溯到欧洲文明的"古典情怀"和生活态度的"贵族意识"。文化的"古典情怀"表现为古典艺术风格或作品,它在影响和导引人们审美情趣的同时,重申了文化价值理念的欧洲特质和基础部分。在现实性上,美国梦的价值基础亦可追溯到欧洲古典文献对"山巅之城"和"天选之民"的诠释与强调,同时亦出于再造"罗马"的意向和作为"天选之民"清教徒的自我认知。这种影响和导向亦为欧洲文化的"贵族精神"留存提供了延续性的支撑,促使欧洲人秉持和坚守自身文化的独特性和优越感。欧洲梦价值内涵对精神追求的偏重,正是与欧洲文化所孕育的古典主义繁荣、资本主义文明的历史相关,与曾经取得的辉煌成就和落后于美国的现实相关联。这是一种符合欧洲发展史和文化理念"自圆其说"的价值观,它以民众所认同的欧洲"贵族意识"聚合欧洲梦的心理共通,以文学艺术、宗教审美意义上的"古典情怀"凸显文化的优越感和价值的先进性,借此重塑欧洲民众的共同体生活和文化自信。

欧洲文化的人文主义不仅构成了欧洲梦生发的基础,而且构成了欧洲梦所展示的文化价值理念。就欧洲梦的社会情境而言,从欧洲文化的"贵族意识"出发,其延展的核心要素所表达的梦想愿景,是一种在充足物质资源占有前提下对精神生活的强调,而精神层面的富足往往与文化内生的荣誉感、自我认同感和社会认同感息息相关。欧洲社会的文化历史传统强调对他者的同情和彼此的尊重,反映在文化观念中是欧洲社会普遍存在的人文主义价值推崇,折射在欧洲梦与世界梦的连接中,表征为共情逻辑导

[①] European Commision. "How Europeans See Themselves—Looking Through the Mirror with Public Opinion Surveys." Luxembourg: Office for Official Publications of the European Communities, 2001.

引下的区域一体化思维和共同体建构的实践。无论是欧洲梦所主张的世界政治治理思路和价值观念的和平主义，还是欧洲廓清论所强调的对话理性和协同合作精神，均内蕴了承认的"多样性"和客观存在的合理性要求，梦想践行的利益协调和观念调整，阐发了"于多样性中追求统一"的欧洲梦实现方式。

欧洲文化投影在个体心理层面的价值内核，着眼于欧洲尤其是欧盟各成员国自身的文化价值理念，以及这些文化理念在一体化进程中的聚合。区域文化的整体性内在省思，不仅提供了欧洲梦根基性黏合的精神，而且带来了多元文化背景下民众心理趋同的评判、态度调整的推进和文化作用的现实。由此出发，高度阐释的欧洲文化以精神表达的整体性诉求，不仅渗透于参与欧洲梦构筑的"原住民"群体之间，而且表现在作为一个整体应对移民所带来的文化冲击之中。受此影响，欧洲文化的价值凝练不仅出于老欧洲的传统价值弘扬，而且观照了原住国文化思想随移民涌入的价值扩散。传统的欧洲文化内核与新移民的价值追求在欧洲梦践行中的碰撞与博弈，不仅带来了欧洲人更加强调文化包容性的结果，即"人类需要他们的权利得到认可，因为他们在他者的境遇中看到了自己（可能的）苦难"[①]，而且带来了欧洲传统文化所孕育的"社会同情"及其价值整合内涵发展的新契机，这是阐释欧洲人寻求集体庇护的一体化愿景和深度建构的新基质，它让共享欧洲梦的社会个体，直面时代产生的新风险和梦想推进的动力源。概言之，欧洲梦所派生的文化融合运动，与其说紧密地依靠了固有的文化传统，不如说更加突出了欧洲一体化对"家"的固基，这是一种强调族群和谐与欧洲共有大家庭的新意识，指涉了"社会关怀—尊重个人"的团结与协作。

欧洲梦的底蕴还体现在以新的更合理的社会治理蓝图所承载的价值理念中。欧洲文化所强调的社会治理正是将原本由政府行为完成的公共事业，更多地让位给社会组织，这种分权的制度设计思想反映了欧洲一体化进程所要建立的跨越传统国家共同体的必然抉择，即顶层设计上整合各国中央政府的权力，底层事务落实为社会提供更多的选择，以实现各国各级政府逐渐向区域一体努力的目标。基于同情感而建构的欧洲梦内涵及其价值性，落脚在一体化的社会分配、社会生活和政治生活中，导引了欧洲传统权力独占向权力分享转换的现代化进程。受此影响，欧洲梦架构中的权力分享意识，不仅仅是欧洲大陆民主社会主义滥觞的结果，同时也是欧洲文化所

---

① Turner Bryan S. Outline of a Theory of Human Rights. *Sociology*, Vol. 27, No. 3, August 1993, p. 506.

推进的超越国族疆域的共同体构建的努力。直面互联网时代现实社会与虚拟社会相互交织的特点，欧洲文化整合不仅突出了各国政府在向社会让渡的权力，而且突出了依靠自身转型升级以适应现代社会的离散性要求和不确定性规约。欧洲梦文化视阈下的政府治理，指涉了与社会分享权力并将公共治理"不断立约"的深度整合过程。在意见离散、需求难测的互联网时代，欧洲文化以独特的权力分析意见，在逐步消散欧洲各国民众对母国政府依赖感的同时，完成作为共同体的欧洲联合国家的聚合，这在更大程度上回应了民众统合的要求，并据此推动现实与虚拟互构的梦想实现。

三、欧洲梦的认同教育

欧洲梦的认同教育尤其是欧洲各国对欧洲梦的价值认同教育，无论是在教育形式、教育途径等教育的表层外显上，还是在教育思想和教育方针等教育的深层理论中，都在文化省思的结构性活动中，积极探索和有效推进独具特色的认同教育，相关的教育改革努力从未停止过。尽管教育实践的发展和改革的推进，使认同教育的形式、方法和途径彰显出不拘一格的多样化性，然而在坚持"爱欧洲"与"爱具体国家"并行不悖的基础上，以爱国主义为核心的认同教育仍然是欧洲各国精神生活的主题。即使是在"爱国主义极其敏感"的德国，政府仍然投入了相当大的力度，通过大众传媒、社会生活、课堂教学等各种形式强化这一意识。德国具有悠久的历史、灿烂的文化，在社会生活的各个领域曾经独领风骚，亦为认同教育提供了丰富的精神资源。虽然不少民众对历史留下的重负有所感悟，但是在爱国精神的引导下，德国不仅重新成为主权国家，而且再次挺进世界经济强国之列，在欧洲和世界事务中发挥着越来越重要的作用。尽管不得不承担沉重的历史包袱，但这并不妨碍德国人自豪于国家所取得的成就。做事讲求完美，经济和科技成绩显著，独特的日耳曼精神，富有组织性和纪律性，坚忍不拔、勤劳勇敢，所有这些，都使德国人倍受鼓舞，对国家、对民族、对欧洲充满信心。

欧洲梦认同必须通过文化省思的实践活动得以实现，这一理论表达了欧洲国家对欧洲梦的一体化归属最一般的看法。在欧洲人看来，教育途径之一的课堂教育只是教育的一个环节。尽管通识课、心理学、经济学和历史学等内容的反复论证和实践省思，能够使学生"了解"相关的文化理论，但要真正实现对欧洲梦价值内涵承认、认可、赞同，则需要民众更加广泛的参与和社会实践，需要社会方方面面的配合，需要利用一切可以利用的渠道和方式。欧洲有"诗人和文学家的国度"的美称，很多诺贝尔奖得主都是欧洲人，影响世界的哲学家、思想家、科学家比比皆是，享誉世界的音乐家、文学家、哲学泰斗耳熟能详，所有这些，都是民众自豪感涌现的源泉，亦是认同教育实践拓展的凭借。欧洲国家尤其强调参与者在社会实践中生成欧洲一体化的意识，欧洲人常常利用各种博物馆展示悠久的历史，以此进行欧洲梦的价值认同教育。这样的活动生动活泼，富有知识性和趣味性，较易形成丰富的感性认识。为此，各国均把具有特殊意义的历史遗迹开辟成博物馆，使人们能够身临其境，体验欧洲的过去、思考欧洲的未来；把具有深层历史意蕴和浓厚文化底蕴的物品完整地保留下来，通过展示先人的丰功伟绩，激发后人的自豪感。

通过政治养成进行价值认同教育是欧洲梦教育一以贯之的特色与亮点。以德国为例，根据1968年德国联邦议会的有关规定，德国政治养成的工作目标是：尽可能客观地向人们报道有关政治进程的事实和情况，培养人们在政治上了解情况的意识和做出政治判断的能力；促使人们在社会总的范围内认识自己的地位，引导人们领会民主自由的基本价值，培养人们采取政治行动的能力，让人们全面了解民主准则的性质和实现民主的程度。社会团体和公共机构承担了成年人政治养成教育的重任，它们的任务是对民众进行政治民主教育，使之具备参政议政的热情、素质和能力。为此，联邦政府和各州政府均设有政治养成中心。联邦政治教育中心，是德国政治教育的决策、组织、实施和管理机构，以"在德国人民中强化、传播民主和欧洲思想"为目的，不断促进民众对国内外政治实情的了解，增强民众的民主意识和能力，进行民主自由的公民训练，以达至对欧洲梦价值观念的认同。联邦政治教育中心下面有不同的工作组，不同的工作组有不同的工作重点。在德国议会中具有深刻影响和稳定席位的党派，如社会民主党、自由民主党、巴伐利亚基督教联盟以及绿党等，都有自己的政治基金会。这些基金会虽然在政治上支持各自的党派，但在组织上不存在严格的隶属关系，经费主要来源于国家预算，相对独立的学术性由此而来。

民众素质的提升是欧洲梦价值认同教育的重要支撑。欧洲各国政府非常注重民众素养的培育，这种培育不仅有赖于宪法和其他相应的制度支持，而且得益于民众的民主训练和在此基础上形成的公民素质。受此影响，道德教育构成了欧洲梦价值认同教育的另一重要内容。各国政府十分重视道德教育和人格的培养，在道德教育中向民众灌输民族的价值理念、基本行为规范，并将其列为教育的宗旨，写入宪法。在欧洲人看来，学校不仅仅是传播知识的场所，而且是学生品格和性格养成的阵地。教师应当承担

"半个家长"的作用,避免直接说教,强调潜移默化的影响。道德教育要面向科学,教学的内容要被学生所认可,激励学生从自身的实践中发现和解决问题,提升他们的价值判断力和实践力。作为道德教育的归宿,符合规范的行为习惯须成为学生的自觉行为。为了实现这一目标,欧洲人强调既符合学生需要,又符合社会需求的情境创设和氛围养成的教育理念,这一理念与学生的实际生活和学习能力相一致。他们还充分利用各种活动场地,举办各种形式的教学活动,开展教学旅行,探察故地,访问企业,参观博物馆、教堂、纪念馆和行政管理机关等,以提高学生的学习兴趣,强化其求知欲望,了解欧洲和本国的地理环境,在激发价值认同的同时深化身份归属意识。

青少年的价值认同教育主要由各级各类学校以各种课程来实施。以德国为例,教育制度委员会于1955年在《关于政治教育和社会化的报告》中指出:"每一门学科……在不放弃本身特点的情况下,都能对政治教育作出自己较高水平的贡献。如果明确了一门学科对于国家和社会的意义,我们就能在社会和政治生活结构中加以传授。"① 从此,"政治教育"(Politische Bildung,或者"政治陶冶")被列为各州的必修课,承担起价值认同教育的延伸。由于德国所有的学校几乎都是半日制的,校外活动成为培育价值认同的重要途径。除了看电影、讲演、参观、访问等形式之外,教育课堂不断扩展,家庭、国家甚至整个外部世界都成为价值认同教育的大课堂。宗教课程是德国各类学校进行价值认同教育的另一门课程。从小学一年级开始,每周以2~4个学时开设宗教课程,这门课程以陶冶青少年学生的"精神和人格"为目标,不仅进行宗教信念的培育,而且还囊括了尊重人、爱护人以及助人为乐的情操、克己的责任感、真善美的价值观、民主精神和欧洲一体化意识的培养和建构。

在教育方法上,以先进的教育理论充实认同教育的过程、调整教育的内容和方式,一直都是欧洲国家进行价值认同教育的指导,其目的在于增进教育的理论说服性和实践操作性。传统的价值认同教育以灌输和说理的直接方式为主,政府主导且集中在学校教育和家庭教育这两种教育途径上。"二战"后,随着世界教育思想的变革与教育理论的发展,受教育者一改过去被动接受者的客体地位,成为和教育者一样的教育主体。"双主体"教育理论和实践的形成,使教育形式发生了深刻的变革。教育者在强调传统教育形式的同时,大量引入各种实践活动的方式以加强环境熏陶式教育。此

---

① 摩里斯·贾诺威茨、斯蒂芬·韦斯布鲁克:《军人的政治教育》,郭力译,解放军出版社1987年版,第192页。

外，欧洲各国进行价值认同教育时更多地采取间接方式，将显性教育和隐性教育相结合。在实践的过程中，注重各种课外活动的载体、教育方案的可行性和可操作性。在教育途径上，除家庭教育和学校教育外，宗教活动、政党组织、社区活动、大众传媒、民间组织等各种渠道的地位逐渐上升，尤其是宗教、政党、社区、大众传媒的作用更加凸显。教育对象、教育载体和教育途径等方面的变革，意味着教育的"社会化"不仅仅局限于青少年的成长，成年人同样需要价值认同教育，"全民教育""终身教育"的观念被越来越多的人认可。

在强化欧洲梦价值理念的过程中，不是以专门的课程教育为主，而是注重电影、讲演、参观、浏览、社会服务等其他方式，利用一切手段和时机覆盖课堂教学和课外活动的各个方面。各国均通过不断延伸的教育课堂，丰富教育内容、更新教育方式、增强教育的实效性；各国针对自己的国情，采取不同的方式加以展开。法国主要利用传说、故事、童话等载体来进行，并将公共服务作为价值认同教育的重要项目。德国则比较注重宗教课的形式，内容并不局限于宗教本身，小学一年级的宗教课，直接涉及宗教问题的只有三分之一，其他则与个人和社会生活直接相关，并注入了现代意识和现代精神的元素。英国的价值认同教育，更是突破了简单和直线的说教，强调青少年生活情趣的培养，挖掘和欣赏现实生活中的真、善、美。各国都致力于双主体师生关系的确立，以丰富课堂教学的内容、活泼课堂教学的方式，教师不仅要为学生的学业负责，而且还要塑造学生的价值性素养。

在课程设置和教育内容的安排上，政治、社会、公民、道德、宗教等课程，在各国课程体系中具有特殊性，是价值认同教育的主干科目。由于文化传统的缘故，欧洲民众的宗教意识与民族意识的联系更为紧密，宗教课程的内容与欧洲梦价值理念的推崇更为密切。安德林·哈斯廷斯曾经说过："每一个民族的民族性在很大程度上都是宗教所塑造的，在这一点上，宗教与语言有同样的力量。""据一项在41个国家进行的调查表明，宗教与国家意识是成正比的，对宗教重要性的认同程度越高，对国家的自豪感越强。"[①] 因此，大部分欧洲国家将宗教教育视为价值认同教育的关键，把宗教教育纳入认同教育的课程体系中。值得重视的是，许多国家甚至将宗教课程与道德课程合二为一，统称一门学科。"将道德与宗教配套开设的国家，在1920—1944年期间，达到了20.8%；1945—1974年期间，达到了

---

① 张玉国：《国家利益与文化政策》，广东人民出版社2005年版，第123页。

14.5%；在 1975 年以后的阶段内，达到了 30%。"① 除了宗教课程与道德课程的开设，社会课程和公民课程的作用同样不可忽视，尽管这些课程设置的比重有所变化。"1975 年以后社会课程课时量逐渐增多，公民课程的课时量却在逐渐地减少，甚至出现了用社会课取代公民课的发展势头。"② 但是，上述教育方式依然存在，共同构成了价值认同教育方式的多元。

实践中，各国政府均在实施欧洲梦价值认同教育的同时，向本国民众灌输国家基本行为规范和思想价值理念。如德国政府强制推行认同教育，将相关内容写入各州宪法。德国政府还通过政治教育和历史教育的结合，防范法西斯主义和军国主义重演。在其他国家的价值认同教育中，公民教育、道德教育与宗教教育交叉重叠，同样发挥着重要的作用。例如，以陶冶"精神和人格"为目标的各国宗教教育课程，着重于培育青少年的历史责任感、真善美的价值观、民主精神、爱国家爱欧洲的主体意识，所有这些同样促进了欧洲各国价值认同教育的开展和进行。

第三节 民族文化底蕴之上的"中国梦"

"一心中国梦，万古下泉诗"，这是宋朝诗人郑思肖在《德佑二年岁旦》中的自白。在关系形态上，中国梦是个人梦与家国梦的统一，它以中华民族一以贯之的集体主义精神为价值基础，以中华文化国家富强、民族振兴、个人发展的辩证为价值原则，以中华民族成员团结奋斗的最大公约数为价值维度，通过对国家、民族、家庭、个人利益的整体阐释，生成了国家目标、个人价值和社会责任的同频共振。作为梦想的践行者和创造者，每一个民族成员在梦想实现过程中都享有人生出彩的机会、梦想成真的机会和与国家民族一起成长的机会。在现实性上，中国梦所倡导的人与人、人与社会、人与自然和谐相处的践行方式，阐发于和平、发展、共赢、合作的中华文化内核，凸显了美人之美、各美其美、美美与共、和而不同、兼容并蓄的梦想实现方式，它以中华文化的世界意义和人类共同价值的时代彰显，连接着和谐中国与和谐世界的共同愿景与发展目标。

---

① 卡明斯：《从课程看道德及宗教教育》，钟启泉编译，载《外国教育资料》1997 年第 2 期，第 5 – 12 页。

② 卡明斯：《从课程看道德及宗教教育》，钟启泉编译，载《外国教育资料》1997 年第 2 期，第 5 – 12 页。

一、中国梦文化意蕴的软实力释放

"软实力"一词转译于美国当代知名政治学家、新功能主义代表约瑟夫·奈在其1990年出版的《注定领导：美国权势的变化性质》（*Bound to Lead: The Changing Nature of American Power*）一书中提出的"Soft Power"一词。在实践层面上，软实力代表着国际政治的新特点和国际交往的新要求，即朝着文化形态发展的综合实力演变的新趋势。作为中华文化底蕴之上的价值阐释，中国梦的践行不仅蕴含了中华文化意蕴的软实力建构，而且阐发了"某种政治秩序被认可的价值"[1]。作为软实力释放的集中表现，中国梦以独特的文化意蕴，指谓了软实力话语建构的现实推进；作为软实力形象的国族表征，中国梦以蕴含了人类共同价值的梦想实现方式，呈现了国与国之间文明互鉴的价值共演，表达了文化价值传播与共享的建构性结果，指谓了影响国家形象建构的重要依托。中国梦文化意蕴的"和衷共济"更是以"改变自己，影响世界"[2]的方式，论证了软实力释放的东方智慧和中华文化的世界影响。

作为人类交流思想、表达情感、传播信息的符号系统，语言的创造指谓了"一种实践的、既为别人存在并仅仅因此也为我自己存在的、现实的意识。"[3]话语作为人与人之间交流沟通所使用的一种更为繁复的社会形态，指涉了人们掌握和使用语言的具体的言语行为。在此过程中交织嵌套的社会权力关系，表征着"话语权"价值内涵最深层的本质特征。在现实性上，话语权指涉了说话的机制、说话的力量和说话的效果，即以言语的方式导引和影响社会舆论风向与发展方向的一种潜在的现实权力。首位明确并提出话语权问题的是法国哲学家、社会思想学家米歇尔·福柯，他将权利的概念引入话语范式，指出话语权"意味着一个社会团体依据某些成规将其意义传播于社会之中以此确立其社会地位，并为其他团体所认识的过程"[4]；英国语言学家诺曼·费尔克拉夫通过语言学将话语分析与社会政治思想相结合，借以论述了话语权的运行机制和作用效果；以此为基础，约瑟夫·奈将话语权上升为较之经济、科技、军事等组成的硬实力更高层次的软实力之中，以此强调话语权的重要性。

---

[1] 尤尔根·哈贝马斯：《交往与社会进化》，张博树译，重庆出版社1989年版，第184页。
[2] 张新平编《追求和平——世界政治经济年报》，兰州大学出版社2001年版，第40页。
[3] 马克思、恩格斯：《马克思恩格斯全集》第3卷，人民出版社1995年版，第34页。
[4] 王治河：《福柯》，湖南教育出版社1999年版，第159页。

中国梦话语的提出不仅是中华文化传统理念的现实表达，而且是中华文化软实力话语建构的逻辑结果。作为社会关系的反映，话语所指涉的潜在的和现实的权力，取决于特定社会语境中"说话"与"受话"的主导力和影响力。中国梦文化意蕴以"和而不同"的价值理念推进中国梦与世界梦的衔接、以"和衷共济"的发展思想进行文明互鉴的相向而行，二者互构形塑了软实力释放的现实场景。一方面，中国梦文化意蕴的话语建构指涉了合作共赢的软环境。软环境意指"没有具体物质形态的条件，如法律、政策、管理、人文、思想、观念、习惯、信仰和道德等"①。软实力释放的软环境，表征了全球化时代不同文明主体之地域、国家、民族的共同需求和整体愿景，即和平与发展的时代要求。经济、媒介、政治、文化的一体化现象与多元化要求并存，日益需要具有全球视域与世界性的文化价值，以及能够体现这种文化价值的制度环境。作为新的国际秩序和全球生存形态的集中体现，文化价值与制度环境的交互，反映了全球治理与区域合作的共同愿景和社会发展趋势。合作、民主、科学、平等、包容、开放不仅成为全球推崇的核心价值，而且形塑着国家秩序和全球治理模式的变革与发展。与此相适应，中国梦价值意蕴的文化诠释，顺应了人类共同价值推崇的公共产品、国际话语、制度规则、合作平台，生成具有引领性的国际制度创新和国际规则制定，构成了中国梦践行场域中的软实力释放。

另一方面，中国梦文化意蕴的话语表达得益于中国梦物质承载的硬实力支撑。从历史唯物主义的基本原理出发，中国梦文化意蕴的软实力离不开政治和经济的硬实力固基。在实践层面上，"经济强盛—文化伸张"（亨廷顿语）的发展逻辑，不仅观照了文明互鉴价值转换的时代性耦合，而且阐发了国族梦想世界意义的外在化转换。中国梦软实力释放的文化意蕴，不仅关注文化价值的创造性继承、创造性转换和创造性运用，而且关注梦想践行的物质性基础。换言之，中国梦文化意蕴的软实力话语，不仅以中华民族一以贯之的传统理念蕴含人类合作共赢的"共同价值"，而且以人类命运共同体彰显的时代精神诠释生态文明建设取得的成果。就此意义而言，中华文化吸引力、中国方案认同力和中国精神感召力的现实建构，分别从思想观念的情感共鸣、利益激发的合作共赢和价值内涵的目标推进，构成了中国梦文化意蕴软实力释放的文化力、经济力和国际影响力。

中国梦文化意蕴的软实力同时表现在"中国坚持走和平发展的道路，坚定奉行独立自主的和平外交政策"的软实力释放。由中国梦延伸的人类

---

① 王瑞云：《软环境建设的制度视角分析》，载《当代经理人》2006年第5期，第29页。

命运共同体、利益共同体、责任共同体的软实力建构,不仅是对"战略伙伴关系的意旨和重要内容"的明晰,而且是在"涉及国家主权、领土完整、安全稳定"①等重大核心利益问题上的相互支持与理解沟通。中国梦践行方式的软实力释放,倡导"平等相待、互商互谅的伙伴关系,公道正义、共建共享的安全格局,开放创新、包容互惠的发展前景,和而不同、兼收并蓄的文明交流,尊崇自然、绿色发展的生态体系"②。受此影响,中国梦软实力的文化意蕴,更是以和平合作价值导向的强调、"和而不同"价值理念话语表达的效应、共同发展实践效果的作用,对接文明发展的历史承续和时代诉求,形塑软实力释放的时代场和关系域。其"包容型人文观"价值意蕴的现代发展,在对象性活动中注解了"文明因交流而多彩,文明因互鉴而丰富。文明交流互鉴,是推动人类文明进步和世界和平发展的重要动力"③。

在国际层面,中国梦文化意蕴的软实力包含经济互惠的合作观、政治互信的安全观、文明包容的对话观,软实力释放的话语表达更是以和平与发展的时代主题,贡献于全球治理模式与区域合作模式的现实建构和理论对接。它以中国梦连接世界梦的价值指向,导引经济要素的自由流动、资源配置的深度融合、经济政策的生成协调。就此意义而言,中国梦文化意蕴的软实力释放,不仅强调时代境遇的社会转型和发展机制的结构性转换,而且探索与经济硬实力相匹配的文化提升之道、与综合国力增强相一致的发展之道。事实上,经济硬实力与文化软实力既相互支撑又相互转化,不同文明主体的价值追求、制度思想、文化观念是软实力构成的重要内涵,艺术、习俗、传统等其他要素亦是软实力作用的系统构成,二者的相互渗透指谓了硬实力作用的软实力基础。受此影响,中国梦文化意蕴的软实力释放,不仅高度重视硬实力指向的经济发展,而且深度介入软实力要素的文化集成,以此导引梦想实现的践行方式。

作为理解与认同的产物,中国梦的软实力话语生发于以文化为导向的价值交往和理解沟通。作为对话交流的主要方式,交往和交融过程中的主体并不拘泥于相同的感知对象,而是在承认差异基础上的求同,这是中国梦连接世界梦的交往方式,它彰显了不同文明主体历史与现实之间的文化呼应,以及在此基础上形成的理解对话与视域融合。正因为文化的比较、

---

① 胡建东主编《丝路吴忠与吴忠思路》,宁夏人民出版社2014年版,第102页。
② 习近平:《同舟共济、扬帆远航,共创中拉关系美好未来——在秘鲁国会的演讲》,载《人民日报》2016年11月23日第2版。
③ 习近平:《在联合国教科文组织总部的演讲》,载《人民日报》2014年3月28日第3版。

平等的对话彰显于软实力释放的本真，中国梦践行的对外开放着眼于不同文明价值理念的传播与融通，强调于不同文明主体之间的理解沟通和彼此承认，着重于不同文明主体的民俗、民风、思维习惯和思维特点，并在现实性上进一步阐释了，"世界上没有放之四海而皆准的发展模式，各方应该尊重世界文明多样性和发展模式多样化"①。由此出发，中国梦文化意蕴的软实力释放为互通互鉴的理解增信释疑，为合作共赢的拓展提供鲜活的范例，为不同文明主体的相向而行塑造理解的在场和沟通的渠道，为价值研判的求同存异搭建新平台、提供新视角。

在具体实践中，中国梦文化意蕴的软实力释放重点面向基层民众，以教育、医疗、减贫开发等各种公益慈善活动的广泛开展，促进人们生产条件的改善与生活水平的提高；以资源的高效整合和国际合作的深化，加强文化传媒的国际交流与合作，积极利用网络平台和新媒体工具，营造良好的文化生态舆论环境；以贡献更多更好的公共产品的方式，参与到合作共赢的国际秩序建设与国际话语体系建构之中。因此，中国梦文化意蕴的软实力释放，不仅意味着以共同命运为核心的"新型国际关系"的理论抽象和现实建构，而且意味着文明互鉴价值融通的求解与达致。

二、中国梦连接世界梦的关系共演

中国梦与世界梦的价值连接指涉不同文明之间的彼此承认、平等交往、理解沟通和优势互补，旨在达到互相融合、共同繁荣、休戚与共的价值目标。在现实性上，中国梦内蕴的命运共同体、利益共同体、责任共同体的目标连接，以文明互鉴的系统方式，在结构上指向了与之相对的情感关系、利益关系和责任关系，中国梦连接世界梦的"共商、共建、共享"，则以互利共赢的关系共生，连接着中国与世界的政策沟通、设施联通、贸易畅通、资金融通、民心相通，在经济基础之上、政治中介之下、文化导引之中，指谓了政治互信、经济相融、文化包容的关系聚合。

实现中国梦，"我们还要同国际社会一道，推动实现持久和平、共同繁荣的世界梦，为人类和平与发展的崇高事业作出新的更大的贡献！"② 就两者连接的目标关系而言，从目标作为人们在各种活动中所预期和追求的客

---

① 习近平：《永远做可靠朋友和真诚伙伴——在坦桑尼亚雷尔国际会议中心的演讲》，载《人民日报》2013年3月26日第2版。

② 习近平：《永远做可靠朋友和真诚伙伴——在坦桑尼亚雷尔国际会议中心的演讲》，载《人民日报》2013年3月26日第2版。

观标准在主观上的超前反映出发，目标关系反映了人们为满足自身需要而产生的某种期望。就目标的关系范畴而言，目标事物的关系和它们的特性决定于物质内含的统一性。在历史唯物主义的基本观点看来，作为客观存在的事物，其内蕴的特性和特质必须置于关系结构的范畴中，置于与其他关系比较的范畴中。在现实性上，作为战略指向的结果和旨在达到的期许，中国梦与世界梦的价值连接集目的性和指向性于一体，它以全方位的务实合作和互学互鉴，打造和谐包容、平等互利的人类文明共同体。从目标的关系范畴出发，与命运共同体相联系的情感关系强调关系的原生性，与利益共同体相联系的利益关系强调关系的工具性，与责任共同体相联系的责任关系强调关系的价值性。中国梦与世界梦的价值连接从命运共同体始步，到利益共同体，再到责任共同体，依次递进地完成相向而行的目标对接。其中，命运共同体构成了目标关系的始点，利益共同体构成了目标关系基质，责任共同体构成了目标关系导向。从目标关系要素出发，原生性的情感关系是根基性因素，工具性的利益关系是中继性因素，价值性的责任关系是理想性因素。

情感空间、利益空间、责任空间构成了中国梦与世界梦价值连接目标关系共演的空间梯级。情感空间、利益空间、责任空间重叠并存在于价值衔接的系统结构里，三者循环建构的逻辑延展作用于彼此交互的系统关系中。在现实性上，命运共同体于情感关系的根基性扩展中，形成价值连接的心理归属；利益共同体于利益关系竞争与分配的工具性践行中，进行价值连接的利益整合；责任共同体于责任关系对象性活动的价值性养成中，体认价值连接的责任外化。情感性空间即原生与根基性的空间，与价值共鸣的文化符号、信息传通的本源相关，就中国梦与世界梦连接的原生态根基而言，突出的是目标关系演进的历史与记忆的符号翻新；利益性空间倾向于竞争与分配的利益表达，与利益的共享与分配、竞争与妥协的机制相关，就中国梦与世界梦连接的工具性指向而言，突出的是目标关系演进竞争与分配的利益性获取；责任性空间是综合性的理性主张与价值研判，与跨文化体认、自觉性归属相关，就中国梦与世界梦连接的价值性认同而言，突出的是目标关系演进的责任自觉。

中国梦与世界梦连接的目标关系，强调"个体或社会共同体（民族、国家等）通过相互交往而在观念上对某一或某类价值的认可和共享，或以某种共同的理想、信念、尺度、原则为追求目标，实现自身在社会生活中的价值定位与定向,并形成共同的价值观"①。个人意志、自我价值与社会标准之间的矛盾与递进、不同文明主体之间的价值差与共识度,受制于利益诉求自身和利益承载客体指向的稳定与多变。因此,从情感、利益到责任,从互动、对话到理解的特性与关系,标志着"人们在社会实践中能够以社会共同的价值要求作为标准来规范自己的活动,并使之内化为自觉行为的价值取向"②。在此之中,彼此承认、平等交往、理解沟通、优势互补的整体性、同构性和自身调整性,生发相互制约、互为条件、共同发展的互学互鉴。就此意义而言,中国梦与世界梦的互构以目标递进的达成,情感、利益、责任关系的集聚,表征着目标作用的过程和价值衔接的结果。

中国梦连接世界梦的实现方式指谓"共商、共建、共享"的关系范式。在库恩看来,所谓范式生发于文化价值理念的自然观、世界观和价值观,以及由此形成的特有信念和价值标准。③ 从范式的一般意义出发,中国梦连接世界梦的基本理论、基本观点和基本方法,奠基着价值衔接的基本路径、基本框架和理论模型,形塑着相向而行的发展向度。范式作为符合某种级别的关系模式的集合,它所蕴含的特殊性与重要性,在本原上规定了彼此承认、平等交往、理解沟通、优势互补的发展方向和创设原则。受此影响,中国梦连接世界梦的共生关系凸显在各文明主体发展战略相互对接的图式与场景,"共商、共建、共享"的关系范式更是以不同文明之间的文化元素、关系定制、过程细化,明晰其价值衔接的过程与结果。

共商原则的关系共演是中国梦连接世界梦的前提和保证。"共商"即集思广益,在"和文化"理念的涵化下,兼容并蓄地推动多元文化的对话与磋商。共商强调参与主体和平相处、和谐共生,积极构建自由、开放、包容的国际合作新秩序。作为中华文明"和衷共济"智慧的具体表现,中国梦共商原则之下的文明互鉴兼顾各文明主体的切身利益和现实需求,"君子养心莫善于诚。致诚则无它事矣,唯仁之为守,唯义之为行"④。共商原则之下的关系共演,以互尊互信、平等合作、开放包容为核心,强调各文明主体在政治、经济和文化上的彼此平等,尊重各国选择的发展道路。"共商"的关系,意味着平等交往、尊重彼此文化的精华与结晶,它以参与主

---

① 梅萍、林更茂:《民族精神与和谐社会的价值认同》,载《当代世界与社会主义》2007年第6期,第150—153页。
② 冯留建:《社会主义核心价值观培育的路径探析》,载《北京师范大学学报(社会科学版)》2013年第2期,第13—18页。
③ 参见石磊、崔晓天、王忠编著《哲学新概念词典》,黑龙江人民出版社1988年版,第192页。
④ 《荀子·不苟》。

体的彼此承认，导引文明发展差异和历史进程分歧的消解；"共商"的原则意味着优势互补，即共同构建文明主体互信的场域，它以理解沟通，导引各美其美、和而不同。就连接非洲梦而言，"我们愿与非洲国家交流发展经验，分享发展机遇，共促包容性增长。中国开发出的先进适用技术及应用成果，愿毫无保留地与非洲共享。中方也愿将适宜的劳动密集型产业优先转移到非洲，促进非洲的就业，这对中非都有益，可以使双方人民受惠。"① 由此可见，中国梦连接世界梦的共商原则，以相互尊重、相互理解为先导，积极利用现有的双边和多边合作机制，展开多层次、多渠道、多形式的对话和沟通。就此意义而言，中国梦连接世界梦的关系共演，在包容的共商中寻找"我们"的归属，在互鉴的交往中明晰"他者"的向度，在传统与现实的连接中形成战略共识，以此展示文明互鉴的相向而行。

共建原则的关系共演是中国梦连接世界梦的基础和方式。"共建"即博采众长，以全球化的眼光、心怀天下的包容和惠及世界的责任，在基础设施、投资贸易、金融项目、文化活动等领域上谋求优势互补、互惠互利，在推进梦想连接的同时实现文明互鉴。共建原则之下的关系共演，以文明主体的彼此承认，在互信的基础上承担彼此的责任，它意味着平等交往，在合作的基础上发挥彼此的潜能；"共建"的关系，意味着优势互补，在互惠互利的基础上美人之美、各尽所能；"共建"的原则，则以理解沟通、平等互谅的关系集聚寻求彼此之间的价值共鸣。中国梦连接世界梦的共建原则，在共建的情境中展现互联共通的意旨，沟通从"我"到"我们"的渠道，促进彼此共进的开放，形塑"我们"与"他们"联系的共存。在恪守联合国宪章基本宗旨和总体原则下，遵守和平共处五项原则，坚持开放合作、公平竞争的共建，坚持和谐包容、共同发展的并蓄，尊重共建道路发展模式的选择，加强共建过程中的对话与交流，求同存异、共生共荣，寻求文明互鉴的最大公约数。中国梦连接世界梦的关系共演，以市场运作为基础，遵循市场法则，以国际通行规则为规范，兼顾各文明主体的利益关切，构建全方位、多层次、复合型的互联互通网络，促进文明互鉴的战略对接与利益相融，体现文明互鉴的智慧和创意，发挥文明主体的优势和潜力。

共享原则的关系共演是中国梦连接世界梦的动力和归旨。"共享"即惠及各方，以文明主体建设成果的共享、互惠共赢的实现、共同发展的繁荣，寻求文明互鉴的利益契合点。共享原则之下的关系共演，以文明主体物质

---

① 李克强：《开创中非合作更加美好的未来——在非盟会议中心的演讲》，载《人民日报》2014年5月6日第2版。

关系和经济利益一致性的相互承认，展演根本利益一致的平等交往与相互佐证；"共享"的关系，意味着理解沟通基础上利益分享的彼此认同；"共享"的原则，则以合作共赢的价值共生实现优势互补的利益融通。中国梦连接世界梦的共享原则，在共享的氛围里促进经济繁荣与区域合作成果的普惠。就此而言，各文明主体整体利益的最终通约源于文明互鉴的利益共享，缩影于共生的本源与意蕴，求解着相向而行主体利益的满足，演绎着战略发展与利益客体承载指向多元一体的价值摹画，互动于文明互鉴利益行为复杂多变的和解与合题。这一愿望的最终达成，表征着中国与世界文明互鉴发展成果的共享、各国人民互信互敬的形成、和谐安宁幸福生活的达致、合作共赢基本取向的实现。中国梦连接世界梦的关系共演，以共建成果的物态化转换和现实分享拓宽合作领域，以建设项目和合作重点的多元分殊凸显文明互鉴的价值归旨，以互联互通的区域转型升级促进中国与世界文明互鉴主体共享发展的活力、潜力和机遇，以更加开放的态势拓展文明互鉴的发展空间。

从"共商"到"共建"到"共享"，中国梦连接世界梦的关系共演指谓了命运共同体、利益共同体和责任共同体的彼此承认、平等交往、理解沟通、优势互补。作为文明互鉴范式的"学科基质"，中国梦以"和衷共济"的符号概括、共同承诺的文明理念、满足需要的价值交汇，追求"商""建""享"在承认、交往、理解、沟通中的优势互补。它使中国对接世界范式共生，凝聚主观与客观、主体与客体的一致；它使中国梦在对接世界梦的践行场域里，展示客观性与能动性、有限性与无限性、相对性与绝对性的辩证。与此相适应，在和平与发展的时代格局中，中国梦连接世界梦以"共商"原则下的关系共演引领区域发展，以"共建"原则下的关系共演创设治理模式，以"共享"原则下的关系共演变革全球空间格局，以"共商、共建、共享"的结构性范式推动更大范围、更高水平、更深层次的开放、交流、融合，并在现实性上诠释着梦想实现的文明互鉴和相向而行的价值追求。

三、中国梦的认同教育

中国梦认同首先得益于文化反思结构性活动中产生的民族成员归属意识，助力于"一国人民能够独立自主地选择自己的价值观念、文化制度，独立自主地控制和利用自己的文化资源"①。民族成员归属意识的强与弱，不仅受制于个体成员的判断和选择，而且得益于民族国家影响力的感召和凝聚。在承认的基础上认可，在认可的基础上赞同，中国梦的践行方式具有明确的目标；在认同的基础上内化，在内化的基础上外化，中国梦的物态转换才能有效激发；在责任明确的基础上唤起，在情感唤起的基础上规范，中国梦的认同方能实现理论与实践结合的自觉。通过教育，中国梦的同一性基础更加彰显，民族共同体的特质更加鲜明，"我族"与"他族"的划分更为凸显；通过教育，认同的社会情境得以创设，认同的个体心理得以形塑，认同的情感皈依得以增强，认同的自觉得以提升。正因为中国梦认同的达致代表了重要的国家利益，中国梦价值认同教育由此成为当代中国政治生活的重要内容。

中华民族共同体意识是民族成员就民族文化的价值理念和多元一体的价值表达所形成的一致意见和看法。通过教育形成共同体的价值共识，是中国梦价值认同教育的重要目标。在现实性上，民族国家不仅是一个享有领土主权的地缘实体，同时也是一个政治、经济和文化的实体。哈贝马斯曾经说过："如果在公民之间有一种确定的文化共同性，那么，国家所有的重要功能——沟通、协商、计划、投资、管制、执法——都会发挥得更好。"② 因此，中华民族共同体意识不仅是国家意识的集中代表、民族精神的具体体现、民族成员同一性生成的基础，而且是一体化民族形成和发展的重要因素。普遍认可的价值需要在价值范畴、价值原则、价值关系和价值问题的冲突、调适和排序，在国家治理的系统结构中、在民族成员日常生活里均扮演着十分重要的角色。以中国梦价值认同教育为渠道创设共同体意识的民族场和意义域，能够更好地强化中国梦的同一性基础和包容性空间，体现"我们"与"他们"之别的历史表征和文化界限。

中国梦是民族文化孕育的产物，民族文化与中国梦认同教育紧密地联系在一起。爱国主义是民族文化的核心，是最重要的国家意识，是民族文化认同的主轴，同时也是中国梦价值认同教育的主轴。在实践中，爱国主义形成、发展和贯穿于民族国家的历史进程，融合了民族特色、民族风格和民族气概，是民族文化的重要体现。作为中国梦价值认同的核心要义，爱国主义不仅与"民族情感"联系在一起，而且与"国家意识"有着更为

---

① 本书编写组编《思想道德修养与法律基础》，高等教育出版社 2008 年版，第 193 页。
② 威尔·金里卡：《当代政治哲学》，刘莘译，上海三联书店 2004 年版，第 588 页。

深刻的本质联系。国家作为最大的社会共同体，对内超越了不同的种族、民族、阶级、阶层等各种社会集团局部利益的限制，对外代表和维护着民族共同体主权和各族人民的整体利益。爱国主义与国家意识具有强大的政治感染力，它可以明确国家政治的合法性，将统治秩序的权威置于社会成员的普遍认同、支持和尊重的基础上。爱国主义与国家意识同时还是一种精神动力，可以凝聚和激发民族成员的主体性和能动性，可以在现代社会各种利益关系错综复杂的条件下，在各种利益的冲突和协调中找到最佳的契合点。

价值要求的伦理行为是民族成员社会生活的道德表现。中国梦认同从价值认知、价值批判、价值选择到价值共识的达致，不仅表现为从价值原则到未来预期的经验累积和实践反馈，而且表现为从主体规范到实践模式的心理本位和价值行为。中国梦价值认同教育的主体是人，离开了民族成员素质的开发，离开了个体成员创造性精神的培育，认同教育的深入和价值共识的达成如同无源之水。中国梦价值认同教育关注的是民族成员整体，有赖于中国梦价值内涵的挖掘和深化，有赖于各民族群体文化特性的凝练和融合。作为一种无形的力量，中华优秀传统文化对中国梦认同教育的影响和渗透具有亲和、吸引和凝聚的作用，独特的文化价值意蕴对于中国梦的文化个性展开和文化共性生成，具有同宗同文的多元一体性。因此，中国梦价值认同教育着眼于民族群体文化思想的亲和性、民族成员责任意识的自觉培育和民族使命感的实践养成。

相对于移民国家美国和在"一个民族一个国家"理念下形塑的欧洲，中国自古以来就是一个统一的多民族国家。对中国梦价值内涵的承认、认可和赞同，实质上就是对多元一体的中华民族共同体的认同。较之于其他的复合民族共同体，中华民族结构的多元一体格外的得天独厚。在中国梦价值认同和国家意识培育等方面，我们一直优势显著。历史上，中华优秀传统文化与国族梦想教育虽因时代的不同，在教育的内容、途径和方法等方面各有侧重，但认同教育的基本要素却是一以贯之、一脉相承、与时俱进的。在具体实践中，1994年国家颁布的《爱国主义教育实施纲要》一再强调认同教育的目标，即以中华优秀的传统文化为依托，强化民族凝聚力和民众向心力，务必使全体国民形成热爱祖国的高尚品质。近年来，更是将加强中华优秀文化传统教育，运用现代科技手段开发利用民族文化资源，视为认同教育的重要任务。2017年，由中共中央办公厅、国务院办公厅印发的《关于实施中华优秀传统文化传承发展工程的意见》，提出要把中华优秀传统文化全方位融入思想道德教育、文化知识教育、艺术体育教育、社会实践教育各环节，贯穿于启蒙教育、基础教育、职业教育、高等教育、继续教育各领域。强调将民族文化的渗透力嵌入中国梦认同教育的实际，意味着将民族共同体价值共识的达成与国家文化软实力的提升结合在一起，这就要求政府和国家必须以前所未有的高度为认同教育的展开提供多方面的政策支撑。中国梦认同具有鲜明的民族性，在此基础上形成的价值共识对内可以激发民众的向心力、凝聚人心，对外可以获取软实力的文化支撑、赢得他者的承认和尊重。较之于其他复合民族结构的国家，中国梦的认同教育具有更为广泛的自然地域、文化传统和心理共识。然而，我们面临的内外压力更为复杂、多变，可以肯定的是，认同教育的展开离不开文化产品的创作和推广，离不开民族文化产业的发展和推进，更离不开优秀传统文化弘扬形式的丰富和多彩。

　　中国政府历来重视民族文化教育，近年来更是将复兴中华优秀传统文化与中国梦认同教育结合在一起，并将此上升到综合国力、文化软实力、以及国家文化安全的高度加以强调。政府常常根据形势发展和变化的需要，制定各种法律法规为民族文化教育和中国梦认同教育提供政策性的支持和导向。《关于实施中华优秀传统文化传承发展工程的意见》就是在宏观政策法规下，政府对学校教育课程内容和教育目标进行主导性规定的体现。此外，政府还通过多种途径促进民族文化认同教育与政府运作的方针在社会发展方向上的一致和吻合。如 1994 年 9 月颁布的《爱国主义教育实施纲要》明确指出："爱国主义教育是一个历史范畴，在社会发展的不同阶段、不同时期有不同的具体内涵。在当代中国，爱国主义教育与社会主义本质上是一致的，建设有中国特色的社会主义是新时期爱国主义的主题。"2017 年 1 月颁布的《关于实施中华优秀传统文化传承发展工程的意见》，更是从传统民族基因的进一步挖掘、传统文化活力的进一步激发、文化自觉与自信进一步增强的角度，通过特定文化理念秉持的强调与文化特色指导原则的彰显，提出了以中华优秀传统文化的弘扬进行中国梦认同教育的文化方略。

　　在教育方法上，发达国家的做法值得借鉴。早在 20 世纪中期，暗示教学理论和隐性课程的概念就已在西方社会出现。暗示教学和隐性教育旨在推行教育的隐性化，摈弃明显的教育痕迹，强调"不说而教"，使受教育者在不知不觉中潜移默化。在暗示教学理论看来，无意识活动是人们注意力集中点外围的心理活动，是一种非理智的、思维不集中的、无特定目标的心理活动。暗示教学立足于对人无意识活动的把握,强调以"暗示"的方法挖掘受教育者的潜力;隐性课程则特指那些难以预料、伴随正规教学而随机出现的教育内容,包括文化的价值、态度、习惯、礼仪、信仰和禁忌等。隐性教育法是将部分教学内容渗透在课程、教材和教学活动之中,创设班级氛围、人际关系、校园文化、家庭和社会的教育情境。发达国家在推行隐性教育的时候,着重于"用环境,用学生自己创造的周围环境,用丰富集体精神生活一切东西进行教育",它"构成了教育过程中最微妙的领域之一"[1]。隐性教育对环境育人的功能尤为重视,它坚信对受教育者而言,真正有价值的东西,是他周围的生活和环境。所以,从某种意义上来说,教育真谛的获取在于受教育者主动和积极地参与。为此,学校和社会必须从各个方面给予配合,各种规章制度、行为准则、组织结构、社会活动,都要以隐性的形式达到影响和教育的目的。

中国梦的认同教育在文化反思的结构性活动中,学习和借鉴西方经验形成显性教育与隐性教育的统一。显性教育是一种有意识的、外显的、直接的教育方式,具有知识性、组织性、系统性、计划性等特点,能够直接、集中地呈现教育内容。隐性教育的无意识、间接和内隐特质,则强调认同教育在环境、娱乐、管理、制度等社会生活与日常生活中的渗透。较之于显性教育,隐性教育所强调的教化和心理因素,包括教育内容的隐性、教育者和受教育者之间的关系、教育者人格魅力与心理影响、社会氛围和组织的心理环境。一方面,认同教育应坚持系统理论知识的灌输和引导,克服隐性教育较易出现的盲目性和随意性,借此实现中国梦认同教育方向性和深刻性的维系。另一方面,隐性教育将受教育者的主体地位放在首位,考虑受教者思维水平和思维习惯的差异,借此实现中国梦认同教育的价值嵌入与文化渗透。

当代网络技术和大众传媒的发展,在潜移默化中改变着人们形成价值观念的过程、手段和途径,成为引导社会主流意识发展的大平台。以美国为代表的发达国家不仅依靠这些现代化手段强化本国的认同教育,而且常常凭借自己的技术优势进行文化扩张和文化渗透。在这样的情形下,中国梦的认同教育应更加着重于教育的时效性与民族特色的凸显、探索教育引领与实践养成的紧密结合。当然,强化教育并不意味着盲目排外,而是要

---

[1] B. A. 苏霍姆林斯基:《帕夫雷什中学》,赵玮等译,教育科学出版社 1983 年版,第 122 页。

在弘扬民族文化与引进外来文化的节点上把握平衡。此外,中国梦认同教育的提升,还在于文化反思在课堂教学的运用,在学校教育中坚持民族文化与中国梦认同显性和隐性教育的统一。就显性教育而言,学校在开设形势政策课、思想道德修养与法律基础等与国家密切相关课程的同时,亦将民族文化作为必修课的内容之一,提倡学生阅读民族经典,结合文化讲座、知识竞赛等形式,以增强受教育者对中国梦价值内涵的认同。就隐性教育而论,应将民族文化和中国梦教育渗透到相关课程的教材中、传统节日和社会活动的拓展里,进一步对各学科教师的知识讲座提出相关要求,尤其是品德教育类课程,应更加突出优秀传统理念现代价值的课堂教学与中国梦践行外化的有效对接。

第五章　中国梦价值认同实证描摹

以中华优秀传统文化认同为源点聚焦中国梦价值认同，需要理论分析与实证描摹相结合，阐释以中华优秀传统文化的弘扬提升中国梦价值认同的关系，明晰"五个认同"的实然状态和现实境遇；需要从"承认—认可""身份—归属""理性—自觉"层次递进的交互、过程、结果出发，分解和量化影响因子、阐发和研判发展态势；需要透视微观个体行为和族群、区域、阶层等群体行为在认知、评价、情感投入的状况，进行整体性分析和差异性探讨；需要从区域性特征、民族性差别、政策效果验证等角度以责任体现、自觉内化、实践外化，考察"样本"由情感态度和事实行为所反映的认同现状。

第一节　理论预设与样本择取

根基性情感维度、文化性价值维度和政治性国家维度的深刻阐释，影响着民族成员对中国梦的"承认—认可—赞同"；根基性情感维度、文化性价值维度和政治性国家维度涉及身份归属、价值凝聚和利益共享的社会关系，强调中国梦认同的心理一致；认知、评价、体验的循环建构，彰显于中国梦认同的践行场域，由此构成了中华优秀传统文化与中国梦认同实证研究的逻辑前提和出发点。依据认知系统、情感态度和事实行为影响中国梦认同，认同的差异性和层次性制约于认同的影响因子，中华优秀传统文化的弘扬提升中国梦价值认同的基本预设，我们基于不同民族、区域、阶层的分类，抽样考察认同现状，管窥中华优秀传统文化和中国梦认同的整体状况，贯通个体认知与集体认同、个体表达与群体推崇的连接和关系。着眼于问题导向的实践视角，从宏观到微观进行认同状况调查，以不同族群、区域、阶层认同的现状为据，综合运用基础叙事、访谈梳理、数据分析等形式总结概括所获样本信息，进行整体性分析和差异性探讨，借此完成以点及线、由线到面的逻辑探趣和价值考量。

一、实证研究理论预设

在认同中华优秀传统文化的基础上认同中国梦价值内涵，是多种因素综合激发的结果。其中，情感因素构成了以中华优秀传统文化的弘扬提升中国梦认同的根基性维度，文化因素构成了"弘扬"与"认同"的价值性维度，民生建设、政策研判、绩效评估的国家认同则构成了"弘扬"与"认同"的政治性维度。

强调情感和归属的态度观、强调文化符号化感知和意义性诠释的价值观、强调政治"物态"认知和"意态"表达的认同观，共同指向了"弘扬"与"认同"联动性交互的心理化过程。"原生性情感"所形塑的态度观，以"承认"达成的初始性层级，进行"弘扬"与"认同"的自我建构；"利益性共享"所生发的文化价值观，以"认可"达成的中继性层级，进行"弘扬"与"认同"的现实建构；"自觉性共生"所产生的认同观，以"赞同"达成的提升性层级，进行"弘扬"与"认同"的匹配性建构。群体身份的价值表达与身份归属的利益肯定，构成了生活在同一群体中人们所遵循的原则和制度；延续生活的共同体方式、传承价值的文化与思想、分享利益的要求与满足，形塑了群体关系在社会结构中的扩大。表现在共同文化之上的共同心理素质，作用于"我"和"我们"由目的性向社会性契合的过程与结果。个体经认同国族梦获得群体属性的同时，对内催生凝聚力和获得感，对外区别"他们"，形成群体设限的边界。

身份归属、价值凝聚和利益共享的社会关系在中华民族多元一体结构中的显现，决定"弘扬"与"认同"的整体状况与实然景观；规约于次群体特殊的交往方式、生活情境和文化模式，不同的民族、区域、社会阶层呈现"内生定位""外部交往""文化交融"的群体特质，以差异性的不同表征影响"弘扬"与"认同"的集体效用。认知、情绪、态度构成"弘扬"与"认同"的结构性要素，指向了"弘扬"与"认同"的情感认知、意义评价和心理体验。认知沉浸状态、评价析取状态和情感卷入状态构成了"弘扬"与"认同"的结构形态，经意义认知、动态平衡和双向反馈的心理化机制，指向"弘扬"与"认同"的主观认知经验、客观社会情境和综合心理状态。

认知系统、情感态度、事实行为、影响因子所呈现的"弘扬"与"认同"的实证，能够凸显中华优秀传统文化弘扬和中国梦价值认同的整体状况；弘扬中华优秀传统文化与中国梦价值认同内蕴循环建构的共演逻辑、外衍彼此交互的共生关系；不同民族、区域、群体、社会阶层受制于不同的历史条件、现实场景和影响因子，在"弘扬"与"认同"方面存在差异。根基性维度、价值性维度和政治性维度的相互作用，呈现出"原生性情感—共享性利益—共生性自觉"的层次递进和维度交织，并在祖国认同的中介变量下，经"中国梦"认同向"政党—道路"认同演进。据此，以中华优秀传统文化的认同为源点，描摹"弘扬"与"认同"的实然状态；分析不同民族、区域、群体、社会阶层"弘扬"与"认同"的差异，聚焦典型案例；展示"弘扬"与"认同"的结构要素、影响因子和层次连接，导出二者之间的逻辑互动；验证以中华优秀传统文化的弘扬，经"民族—文化"认同，践行中国梦价值认同的结论，构成了本章实证研究的理论预设。

二、实证研究样本择取

弘扬中华优秀传统文化和中国梦认同既是本课题的核心概念，也是本研究的关键变量，相关影响因子不仅包括被试者的民族身份、区域分布、所在群体、阶层归属，而且包括传统积淀、文化冲击、社会环境、教育与传播等因素，因而需要通过对相关变量的分析与相关因子的把握，实现中华优秀传统文化之弘扬与中国梦之认同关系的综合研究。在具体的测量过程中，认同的结构要素分为认知系统、情感态度系统、事实行为系统三个子部分；认同的层次连接分为自然认同、强化认同、理解认同三个层次。认同的结构要素与层次连接共同构成了中华优秀传统文化认同与中国梦价值认同的测量要素，考察中华优秀传统文化认同与中国梦价值认同的现状；不同民族、区域、群体、社会阶层认同的差异；中华优秀传统文化认同与中国梦价值认同的关系。

由于历史、文化、环境等客观原因，不同民族、区域、群体、社会阶层对中华优秀传统文化认同与中国梦价值认同状况往往会存在差异，因而需要对这些分类样本进行具体的程度测量和相互比较。对不同民族成分个体成员的中华优秀传统文化认同、中国梦价值认同测量，基于本研究在上文中所明示的研究假设，拟采取以人口数量、社会影响状况、民族特色为标准，对中国境内多个民族进行分类，抽取多个个案进行综合研究。在具体调查中，通过问卷测量、田野调查、口述历史等方法，着重以汉族、壮族、哈萨克族、维吾尔族、苗族、瑶族、蒙古族、藏族等民族个体成员对中华优秀传统文化认同和中国梦价值认同为研究对象，测量其整体状况与差异，探讨其实践形态。

在具体的不同区域对个体成员的中华优秀传统文化认同、中国梦价值认同的测量中，我们基于"区域分布影响中华优秀传统文化认同"与"区域分布影响中国梦价值认同"的研究假设，参考地理区域划分法，在常规问卷测量、访谈的同时，着重"田野调查"法，考察不同区域个体成员中华优秀传统文化认同、中国梦价值认同的状况与差异，探讨其实践形态。

在面向不同社会阶层个体成员的中华优秀传统文化认同、中国梦价值认同的测量中，我们基于"阶层归属影响中华优秀传统文化认同"与"阶层归属影响中国梦价值认同"的研究假设，选取经济收入、文化水平、权力资源等差异较明显的阶层进行对比研究，着重考察国家与社会管理者阶层、经理人员阶层、私营企业主阶层、专业技术人员阶层、办事人员阶层、个体工商户阶层、商业服务业员工阶层、产业工人阶层、农业劳动者阶层和城乡无业、失业、半失业者阶层 10 个阶层的个体成员对中华优秀传统文化认同、中国梦价值认同的状况与差异探讨其实践形态。

直面中华优秀传统文化认同与中国梦价值认同的二者关系，本研究通过多元归因分析对两者的关系进行测量，从认同的情感态度出发，回归认同实现的事实行为，考察中华优秀传统文化认同与中国梦价值认同的关系。在具体的民族成员对中华优秀传统文化的认同测量操作上，以中华优秀传统文化的符号认知、情节认知、价值认知为自变量，测量中华优秀传统文化的认知状况；以传统积淀、文化冲击、社会环境、教育传播为自变量，测量中华优秀传统文化的影响因子；以责任心、自豪感、归属意识、行为转化考察样本的情感态度与事实行为，测量中华优秀传统文化的自然认同、强化认同和理解认同。在具体的民族成员对中国梦的认同测量操作上，以中国梦的符号认知、情节认知、价值认知为自变量，测量中国梦价值内涵的认知状况；以全球化、多元化、市场化、信息化等时代课题为自变量，测量中国梦价值认同的影响因子；以责任体现、自觉内化、行为外化考察样本的情感态度与事实行为，测量中国梦价值内涵的自然认同、强化认同和理解认同。在具体的民族成员对中华优秀传统文化认同与中国梦认同的关系测量上，以中华优秀传统文化认同的血脉联系、文化底蕴和思想渊源为自变量，测量中国梦价值认同的承认认可、身份归属和理性自觉；以中华优秀传统文化认同对中国梦价值认同的促进，测量中国梦价值认同的层次链接、形成机制、现实路径和精神动力；以中华优秀传统文化认同的民族基因、精神之根和文化之魂，测量中国梦价值认同的道路自信、理论自信和制度自信。基本上形成一个完整而系统的认同测量体系，为研究的开展与深度提供可靠的实证支撑。

为展开本研究的工作任务，研究组在课题负责人的率领下赴内蒙古自治区赤峰、林西、五十家子镇和宁夏回族自治区以及广州、北京等地开展具体实证调研与个案借鉴考查工作，拜访咨询相关专家、教授，并在广东省图书馆、广东省社会科学院、广东省博物馆、广东省统计局、广东省文化和新闻出版厅等查询相关资料数据等；赴青海省西宁市大通回族土族自治县回族聚居区、湟中县海子沟乡大有山村汉族聚居区、李家山镇柳树庄村藏族聚居区、海西州马海村哈萨克族聚居区、大通县黄家寨镇阿家村蒙古族聚居区以及海北原子城"全国爱国主义教育示范基地"，进行学习、调研和考察；赴广东清远连南瑶族自治县的三排镇、南岗古排等地向当地少数民族居民开展实证调研；赴云南迪庆藏族自治州、巴拉等村镇对当地居民开展问题调研与问题咨询；赴广西壮族自治区灌阳县洞井瑶族自治乡、恭城瑶族自治县甘甲村、金坪村就当地文化认同与中国梦认同问题开展调研；赴新疆喀什等地，依托喀什大学平台开展实证研究；赴江西会昌县洞头乡洞头畲族村等地，就畲族中国梦认同展开田野调查，获取大量第一手实证资料；赴内蒙古自治区新城区与玉泉区、乌兰察布四子王旗牧区、甘肃兰州、甘南藏族自治州卓尼县奋盖村、多洛村、南门河村、西街村就蒙古族、藏族、回族的中国梦认同问题开展问卷调查和深度访谈。逐步扩大调研人群范围，将国有企业、事业单位、学校、医院纳入中国梦认同实证的考察范围，先后前往中储粮呼和浩特库、韶关宏大齿轮厂、广东西部沿海高速公路运营公司、韶关粤北医院、兰州大学、华南理工大学、暨南大学、北京师范大学珠海分校、吉林大学珠海分校、中山大学南方学院、韶关学院、番禺职业技术学院等，通过深度访谈和问卷调查获取了大量一手实证资料。

为扩大对少数民族族群的中国梦认同研究，再赴新疆喀什、克孜勒苏柯尔克孜自治州、红其拉甫口岸、中国—巴基斯坦边境就维吾尔族、塔吉克族、柯尔克孜族中国梦认同展开实证研究和田野调查，采集相关数据；选择新疆生产建设兵团第三师、喀什广州新城万唯电子工厂、喀什云端服装厂、喀什地区第一人民医院、喀什市疏附县第二中学等进一步考察社会各阶层中国梦认同问题，完成了在选择性补充调研基础上更新补充的相关数据。

在2014年10月至2018年9月期间，在华南地区、华东地区、华中地区、华北地区、西北地区、西南地区、东北地区、台港澳地区8个地理区域，于村庄、牧区、乡镇、企事业单位、学校的少数民族成员中随机抽取样本，整体抽样情况为：西部地区村庄13个，牧区聚居地8个，乡镇9个，企事业单位22个，学校3所；东部贫困地区村庄14个，乡镇8个，企事业单位19个，学校2所；其他地区村庄21个，乡镇12个，企事业单位34个，学校5所。抽样对象涵盖了农（牧）民、工人、乡镇干部、企事业单位管理人员、国家公务员、个体商业从业者等各阶层民众，发放问卷1207份，回收问卷1198份，回收率99.25%。其中有效问卷1181份，问卷有效率为97.85%。样本分布的基本情况如下。

调查对象的性别、家庭状况、年龄分布方面：男性734人，占62.15%；女性447人，占37.85%。已婚921人，占77.98%；未婚260人，占22.02%。18～35岁206人，占17.44%；35～50岁614人，占51.99%；50～65岁319人，占27.01%；65岁以上42人，占3.56%。

调查对象的文化教育水平方面：不识字的65人，占5.50%；小学文化的587人，占49.70%；初中文化的315人，占26.67%；高中文化的157人，占13.29%；大学文化的45人，占3.81%；研究生文化的12人，占1.03%。

调查对象的工作状况、收入水平方面：待业的19人，占1.61%；务农的481人，占40.73%；放牧的416人，占35.22%；外出务工的21人，占1.78%；个体经营者68人，占5.76%；企业职工33人，占2.79%；国家公务员107人，占9.06%；学生36人，占3.05%。年收入低于3500元的26人，占2.20%；年收入3500～5000元的766人，占64.86%；年收入5000～1万元的221人，占18.71%；年收入1万～3万元的115人，占9.74%；年收入3万以上的53人，占4.49%。

调查对象所属民族状况方面：汉族326人，占27.60%；藏族257人，占21.76%；哈萨克族89人，占7.54%；蒙古族103人，占8.72%；维吾尔族207人，占17.53%；瑶族28人，占3.22%；苗族67人，占5.67%；壮族94人，占7.96%。

三、实证研究方法聚合

以文献研究法着重对汉族、壮族、哈萨克族、维吾尔族、苗族、瑶族、蒙古族、藏族等民族的相关文件、研究成果、历史记录等与文化传统、国族梦想有关的文本资料进行全方位整合与加工，进而阐述和概括出中华优秀传统文化的精神内核、当代价值及其与中国梦之间的相互关联；以理论分析与实证描摹相结合的对策，阐释通过多样中华优秀传统文化而提升中国梦价值认同的关系，并且明晰"五个认同"的实然状态和现实境遇。运用系统研究法结构性地整合已收集的文献资料，进而探讨"承认—认可""身份—归属""理性—自觉"层次递进的交互、过程、结果，以便分解和分析出影响因子研判发展态势，为具体进行的结构性访谈、问卷调查和观察体验等方法的运用奠定基础。基于文本研究法和系统研究法所探明的中华优秀传统文化弘扬与中国梦认同的背景，以结构性访谈、问卷调查法和观察体验为核心的研究方法，分析汉族、壮族、哈萨克族、维吾尔族、苗族、瑶族、蒙古族、藏族等个体民族成员对中华优秀传统文化的认同、对中国梦的认同状况。厘清汉族、壮族、哈萨克族、维吾尔族、苗族、瑶族、蒙古族、藏族等不同民族；华南地区、华东地区、华中地区、华北地区、西北地区、西南地区、东北地区、台港澳地区；农（牧）民、工人、乡镇干部、企事业单位管理人员、国家公务员、个体商业从业者等各阶层民众；村庄、牧区、乡镇、企事业单位、学校等单位中共同体成员所组成的次群体在中华优秀传统文化的认同、对中国梦的认同状况上的差异，并在整体性分析和差异性探讨的基础上，对其形成原因进行系统的阐述和分析。对调查对象于性别、家庭状况、年龄分布、文化教育水平、工作状况、收入水平等方面进行深度差异性分析，基于区域性特征、民族性差别、政策效果验证等角度对差异成员之责任体现、自觉内化、实践外化进行考察，明确其认同状况之情感态度和事实行为的现象。

访谈法是通过访员和受访人面对面地交谈来了解受访人的心理和行为的心理学基本研究方法。本研究由于所需调研的问题性质、目的对象的不同，而因人而异、因时而异、因事而异地采取结构性访谈和非结构性访谈为主的不同访谈方法。在汉族、壮族、维吾尔族等相对聚居且社区组织性较高的民族区域进行调研时，通常采取结构性访谈的方式；类似的还有在西北地区、西南地区的调研，面向牧区或个体商业从业者、待业者、农牧民的调研等。而在苗族、瑶族、蒙古族、藏族、哈萨克族等相对散居、杂居或社区组织性较低的民族区域进行调研时，通常采取非结构性访谈的方式；类似的还有在华南地区、华东地区、华中地区、华北地区、东北地区、台港澳地区的调研，面向工人、乡镇干部、企事业单位管理人员、国家公务员的调研等。访谈研究法虽然能够直观而明确地掌握第一手资料，但其所获得的信息或数据往往过于碎片化且信号杂音较多；因而需要借助相对更为标准化、可操作的问卷研究法和观察体验法进行补充性研究。

观察体验法作为人类学研究中搜集第一手资料的最基本方法，是传统人类学田野调查的重要特征凸显，也是本研究所采取的重要研究方法。在实证研究的过程中，本课题组成员深入到汉族、壮族、哈萨克族、维吾尔族、苗族、瑶族、蒙古族、藏族等民族成员的生活背景中，融入其所居区域、所处阶层而进入其工作、生活地进行观察，与调研对象共同生活、一起劳动，成为课题组成员工作开展的日常。在研究展开的过程中，基于文献研究法、系统研究法所铺垫的前期准备，结合公开的参与观察法和隐蔽的参与观察法，在观察体验法的实施中自然地融入非结构性访谈，与制度性的集会相结合地融入结构性访谈，同时在以更深入的观察体验对访谈问题进行追问、深思和整合，获得相对系统且全面翔实的一手资料。进行在实际参与研究对象日常社会生活的过程中所进行的观察。借助这种系统结合访谈研究法的观察体验法，使得课题组调查人员具备了控制以农（牧）民、工人、乡镇干部、企事业单位管理人员、国家公务员、个体商业从业者等各阶层民众为典型的调查对象了解自身是否处于被调查过程中的灵活性，使得调查人员能够根据需要来选择是要引导调查对象抑或是取得调查对象的自然状况，为本研究实证调研整体深度的提挈奠定了基础，也为后续将观察体验法的结果与统计学、家谱学、问卷法实现结合增加了更多的衔接点。

事实上，本研究在使用访谈法和观察体验法时是将二者同步应用于实证研究开展的三个阶段中的，首先在调查研究的准备工作阶段，形成直接基于汉族、壮族、哈萨克族、维吾尔族、苗族、瑶族、蒙古族、藏族等特定民族习俗、面向中华优秀传统文化弘扬与中国梦认同的访谈和观察选题；进而拟定直面这些民族成员次群体族属大类下的直面其农（牧）民、工人、乡镇干部、企事业单位管理人员、国家公务员、个体商业从业者职业身份和阶层归属的访谈、观察框架；在确立本研究中华优秀传统文化的弘扬提升中国梦价值认同的基本预设的基础上，基于调查对象认知系统、情感态度和事实行为对其之于中国梦认同的影响，明确宏观上中国梦认同的差异性和层次性制约于认同影响因子的判定，确立华南地区、华东地区、华中地区、华北地区、西北地区、西南地区、东北地区、台港澳地区的调查地点；依据本课题组成员的民族次群体归属，如兰州大学教授，精通藏文、英文、汉文、梵文等多种语言的藏族学者切排，新疆师范大学教授、藏族学者关丙胜，青海社会科学院研究员、土族学者张前，确定调查队伍的构成与建制。进而在进入田野后的实地调查阶段，在遵循常规而通识的调查伦理的基础上，实证调查组成员利用自身语言条件和对环境的熟悉程度，尽可能快速地融入以汉族、壮族、哈萨克族、维吾尔族、苗族、瑶族、蒙古族、藏族为代表的调查对象的现实生活、工作情境；在收集前期资料、进入田野的过程中因地制宜、因时而异地物色调查研究合伙人、确定合作方案和计划，进而在合作对象的带动和引导下更自然而深入地进入调研情境；在进入田野后，以相对自然的社会活动参与、生活劳作介入和融入对方生活实现非结构性访谈和观察体验法的具体落实，进而为问题的导出和预设的回应做好铺垫。随后在整理分析阶段对田野调查所获取的资料和信息进行分类、挖掘和重组，在华南地区、华东地区、华中地区、华北地区、西北地区、西南地区、东北地区、台港澳地区实证调研结果的区域分布中，对各区域内差异民族次群体归属的调查对象和不同阶层的调研对象之实证结果进行整理定型、细化再分和结构性重组；对实证调查中所在的纰漏和缺陷进行修正和补漏，通过针对性的资料、材料补全，对调查结果和情况进行分类归档，形成能够全面支撑和佐证问卷调查的系统访谈与观察体验调研结果。

问卷法是研究考察者把所要了解的情况以问题的形式编成表格，分发给有关人员填写，然后对收回的问卷进行研究，以获得所要了解的情况的方法。依据本研究所需要的研究深度和数据支撑力，我们还在使用问卷法的基础上结合内容分析法，分析问卷信息所传递的信息内容，并及时对问卷填写过程中出现的特例性问题进行及时追问与回访，直观得了解调查对象的真实想法及其对问题的理解间距或被问卷问题所触发的其他思考，综合定量、定性、系统的"问卷—内容"分析，结合调查态度、个性、人口特点，提升问卷研究的深度和广度。面对瀚如烟海的民族成员和调查对象，本研究在以访谈法和观察体验法进行典型案例考察和分析的同时，对华南地区、华东地区、华中地区、华北地区、西北地区、西南地区、东北地区、台港澳地区中的各民族农（牧）民、工人、乡镇干部、企事业单位管理人员、国家公务员、个体商业从业者进行问卷调查，是本研究获得具体中华优秀传统文化弘扬和民族成员对中国梦认同的现实状况之整体面貌和深度分析的关键支撑。在具体的问卷设计和发放过程中，分解和量化中华优秀传统文化与中国梦价值认同的要素，以中华优秀传统文化认同为自变量，以中国梦价值认同为因变量，定距中华优秀传统文化认同与中国梦价值认同的关系。从中华优秀传统文化认同结构要素、影响因子和层次递进的交互关系出发，基于中华优秀传统文化与中国梦价值认同的血脉联系、文化底蕴、精神动力的思想渊源，构设中华优秀传统文化认同与中国梦价值认同关系的"多维认同心理与行为层次结构"测评模型。以价值认同的结构要素、影响因素、表现形式为据设计量表，于不同民族、区域、群体、社会阶层中抽取样本、实施测量、采集数据。本研究采用自编"中华优秀传统文化与中国梦认同"量表，共36题，采用 Likert5 点式计分法，理论中值为3。总体的克朗巴哈系数 Cronbach's Alpha 为 0.86，标准化后的克朗巴哈系数为 0.87，该量表在同质信度方面较高，问卷设计较为可靠①（见表5-1）。

表5-1 问卷信度

克朗巴哈系数	标准化后的克朗巴哈系数	题目总数
0.86	0.87	36

以此问卷来明晰中华优秀传统文化认同与中国梦价值认同的实然图景，揭示中华优秀传统文化认同在民族文化认同、共同体族属身份认同、民族国家责任关系明确，以及文化冲突的理性面对上保有正向态势，在工具化危机、层次链接断裂、同一性基础动摇上持有某种程度的负向挑战；验证中华优秀传统文化认同与中国梦价值认同的关系假设，引出弘扬中华优秀传统文化，促进民族文化认同、进而践行和实现中国梦价值认同的结论。

基于以访谈法、参与观察法和问卷法为核心的综合实证调研方法，本研究以问卷法和内容分析法的立体应用，弥补访谈法和参与观察法在现实使用过程中相对碎片化、信息获取不全面的缺陷；以立足于对文献梳理和在实践中不断改进的访谈法和参与观察法的应用，弥补问卷研究法和内容分析法对具象个体和典型案例的缺乏深度追问和持续深挖的缺陷，形成了多维展开、立体全面、宏观可控、强健可靠的实证研究方法。从实证对象直面中华传统文化、所在民族次群体、中华民族共同体和中国梦的认知、评价、情感投入状况入手，设置影响其中国梦认同状况的相关自变量，从民族文化符号认知、民族身份自豪感、民族发展参与程度、民族共同体归属意识、民族精神传承意愿等方面考察实证对象的个体表象，考察样实证对象的中国梦认同状况及相关变量对其中国梦认同状况和程度的影响。探究民族成员在文化禀赋、历史渊源、行为逻辑等方面具备鲜明的特质，预设并确证其对中国梦的认同整体态势向好，其中的主流和发展趋势是正向且进步的，基本形成了对中国梦的正面认知、正向评价、正能量参与状态，民族成员在语言、民族身份、国际归属等身份象征上具备较强的归属感和认同感；生活环境、家庭传承、学校教育、舆论传播、市场经济深度发展、文化传统的革新、意识形态的选择和冲击等方面，对民族成员的中国梦认同状况有着一定的影响。

---

① 克朗巴哈系数的值在0到1之间，系数低于0.6，一般被认为信度不足；系数达到0.7-0.8，则说明具有相当的信度；系数达到0.8-0.9，说明信度非常好。

第二节　整体状况与实然判断

根基性情感向度、文化性价值向度和政治性国家向度，身份归属、价值凝聚和利益共享的社会关系，构成了"弘扬"与"认同"彼此开放的实证维度。这些维度在"认知—态度—行为"的相互循环建构中，既彼此依存、交互影响，又各自独立、各有侧重。"弘扬"与"认同"的认知系统包括符号、情节和价值的认知，它们在构成"弘扬"与"认同"基础和起点的同时，以个体成员自身价值观念的形成影响认同水平；连接认知、投射现实、指向行为的"弘扬"与"认同"态度，以导引个体研判、介入情境创设、进行社会实践的中间环节，构成了归属感生成与意义感提升的关键；认知与态度外化演进的事实行为，以"否定之否定"过程中的阶段性节点，构成了"弘扬"与"认同"的认知主体能动、评判检验生成和事实行为选择。

在实际的调查研究中，对中国梦认同的个体心理活动和群体心理推崇的观察与体验，指涉转换量化考察标准和信息实验分析的难题。鉴于此，本实证择取相对较易的"弘扬"与"认同"观察点，聚焦能直观反映调查对象文化观感和认同状况的心理与行为要素，从调查对象对中华优秀传统文化和中国梦相关的符号认知、情境判定、活动参与、心理对比、身份认定等维度进行实证的展开，从符号、情境与价值理念的认知状况和评价态度入手，探讨和分析由情感唤起层面所推及的"弘扬"与"认同"状况；从贡献于中华民族伟大复兴的事实行为和动机影响因素的关联作用出发，在叙事、定位、规范、追求等方面，通过价值感悟、文化共识和实践活动所引致的理解性认同判断，分析"弘扬"与"认同"现状。

一、"认知—态度—行为"的实然状况

"弘扬"与"认同"的认知层面。对中华优秀传统文化的认知是中国梦认同的始点，反映了认识主体在主观认知能力之上的价值选择。由文化到国族梦想的认知，反映了由认知所形成的外部事物和知识观念对认同感知的思维图式，表征着"弘扬"与"认同"主体意识能动性的客观化过程，以及映射在一定的参照准则对行为模式的影响。认知在"弘扬"与"认同"

论域中发挥着"唤醒—激发"的功能，认同主体对中华优秀传统文化和中国梦价值内涵的研判、选择、内化则是这种功能聚焦的结果。在此过程中，外部事物与价值信息通过认知层面具象意愿参与和意指植入的步骤，构成了适应性建构心理图式的场景；而外部事物与价值信息通过主观加工和筛选整合的步骤，构成了现实性建构经验图式的镜像；外部事物与价值信息经内涵凝练和外向传播的步骤，则构成了匹配性建构价值图式的反映。"弘扬"与"认同"的个体践行与次群体拓展，正是"心理图示""经验图式"和"价值图式"，经适应性建构、现实性建构和匹配性建构所达致的相互交织、彼此形塑和协同发展。

"弘扬"与"认同"的认知，首先表征为文化内涵和中国梦内涵相关符号系统的认知。以符号形态特质的认知为始点，直观表征着"弘扬"与"认同"的殊相并不划一地容纳于共相之中，统摄这些殊相的是具有普遍性的共通原则；在新康德主义哲学家卡西勒看来，共通原则对殊相的统摄实则是促成殊相彼此关联而产生交互的系统结构，它更多地指向符号系统外化于外部世界的图景，即现象或概念的层次演进与形态的变化。基于符号系统、情节系统和评价系统的认知作用，影响认同主体进行概念内涵和叙事结构的明晰状况，导引认同主体态度的改变以及评价意向的整体性效用。正如心理学家乌兹纳杰所言，由符号、情节、价值认知所促成的认同活动，构成了"弘扬"与"认同"得以展开的前置状态，它所指向的存续、立意、理解、概括的发展，延伸至认同主体的评价态度、心理归属和行为参与。

经实证，"弘扬"与"认同"的认知层面存在着某种矛盾的悖论。其一，"知其然，而不太知其所以然"；其二，符号认知较强，而情节认知较弱。当问及哪一个图腾更能代表中国文化时，37.09%的受访者选择"龙"，近10.92%的受访者认为是"长城"，34.46%的受访者选择"孔子"，17.53%的受访者认为是"熊猫"。在追问是否明晰龙为什么会成为图腾时，仅5.33%的受访者表示十分清楚，12.36%的受访者表示比较清楚，41.66%的受访者表示一般，33.28%的受访者表示不太清楚，更有7.37%的受访者坦诚表示自己非常不了解。类似的，在追问是否了解孔子及其开创的儒家思想时，仅6.01%的受访者表示十分清楚，14.23%的受访者表示比较清楚，40.98%的受访者表示一般，33.11%的受访者表示不太清楚，更有5.50%的受访者坦诚表示自己非常不了解；在此基础上，我们试图将儒家思想影响个体思想的程度作为测试对象主观感受的表达，以此验证个体成员经儒家文化认知了解中华文化的状况。其中，20.75%的受访者认为儒家思想对自己影响非常大，68.73%的受访者认为对自己影响相对比较大，26.34%的受访者认为影响一般，10.25%的受访者认为影响很少，0.85%的受访者表示不受儒家思想的影响。此题项的设置并非实际测量儒家思想对民族成员的实际影响力，而是旨在测量民族成员对儒家思想价值体认的主观感受与肯定程度。我们可以清晰地看到，受访民族成员对孔子以及孔子所代表的儒家思想的符号认知、情节认知、价值认知层层递减的落差幅度（如图 5-1 所示）。

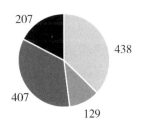

图 5-1 您觉得哪一个符号更能代表中国文化呢

图 5-2 您了解中国的龙国腾的来历吗

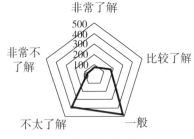

图 5-3 您了解孔子所开创的儒家思想吗

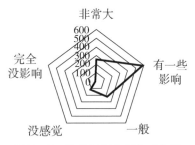

图 5-4 您觉得儒家思想对自己的人生影响大不大

　　为了更加直观地反映受访者对具有代表性的中华文化的符号认知、情节认知和价值认知的整体状况，揭示"弘扬"与"认同"在符号认知与情节认知的落差、背离及其对价值认知的限制，反映受访者对中华传统文化与中国梦认知的实际状况，我们将受访者对孔子、龙、长城等文化符号认知要素进行合理拆分与组合，进一步对各种类型受访者进行实证调研，形成反映三者走势比照图（如图 5-5 所示）。

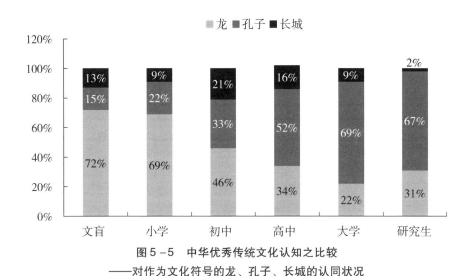

图 5-5 中华优秀传统文化认知之比较
——对作为文化符号的龙、孔子、长城的认同状况

我们将受访者对儒家思想的了解、龙图腾的来历、长城的来历与修建历史等了解程度的正向数据并列组合为民族文化情节认知数据折线;将受访者对于儒家思想影响、龙的形象之于中华民族的代表性以及长城的历史文化意义的主体价值研判共同组成民族文化价值认知数据连接,该数据连接选取孔子、龙、长城等受访者耳熟能详、极具代表性的文化符号作为测量样本,因此该数据样本能直观地反映受访者民族文化认知的状况,可大致得出结论:受访者对中国传统文化的认知还只停留在表面,符号认知强于情节认知,情节认知与价值认知整体呈正相关,整体认知水平比较脆弱。

此外,关于对中外节日的符号认知比较,当问及对是否了解中秋、七夕、端午、元宵、重阳这些传统节日的来源故事时,仅 6.52% 的受访者表示十分清楚,14.48% 的受访者表示比较清楚,36.67% 的受访者表示一般,37.09% 的受访者表示不太清楚,更有 5.59% 的受访者坦诚表示自己非常不了解;但在追问是否会提倡后辈们继续过这些节日、遵循这些习俗时,高达 26.37% 的受访者认为会非常提倡,46.32% 的受访者表示会提倡,二者占受访者的绝大多数;同时有 18.71% 的受访者随他们自己选择,仅有 5.76% 的受访者表示不会提倡,没有受访者表示反对,如图 5-6 所示。

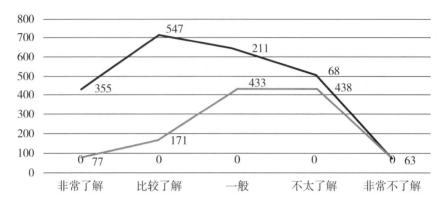

图 5-6　中国传统节日的认知情况

从数据分析的图表可见，受访者对部分伴有节假日的中国传统节日的了解较多，对这些传统节日的评价与价值认知也相对较强，但对一些没有节假日的传统节日了解较少，重视程度也不高。总体上，受访者对中国传统节日的情节认知与对中国传统节日的价值认知呈正相关，这与前述观察结论相符合。同时，受访者对外国节日的了解程度比较高，受访者作为承应精英文化与连接大众文化的中间环节，作为东西方文化冲突与适应的敏感群体，在社会转型与全球化的新时期，对西方文化的了解程度也在提高。

对"中国梦"的认知。在指向对国家认同、政治认同的中国梦认知相关问题中，受访者中有9.32%表示对中国梦有所了解、51.91%认为自己比较熟悉，36.58%的受访者表示听说过，另有2.29%和0.17%的受访者表示不愿意了解或非常不喜欢；在进一步问及是通过什么途径了解中国梦时，受访者中有26.93%是通过政府宣传、59.78%通过电视新闻报道、5.59%通过听身边亲戚朋友谈论、7.71%通过网络了解；其中更有26.93%的受访者表示自己非常关注中国梦，还参加了相关活动，其他受访者都表示关注或偶尔关注。如图5-7、图5-8所示。

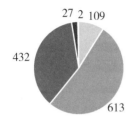

图5-7 您是否了解中国梦

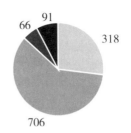

图5-8 您是如何了解中国梦的

"弘扬"与"认同"的态度层面。受访者对中华文化的态度直接影响对中国梦的认同，其具体表现在心理层面的态度凸显，既指向了个体成员主观意识与民族共同体意识相一致的部分，更表达了个体成员的民族归属感和梦想获得感，以及"弘扬"与"认同"责任担当的实然状况，共同具象了情感与意志、评价与行为的效能。在此基础上的价值选择和价值排序，反映了认同主体主观见之于客观的理性判断。在这一结构中，作为态度直观反映的认同主体评价状况，正如自然主义评价论的代表人物培里所言，对人们主观需要的现实解读和深度表达，直观反映了"评价"对"态度"的影响。换言之，受访者对中华文化和中国梦相关理念与价值判别的观念表达，指向了情感、意愿、判定于客观需求中的实然状况，缩影了"弘扬"与"认同"的评价状态。

作为"弘扬"与"认同"情感归依的重要量化指标，受访者对中华文化、中华民族共同体、中国梦的直观态度不仅反映着其所属次群体的内在价值取舍和归属状况，而且影响着其对自身族属身份的判定和民族共同体发展的参与，这种内外相依、协同并进的认同建构在凸显聚合的群体确立与明晰的同时，彰显内部亲和与外部排斥的关联。作为"弘扬"与"认同"的重要内容，调研对象对中华文化、中华民族共同体、中国梦的态度，对测评内容基于认知为基础的评价，经客观反映和观念外化的价值关联、由"承认—认可—赞同"，展现"弘扬"与"认同"情感与意志作用的交织。

如何看待与"弘扬""认同"直接关联的"情"，受访者所持态度某种程度上呈现出积极面向胜于消极面向、主观表达胜于行动表达、功利取向重于精神取向的状态。当问及组成中华文化一体的多元文化是否同样重要时，高达 24.30% 的受访者认为会非常赞同，57.41% 的受访者表示比较赞同，二者占受访者的绝大多数；同时有 14.65% 的受访者表示没感觉，仅有 2.29% 的受访者表示不赞同，另有 1.35% 的受访者表示非常不赞同。这一方面，表现出调研对象对汇集为中华民族共同体的文化有一定的了解；另一方面，亦可以看出不同群体的调研对象存在着某种程度的差异。少数民族群体受访者对待中国人的文化族属身份时，73.24% 的受访者认为遇到外国人对象征中国的符号不礼貌时会生气，19.56% 的受访者认为要看情况，仅 7.20% 的受访者表示无所谓，没有受访者表示支持这种行为。抛开这些态度与反应是否理性，可以看出受访者对于自身文化身份的自觉意识整体较强。如图 5-9、图 5-10 所示。

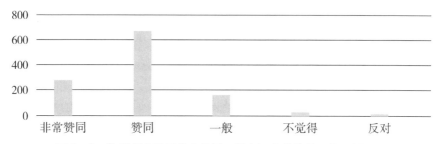

图 5-9 您觉得少数民族文化是不是和汉族的传统文化一样重要

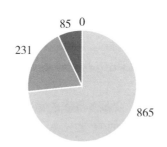

图 5-10 如果有人对我们的文化符号
（比如：龙、孔子）不敬，您会不会生气

关于文化自豪感的理性态度层面，当问及"中华民族拥有悠久的历史和灿烂的文化，我觉得中华民族很优秀，并为此而骄傲"时，53.68% 的受访者感到非常自豪，27.18% 的受访者表示比较自豪，18.71% 的受访者表示一般，仅有 0.25% 和 0.17% 的受访者表示不觉得或反对。在对待中国传统文化的态度方面，23.94%的受访者认为觉得在与国外文化（比如西方音乐、电影）竞争中，中华优秀传统文化肯定能够占得先机；20.75%的受访者认为应该可以，32.77%的受访者觉得只是有可能，仅有0.17%和0.08%的受访者表示不觉得或反对。透视受访者传统文化自豪感、"弘扬"与"认同"理性态度，可见总体上的积极面向。如图5-11、图5-12所示。

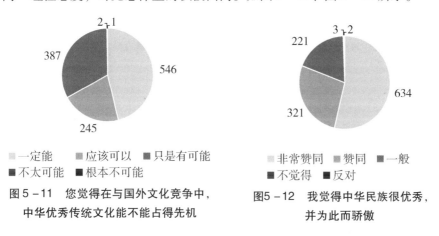

图5-11 您觉得在与国外文化竞争中，中华优秀传统文化能不能占得先机

图5-12 我觉得中华民族很优秀，并为此而骄傲

对"中国梦"的态度。在指向对中国梦评价态度的问题中，当问及如何理解中国梦时，受访者中的49.87%认为是民族的伟大复兴、全面崛起和繁荣，27.43%的受访者表示认为是社会和睦、生活小康，17.87%的受访者表示就是生活得更好，4.83%的受访者认为表现在其他方面；在进一步问到中国梦和个人梦想之间的关系时，受访者中有40.30%认为二者相辅相成、联系紧密，51.99%%认为有一定的联系，6.10%的受访者坦言没想过，仅有1.52%和0.08%的受访者表示二者有一定的排斥或存在直接的矛盾。如图5-13、图5-14所示。

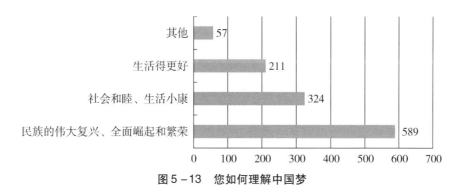

图5-13 您如何理解中国梦

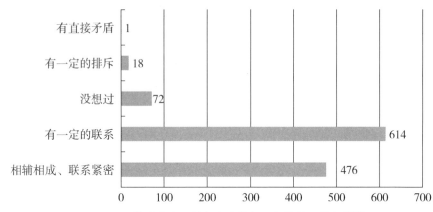

图 5-14　您认为中国梦和个人梦想之间的关系是怎样的

"弘扬"与"认同"的行为层面。思维、情绪、能动地整体反映和外化结果，构成了"弘扬"与"认同"的实践行为。调研对象承载"弘扬"与"认同"的事实行为，影响于他们的主观感知和价值研判，规约于内部因素与外部刺激相结合所导引的责任外化，据此反映了"弘扬"与"认同"的最终判定结果。在此过程中，"弘扬"与"认同"的事实参与所体现的主客体统一的类本质，首肯了主体意识经实践蓝图展示自我实现外在化转化的过程，佐证了主体认知外显为事实行为的客观化特质。正如卢卡奇所提出的"全视概念"，这是一种统领认知与践行的"元"方法。

作为"弘扬"与"认同"的实践目标，事实行为本身不仅是认同主体认知和正向评价行为的外显，而且是民族文化、中国梦内涵的深层理解的事实效用，表征了理解认同与外化行为的统一。实践中，"弘扬"与"认同"的事实行为往往经过价值筛选和理性抉择。因此，对"弘扬"与"认同"事实行为进行调研，可提供"弘扬"与"认同"现状的直观参照。事实上，从行为的角度研判"弘扬"与"认同"的实然景观、佐证"认知-评价"状态的集合效能，更是以逻辑和价值的合理性，构成了实证"弘扬"与"认同"的关键要素。

在对"弘扬"与"认同"具体行为指向的调查中，不难发现其面临的机遇与挑战。如当问及是否有必要为少数民族学生开设普通话课程时，92.04%的受访者认为很有必要或者有必要，这直观地反映了调研对象对中国传统文化所持的正向态度。当问及是否介意生活中有其他民族成员时，40.56%的受访者"感觉这样很好"，45.05%的受访者表示不介意，11.09%的受访者表示没感觉，仅有2.37%和0.93%的受访者表示介意或非常介意，如图5-15所示。

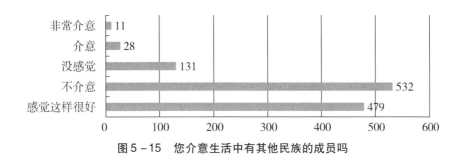

图5-15 您介意生活中有其他民族的成员吗

受访者中也体现出较强的国族身份认同感，如在国外被问及国籍，约84.59%的受访者会告诉对方来自中国。当问及是否觉得在生活中和其他民族的人群交往有障碍，23.12%的受访者回答"很顺畅，没有障碍"，分别有43.35%和26.93%的受访者认为"多少会有一点障碍和麻烦"和"只是语言上有障碍"，另有4.49%的受访者表示"没感觉"，仅有2.12%的受访者认为"非常麻烦，而且有矛盾"，如图5-16所示。

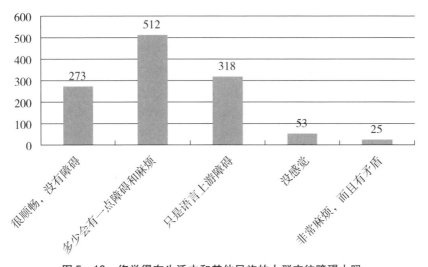

图5-16 您觉得在生活中和其他民族的人群交往障碍大吗

"中国梦"的践行行为。在指向对中国梦情感投入和实践参与的问题中，当问及中国梦实现需要多长时间时，受访者中的23.62%认为需要20～30年、26.84%认为需要30～40年、28.20%认为需要50年以上、20.41%的受访者认为不好说，另有1.10%的受访者表示遥遥无期；当问到是否对中国梦的实现抱有信心和期望时，认为中国梦就快实现了的受访者为18.12%，27.69%的受访者表示一定能实现，认为比较有信心但需要较长时间的受访者为23.37%、4.49%的受访者表示应该会实现，0.93%的受访者觉得很难实现；当问及"是否愿意为中国梦的实现有所付出时"，30.82%的受访者表示非常愿意，61.90%的受访者表示愿意，6.27%的受访者表示没想过，另分别有0.60%和0.42%的受访者表示不愿意或非常不愿意。如图5-17、图5-18所示。

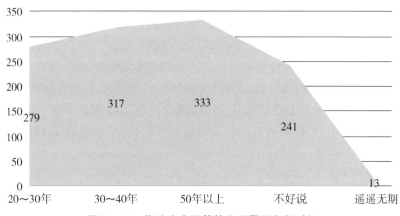

图5-17 您认为中国梦的实现需要多长时间

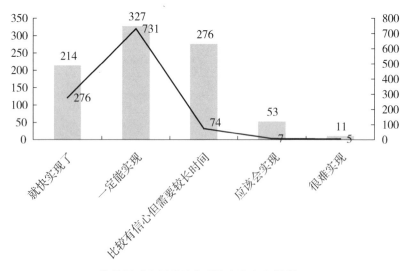

图5-18 您是否愿为中国梦的实现有所付出

"弘扬"与"认同"的影响因子。亚里士多德在《尼各马可伦理学》中指出:"一切行为都是自己的行为……既然行为是自己主宰的,经过策划和自愿的,那么自己就负完全责任。"① 在现实生活中,"一个人只有在他握有意志的完全自由去行动时,他才能对他的这些行动负完全的责任。"② 由此出发,人们对自由意志的主张,往往着眼于个体成员的主体行为,并将此强调为从开始到结束均为自己掌控的产物。受此影响,主体认同的行为必须具有责任与意志的自由自主度,即"弘扬"与"认同"的行为选择不是出于自身以外的强制和压力。在这里,自由意志最深刻的含义总是被诠释为人们对本民族文化价值意涵的深刻认知,以及对自然和社会规律的自觉把握。

"弘扬"与"认同"的行为自由并不能简单地归结为某种线性的、单向度的、自发的直接与直观。实际上,个体行为在很大程度上受制于多种要素的综合作用和相互影响,是社会、家庭和个体差异的反映。现实生活中的自由意志对个体成员而言存在着作用度的差异,且影响要素本身参差不齐。"弘扬"与"认同"的程度在事实上与认同主体的"自由自主度"成正比,当各种要素综合作用反向影响过大时,"弘扬"与"认同"会发生相应的波动。有鉴于此,"弘扬"与"认同"影响要素测评,不仅要关注认同主体的"自由自主度",而且要关注社会关系环体作用的情境;既要聚焦系统结构与微观过程的影响,又要聚焦作为"弘扬"与"认同"客体要素的影响。

"弘扬"与"认同"的影响要素总体呈梯形结构,文化认同、政治认同、国家认同对"弘扬"与"认同"的影响同样呈梯形结构。具言之,家庭教育、学校教育、大众传媒、社会环境所构成的影响呈现梯形结构,即"社会环境对民族文化认同的形成影响"占26.67%,"大众传媒对民族文化认同的形成影响"占13.04%,"学校教育对民族文化认同的形成影响"占40.90%,"家庭教育对民族文化认同的形成影响"占19.39%;在问及"您认为什么对中国梦认同的冲击最大"时,认为是"市场经济"占26.33%,认为是"文化传统缺失"的占57.24%,认为是"意识形态作用"的占4.32%,认为是"西方文化冲击"的占12.11%,如图5-19、图5-20所示。

---

① 亚里士多德:《尼各马可伦理学》,苗力田译,中国社会科学出版社1990年版,第54页。
② 马克思、恩格斯:《马克思恩格斯选集》第4卷,人民出版社1995年版,第78页。

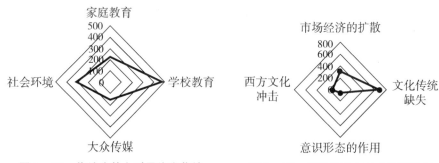

图 5-19 您认为什么对民族文化认同的形成影响最大

图 5-20 您认为什么对中国梦认同的冲击最大

社会环境在"弘扬"与"认同"中某种程度上取代了传统家庭的作用，成为重要的影响因子。文化是生存方式。这种历史地凝结成的稳定的生存方式必须通过特定的价值规范和行为规范体系，通过社会运行和制度安排的内在机理而体现出来。[①] 社会环境的影响主要表征于社会制度、社会思潮、社会规范等。随着互联网、智能手机等新媒体的发展，大众传媒作为文化信息发布与传播的中枢，不仅过滤与解构着文化传统和习俗，也在建构、催生新的文化形式与文化内涵。从"弘扬"与"认同"的影响要素来看，市场经济的影响与西方文化冲击的影响是改革开放以来新的文化影响元素，意识形态与中国传统积淀则是变化较小且有一定稳定性的元素，意识形态的影响与中国传统积淀的影响相对，市场经济的影响与西方文化冲击的影响两两相对，构成对应的四边，其中市场经济的影响在当代民族文化的要素影响中居于主体地位，是最重要的影响条件，由此构成"弘扬"与"认同"的动态模式。

二、"弘扬"与"认同"的正向态势

总括"弘扬"与"认同"的实证调研，判定调研对象对中华优秀传统文化、自身身份归属、次群体与民族共同体间关联的感悟、中国梦价值内涵认同、对中华民族伟大复兴事业的参与投入，存在着正向态势。

各群体调研对象均对中华文化和中国梦有一定的了解，少数民族成员在重视自身所属群体习俗的同时，熟悉并认可中华民族所共有的传统节日、特质性符号和习惯风俗。虽然部分调查对象在中华文化的结构性认知上存

[①] 参见衣俊卿《文化哲学十五讲》，北京大学出版社 2004 年版，第 35、36 页。

在缺陷，但其整体评价态度和发展趋势向好，并呈现出对中华民族共同体和中国梦的归属意识的正向研判。对普通话和对中华人民共和国的公民身份，以及对中华民族共同体的象征、政治符号有较强认同感；对中华民族伟大复兴事业的责任意识较为明确，基本能够综合地、理性地认识多元文化交往交流交锋。

中国梦认同的持存。国族梦想与民族发展立意是特定民族基于其族源记忆，在文化传承的历程中经由社会环境的影响而缔结的历史禀赋、绵延脉络和成员心理图示。国族梦想的秉持，表征着民族成员和民族次群体对自身发展与民族共同体发展之正向相关的认同，它基于价值与意义的诠释而在实践与空间的维度中外化着民族共同体特有的价值追求。作为中国梦根基的中华民族之族源记忆，是在历史、当下与未来的全时空场域中延展而来的认同培养基，当族源记忆中的传统文化经由时空的发展而进入动态发展的模式，关涉过往的经验与符号印象汇集而成为民族成员的文化背景和价值倾向，中国梦认同培育与建构的文化根基和历史根基便逐渐明晰。与此同时，中国梦所表征的族源记忆与民族发展立意是民族成员对中华文化、中华民族共同体、中华人民共和国之认同的系统性诠释，在其原生性忠诚与族群谱系式承接中，民族成员无时无刻不在社会情境中表征着其对中国梦的认知、筛选与评价。在国族梦想表征特定结构性价值秉持的同时，往往注定了几乎等量价值观念的结构性剔除，因而中国梦在对中华民族共同体历史延续脉络进行展开与诠释的同时，以共同体特定的价值追求为导向，明证着自身于当前阶段的民族追求与立意。

现实性上，国族梦想更类似于一种经由选择与建构而形成的社会共识，安东尼·史密斯、本尼迪克特·安德森分别以"族群—象征主义"和"想象的共同体"指谓了这种民族所独有的特性；它不仅诠释了民族共同体在主观上的文化位移和客观上的想象外化，更在逻辑上型构了一种相互嵌套的结构关系。由此，被国族梦想所秉持的族属记忆部分，往往是被选择、被建构、被认同的部分，它直观地表达了国族梦想与民族文化间的紧密联系，并推论了认同借助传统文化叙事而被唤起的前提，进而明晰了中国梦认同经由中华民族共同体之信念再现、凝练、传播与强化，最终落脚于民族共识之概念化表达与符号化明示的建构路径。在中国梦建构生成和作用发生的系统中，民族成员先天具备的血缘与根基要素于一脉相承中被多维串联，通过共同体内部共通的语言、生态环境、经济生活与心理状态，提供着中国梦认同型构的资源，它们在多元多变的社会互动和价值碰撞中，抽象出符合中国梦价值理念与整体推崇的民族发展逻辑。

传统文化认同的持存是民族成员对所属文化的起源、传承和符号象征的认识和赞同，构成了中国梦认同的基础。基本历史知识和传统文化知识的掌握是民族文化认同的前提。因此，我们把关于传统文化的正向选项的选择频率进行整合，见表5-2。

表5-2 关于中国梦认同测试正向选项的选择频率

文化符号	频率	比重/%
中华民族伟大复兴	831	70.36
中秋、端午、春节习俗	914	77.40
龙	687	58.20
孔子和儒家文化	623	52.75
自豪为中国人	1076	91.11
汉语、汉字	993	84.08

受访者对中华传统文化的特质性符号有着一定掌握和了解。超过一半的受访者觉得自己对孔子还是熟悉的，同时也有超过一半的受访者认为自己的人生受到了儒家文化的影响，这表明他们基本能够正确领悟传统文化中的知识关键及其背后的价值理念。

节日和风俗是一个民族的长期积淀凝聚的历史文化成果。春节、元宵、清明、端午、中秋、重阳等传统节日，具备较强的文化凝聚力和民族特质性，也与中华民族源远流长的历史一脉相承，沉淀着厚重的文化意蕴。调查显示，实证对象对我国传统节日表现出了较高的认同度，对春节、清明、端午、中秋等国家法定节假日和开展特定活动的传统节日比较熟悉且乐于参与，但对于一些相对更小众且不附带节假日的节日则比较陌生，如仅有64.52%的受访者表示知晓重阳节，而自己知晓腊八节的则只有13.89%。调查还显示，受访者对于具有象征意义的中华文化符号的认同程度较高。比如，调查对象对汉语、汉字的认识上，90.43%的受访者认为"汉语是具有魅力的语言"，86.45%的受访者认为"汉字是美丽的文字"，76.15%的受访者认为"只有汉语和汉字能够表达中华民族文化的特性、彰显中华民族的精神"。

族属身份的自我承认。民族成员的身份归属直观地表达为"五个认同"，其个体归属判定、历史文化态度和发展价值预期等在实证中均获得显现。共同体生活对民族成员的群体聚焦，在霍布斯、迪尔凯姆、布留尔、荣格那里，分别以"社会契约论""集体精神论""集体表象论""集体无意识理论"进行了阐述，并大致将其诠释为共同体生活心理觉察和行为判断的自我承认，以及群体要求与个体身份间的角色定位。有鉴于此，考察"弘扬"与"认同"在归属层面的现实投影，需将建构的视域扩展到社会情境里，延伸至个体与群体交互发展的承继中。

"弘扬"与"认同"经自身身份确认对族属身份认领所附带的角色定位，影响于凝聚社会共识的伦理道德标准和共同体生活的利益诠释。基于特定历史文化、风俗习惯、价值标准、生物特质的民族显现，中华优秀传统文化、中国梦价值内涵对深层次国族身份的阐释，不仅深刻影响了复合民族结构中的关系构成，而且凸显了区域、族群、阶层在"弘扬"与"认同"过程中所出现的差异性，所有这些均缩影于原生性认同所承载的对中华优秀传统文化与中国梦价值内涵的理解认同。

实证调查的结果显示，当问及"您是否介意和其他民族的人结婚"时，54.11%的受访者表示"觉得这样很好"，20.07%的受访者认为"不会介意"，11.77%的受访者坦言"没想过"，另分别有8.81%和5.25%的受访者认为"介意"或"非常介意"。在问及"如果您的一个亲戚对象来自其他民族并准备结婚，您的态度如何"时，60.03%的受访者表示"支持"，22.27%的受访者认为"应该会支持"，11.52%的受访者坦言"那是他个人的事，不发表意见"，另分别有4.57%和1.61%的受访者认为"反对"或"坚决反对"。当问及"您是否看重自己的中华民族成员身份"时，68.83%的受访者表示"十分看重"，17.36%的受访者认为"看重"，9.23%的受访者觉得"有点"，另有4.57%的受访者认为"无所谓"，而没有受访者选择"有点排斥"项。当问及"您是否感觉和其他民族的中华民族成员是一家人"时，56.90%的受访者表示"是的，很亲切"，34.30%的受访者认为"是的，但不特别强烈"，5.76%的受访者坦言"还行吧，不讨厌他们"，另分别有2.88%和0.17%的受访者认为"反对这种说法"或"我排斥其他民族"。如图5-21至图5-23所示。

由此可大致推知，受访者总体上体现出较强的民族共同体身份认同感。国家是民族意志的产物，对自身民族身份的认同在一定意义上所指向的也是特定国家的公民所属自己国家的自觉归属。正如鲍伯·杰索普所言："在当下前全球化的以知识为基础的经济当中，民族国家仍然重要，它不是正在消亡，而是正在被重新想象、重新设计、重新调整以回应挑战。"[①]

[①] 鲍伯·杰索：《重构国家，重新引导国家权力》，何子英译，载《求是学刊》2007年第4期，第28-32页。

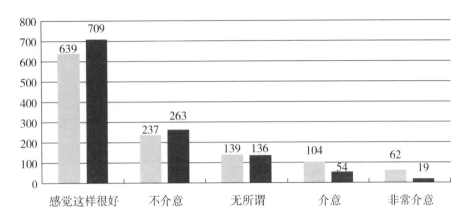

图 5-21　您如何看待与其他民族的人的婚姻

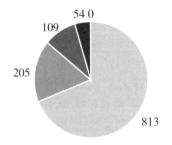

图 5-22　您是否看重自己的中华民族成员身份

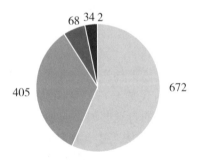

图 5-23　您是否感觉和其他民族的中华民族成员是一家人

民族国家的责任关系明确。责任是社会成员在社会交往中对自身所应担负的社会责任的主观确认和自觉服从。在康德那里，符合社会责任的行为并不直接等同于严格意义上的道德，而出于责任内化后的行为外化才使得道德具备真正的价值。黑格尔则指出，责任和道德就是关系、要求和应然性之间的统一。在日常的社会生活中，这种应然性对社会成员意识与行为的诠释体现着社会对社会成员的责任要求，当它涵盖了规范而又被规范所指代的时候，这种应然性便成了社会成员义务的集中体现，这种规范则将应然性又抽象地复归为社会成员的责任。因此，责任关系是普遍意义上道德价值的成立基础，而社会道德则普遍意义上明示了对个体成员的责任规定。在对社会道德与个体义务的把握上，苏格拉底将责任视为服务于国家和共同体的本领与才干，而亚里士多德和伊壁鸠鲁则认为责任是社会成员对自身行为选择及其所造成后果负责的结果。

责任的起始点是内生的，但其价值却要在外化中得以显现。责任的内生性更多的指向责任的担负者，而责任的外化直面人们的社会关系和生产关系，而此类关系往往是通过利益的交换促成价值交融的。社会个体在具有社会学的关系活动中，基于利益的权衡与调试催生了共同体发展所要求的各种规则，并进一步促成了社会个体于复杂关系场域中对这些规则的自觉遵守。随着共同体的发展和社会关系的进化，这样的规则日趋完善且多样，它深刻地影响着社会个体的社会行为，而这种社会行为正是对这些规则的认识和遵循的彰显，它由表及里地形构着责任的层次性。

康德认为，这种责任的层次性体现着社会个体对自身与他者之责任的判定，而马志尼则认为这种层次性是社会成员对自身、家庭、民族、国家乃至人类整体的义务。经由责任与义务之间的关系阐发，作为概念的"责任"不仅涉及了社会主体与社会客体间的双向互动，而且关涉了社会规范与个体主张之间的平衡。民族成员对民族和国家之责任，指谓着他们履行与自身定位相一致、符合社会需求、遵循人趋善的类本质、对自身行为负责的义务，内在地囊括了责任与权利、义务间的一致性和基本的公民精神。

当受访者被问及"如果有出国留学的机会，是否会归国工作，为国效力"时，57.83%的受访者选择"一定会回国"，27.01%的受访者选择"看具体情况，尽量归国"，仅0.60%和0.25%的受访者选择"不太愿意"和"如果国外有机会，不会回国"，14.31%的受访者选择"不清楚"，愿意归国工作的占较大比重；在测试题目"当国家民族遭遇战争与灾难的时候，你觉得有责任奉献自己的力量吗？"的回答中，75.95%的受访者选择"必须的，这是作为一个中国人的责任"，7.96%的受访者表示"应该会"，

13.04%的受访者选择"国家和个人的关系是双向的,国家对我好,我才会付出",另外3.05%的受访者对此表示不清楚,绝大多数民族成员表现出较强的民族国家身份意识和责任感;当受访者被问及"是否愿意投身于革除中国社会的弊端"时,51.48%的受访者表示"愿意,而且正在做";20.58%的受访者表示"愿意,但不知道如何去做",18.37%的受访者表示"在不需要花费太大成本的前提下可以去做";5.67%的受访者,认为"无所谓,管好自己就行";3.90%的受访者选择"不愿意,与我无关";当被问到"你是否认为自己有为当前中国社会的繁荣昌盛做出贡献的愿望"时,49.03%的受访者认为自己这种"愿望非常强烈,并且时时刻刻准备去做";27.35%的受访者选择"比较强烈",18.71%的受访者认为自己"偶尔受到这种想法鼓舞",另外仅4.83%和0.08%的受访者表示"不关心"或"排斥"去做这些。当问及"个人利益与国家利益之间如何抉择"时,45.39%的受访者选择"国家民族利益至上",16.60%的受访者认为"以集体利益为核心的同时要维系自身利益",13.89%的受访者表示"不清楚,视具体情况而定",21.25%的受访者表示"在保证自己利益的前提下可以为国家做些事",2.96%的受访者认为"还是个人更重要"。从这些问答中清晰可见,多数民族成员对国家民族的责任意识与义务感整体较强,呈现积极面向。如图5-24至图5-28所示。

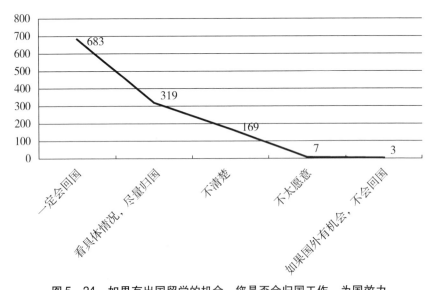

图5-24　如果有出国留学的机会,您是否会归国工作,为国效力

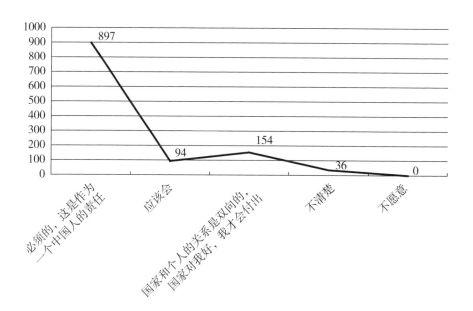

图 5-25 当国家民族遭遇战争与灾难的时候，
您觉得有责任奉献自己的力量吗

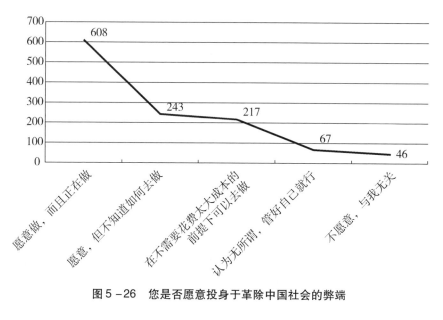

图 5-26 您是否愿意投身于革除中国社会的弊端

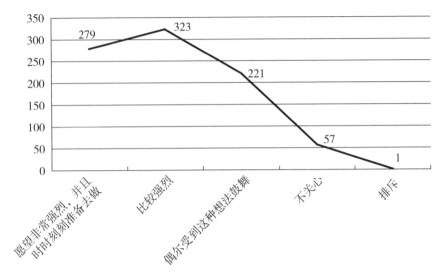

图 5-27　您是否有为当前中国社会的繁荣昌盛做出贡献的愿望

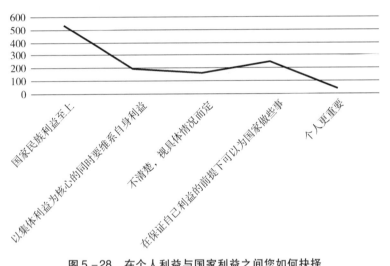

图 5-28　在个人利益与国家利益之间您如何抉择

文化冲突的理性面对。社会生活中与"他者"比较的同时，形塑了自我定位的内涵特质和价值判断。全球化时代，血缘关系、话语表达、交往模式均在碰撞与交融的过程中发生变化，进而影响原生性认同。阿帕杜莱将这种认同建构描述为种族、媒介、金融、科技乃至意识形态在全球范围内流动的产物。文明的冲突、文化谱系的脱节，则是这一现代图景的伴生现象。作为"文明冲突理论"的秉持者，亨廷顿指出："在这个新的世界里，最普遍、重要的和危险的冲突不是社会阶级之间、富人和穷人之间，或其他以经济来划分的集团之间的冲突，而是属于不同文化实体的人民之间的冲突。部落战争和种族冲突将发生在文明之内……而最危险的文化冲突是沿着文明的断层线发生的那些冲突。"① 由此构成的关键议题设置，指向了复杂外部环境下"弘扬"与"认同"寻求共识的重要渠道。

伴随着"文明共通"和"文明冲突"的争论、传统意识形态与全球主义扩张对抗模式的升级，认同与斥异的价值博弈诱发原有价值链的断裂。如何看待中华文化与外部刺激发生的冲撞，构成了"弘扬"与"认同"在新形势下演进的重要命题。调查显示，实证对象在面对文化冲突时能理性对待。如普遍理性地看待"他者"对中华符号不敬的表现，对文化发展新旧交织、传统与现代对话普遍持宽松态度，虽然对某些"风俗习惯"的演化不认同、对外来文化的渗透有担忧、对跨民族通婚有疑虑，但总体持理解态度。

三、"弘扬"与"认同"的负向挑战

概述"弘扬"与"认同"的实证调研，在判定调研对象正向肯定实然景观的同时，也标志着工具化倾向的危机、认同层次连接的断裂、同一性基础弱化的负向挑战。

工具化倾向的危机。所谓工具理性，通常被诠释为"达到目标手段的精密计算，是与价值无涉的手段与过程的理性化"。在马克斯·韦伯那里，现代化的进程与工具理性的扩张高度同步，而"工具理性"概念界定和基本内涵表达在认同理论中的运用，正是借鉴了韦伯的阐释。结合"弘扬"与"认同"在文化精神领域所呈现的"工具化"表征和"工具化"危机，"主体文化消退"和"精神维度缺失"，构成了影响"弘扬"与"认同"达致的深层次原因。人员、资本、信息空间流动的全球加速，人与人、人与群体、群体与群体、民族与民族间的交往交流交锋，诱发了原生性族群认同与共通性空间转向的紧张对立，并据此触发和形塑与认同相异的"排斥"机制。

在原生性文化特质受损的情形下，西方主流意识形态标榜的资本逻辑，以"普世价值"的形式式微民族国家的文化传承，以"合法性"的政治标榜消解文化多样性的价值。在调查中发现，"弘扬"与"认同"的工具性危

---

① 塞缪尔·亨廷顿：《文明的冲突与世界秩序的重建》，周琪等译，新华出版社1998年版，第7页。

机不容小觑，文化辨识与选择能力的差别更加制衡了认同主体的文化心态，所有这些都在实证中有一定程度的反映。如将美国文化理解为现代文化、西方文化等同于先进文化，甚至将中国传统文化与落后文化、封建文化进行某种程度的并置。

调查结果显示，部分受访者对一些西方传统节日的了解与认同程度甚至高于部分传统节日，如有60.37%和58.76%的受访者对圣诞节或宰牲节熟悉，48.77%的受访者非常了解宰牲节的来源，69.18%的受访者觉得过情人节很有意义，而44.37%的受访者认为自己熟悉中国的元宵节，仅54.70%的受访者觉得参与元宵有意义。当问及对待当今更注重西方节日现象的态度时，74.17%的受访者表示基本可以理解，20.07%的受访者表示完全理解，只有5.76%的受访者不赞同。由此可大致推论，中华传统文化的传承在一定程度上受到了西方文化的冲击，同时这些数据也以不同的程度反映了东西方文化交锋所带来的迷茫与矛盾对"弘扬"与"认同"达致的影响。

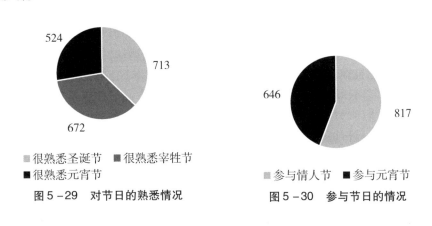

图5-29 对节日的熟悉情况　　图5-30 参与节日的情况

精神维度的缺失主要表现在共同体意识和民族精神的不同程度淡化。具体言之，调查对象在人生价值选择上呈现出功利化的趋势和重权利轻义务的态度。就传统意义的价值观而言，责任、道德、义务是共同体生活不可回避的强制性规约。然而，调查结果在这方面的镜像则表明，履行相应的社会责任、符合相应的价值规定行为，其负向态势不容小觑。

当涉及具体认同行动或无利益认同取向选择时，一些受访者做出了不够积极的，或带有"计算"功利的现实回应。调查显示，当问及是否会积极主动成为民族文化的弘扬者时，60.07%的受访者表示会，16.12%的受访者表示不会，23.81%的受访者表示不知道；当继续追问什么情况下会更主动传承民族文化时，受访者选择对自己有用情况下会更主动占45.16%，受访者选择说不清楚的占15.29%，39.55%的受访者要看具体情况。在关于传承传统文化态度的测试中，当问及你愿意让你的孩子学习传统文化的目的是什么，49.49%的受访者认为是为了在激烈的社会竞争中拥有优势，38.21%的受访者的目的是弘扬民族文化、培养个人文化情趣、增强个人才艺，12.35%的受访者说不清楚。这些受访者所呈现的相关镜像，指涉了"弘扬"与"认同"受制于效用价值与功利指标的现实图景。

认同层次链接的裂隙。"弘扬"与"认同"指涉"承认—认可""形成归属""获得自觉"。在安东尼·吉登斯那里，"认同是行动者的意义来源，也是由行动者经由个别化的过程而建构的"①；塞缪尔·亨廷顿在《我们是谁》中，将作为概念的认同诠释为建构的产物，并将此具象为在社会压力、外部诱因和自我选择综合作用下社会个体的抉择。具体而言，原生自然认同、工具性强化认同和价值性理解认同构成了"弘扬"与"认同"层次衔接，然而，层级之间的连接点和关系轴则受制于各种要素的系统影响。

事实上，"弘扬"与"认同"是"自我界定"和"他者承认"的结果，默塞将之总结为"自我中心符合逻辑的结果"。认同层次衔接的裂隙反映了认同主体与认同客体之间交互关系对归属意识影响的辐射面，"弘扬"与"认同"的展演便显得尤为艰涩，并直观地折射为以自我为中心的碎片化与社会共识集约化的博弈。席勒将其概括为"占有式的个人主义"，马尔库塞则用"单向度的人"对其进行诠释。

调查结果显示，家庭作为第一影响因素正在受到社会环境、大众传媒等多重因素的挑战，显现出被逐渐替代的倾向。中国传统社会"家国同构"的经典格局，家庭、血缘作为自然认同的第一链，"单位制"向"后单位制"转向的后现代，均在不同程度上销蚀和瓦解这种"弘扬"与"认同"的传统"集体力"。当问及"弘扬"与"认同"的影响因素时，认为"社会环境对中国梦认同的形成影响"的受访者占38.24%，认为"大众传媒对中国梦认同的形成影响"的受访者占24.31%，认为"学校教育对中国梦认同的形成影响"的受访者占20.43%，认为"家庭教育对中国梦认同的形成影响"的受访者占17.02%，如图5-31所示。

---

① 参见曼纽尔·卡斯特《认同的力量》，夏铸九等译，社会科学文献出版社2003年版，第3页。

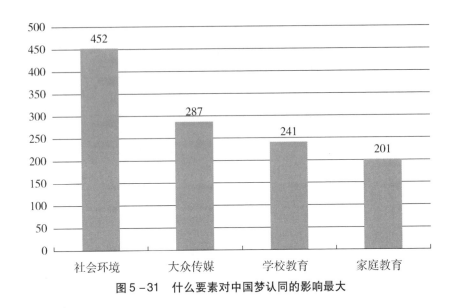

图5-31　什么要素对中国梦认同的影响最大

同一性基础的弱化。在概念上,"弘扬"与"认同"的关系通常是同一性的延展。其意"一是共同认可,一致承认;二是在社会学中所泛指的个人与他人所拥有的共同想法;三是精神分析理论'自居'所表达的含义,即个体通过潜意识模仿某一对象而获得心理归属感的过程。"[①] 信息化时代所带来的个体认知碎片化,更多地显现为基于个人特质对自由选择的强调,并在社会个体本真性宣称的前提下,弱化共同体价值群体推崇的理解。

首先是同一性认同主体基础的动摇。学者、专家、思想家曾是文化认同和国族认同的诠释者和引领者,然而在"大师"缺席的时代,在大众传播崛起进程中逐渐失语的知识精英们似乎丧失了这样的地位。在调查中,当问及"您认为当代知识精英是否代表了优秀文化的传承者和弘扬者"时,15.83%的受访者认为"是",18.54%的受访者表示"应该是",10.16%的受访者表示"不确定",37.01%的受访者表示"应该不是",18.46%的受访者表示"肯定不是"。可见,知识精英作为传统意义上民族文化同一性的宣传者,其原有的功能与作用是在不断削减的。当问及各组人物哪些名人值得关注时,选金庸的占38.61%,选费孝通的占8.68%,选易中天的占17.95%;在另一组选项中,43.82%选周杰伦,24.78%选赵本山,15.23%选撒贝宁。可见,文化名人在整体上受关注度远低于娱乐明星。

---

① 参见《辞海》编辑委员会编《辞海》,上海辞书出版社2009年版,第1890页。

与此同时，经过商业包装的文化名人的知名度较高。因而，知识精英们的"失语"几乎已然成为难以扭转倾向，大众传媒对"弘扬"与"认同"同一性主体基础的影响不容小觑，如图5－32所示。

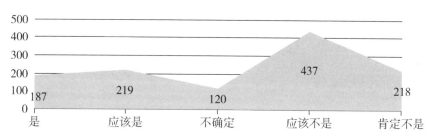

图5－32　您认为当代知识精英是否代表了优秀文化的传承者和弘扬者

其次是同一性认同介体基础的动摇。作为文化传播的媒介，大众传媒如波兹曼所言，"某个文化中交流的媒介对于这个文化精神重心和物质重心的形成有着决定性的影响"①。然而，在马尔库塞、哈贝马斯等学者所阐释的"大众文化批判"走向与"大众文化消费"共聚消极影响的时代，大众传媒以求异求新、流量为王、内容定制、编辑推送的综合手段影响认同。当被问及如何看待网络中的"标题党"或"图片党"时，所呈现的问题不容小觑，如图5－33所示。

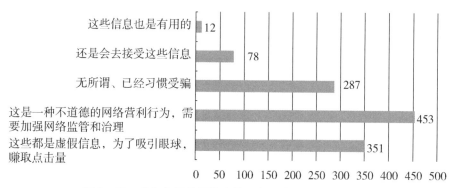

图5－33　您如何看待网络中的"标题党"或"图片党"

最后是同一性认同现实基础的动摇。"弘扬"与"认同"在现实根基上源于"五个认同"的民族文化之维、政治选择研判和政党道路认同。在调

---

①　尼尔·波兹曼：《娱乐至死》，章艳译，广西师范大学出版社2004年版，第11页。

查中,当问及"如果你有机会重新选择国籍,你是否还愿意选择中国"时,0.17%的受访者表示"一定不会",1.61%的受访者表示"可能不会",4.57%的受访者表示"不清楚",18.04%的受访者表示"可能会",有高达75.61%的受访者表示"非常愿意";当进一步被问及"你认为影响国家认同的现实问题是什么"时,16.99%的受访者选择"贫富的两极分化"、41.62%的受访者选择"权力的腐败",25.73%的受访者选择"社会阶层的固化",4.25%的受访者认为是"经济发展水平",11.41%的受访者认为是"政府的外交强硬程度"。如图5-34、5-35所示。

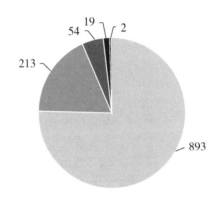

图5-34 如果你有机会重新选择国籍,你是否还愿意选择中国

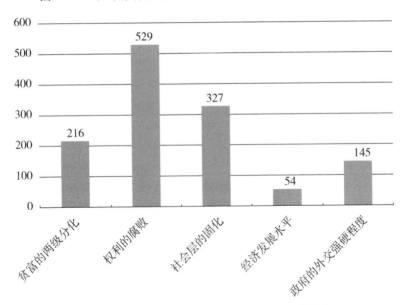

图5-35 你认为影响国家认同的现实问题是什么

第三节　差异性探讨与典型案例分析

传统文化的弘扬反映民族风貌的延伸、国族梦想的认同映射民族特质的作用，二者共聚表征了观念形态的文化和物质形态的载体，于"弘扬"与"认同"中的辩证。然而，这种辩证并不是单向度的、线性的和均衡的，个体与群体、个人与社会交互的演化，呈现出民族性、区域性和群体性波动的特点。据此，分析"弘扬"与"认同"的影响因子、考察"弘扬"与"认同"的实然景观、度量"弘扬"与"认同"的共演关系，需要在整体性聚焦的基础上，通过民族性的个性化考察、特殊案例抓取、区域特质审视，进行广泛而深入的实证。系统整合底层叙事、访谈梳理和数据分析，以民族村落的认同状况审视，凸显民族差别的影响因子；以不同地区大学生的认同状况检视，实证区域性差别的影响要素；以不同社会阶层的认同状况透视，调研群体性差别的影响关系。在此基础上，总括民族、区域、阶层的分层扫描，进行实践形态的差异性分析，描摹"弘扬"与"认同"的实然景观。

一、民族村落"认同"实证与典型案例

中华民族是包括56个民族在内的复合民族共同体，实证不同民族群体对中华文化共生关系与中国梦价值内涵的认同状况，进行具有"民族性"色彩的差异性分析，对于"弘扬"与"认同"实然景观描摹具有基础性作用。从民族聚居区的村落实证入手，以不同民族村落的实证和典型案例分析，管窥"弘扬"与"认同"实然状态的民族特色，可近距离观察"乡村振兴战略"所承载的中华文化要素、中国梦价值内涵表达，以及通过物质文明振兴、精神文明发展、区域文化与中华民族整体文化共生所形塑的"弘扬"与"认同"场景。为此，我们特别择取了青海省海西蒙古族藏族自治州哈萨克族H村、云南省迪庆州香格里拉市小中甸镇藏族L村、甘南藏族自治州卓尼县回族N村，进行典型案例聚焦。

2016年7月中旬，课题组对青海省海西蒙古族藏族自治州H村进行了入户调查。本次考察的主要切入点是H村对"青海哈萨克"定居政策的感受和认知，以及由此生发的"弘扬"与"认同"状况。课题组主要采用结

构性访谈与问卷相结合的调查方法,深入H村的生产生活实际,以结构性访谈和自由面谈的形式,在共同生活、劳动和活动中展开。

"青海哈萨克"作为特有的族群称谓指代生活在青海省境内的哈萨克族,而"曾经的青海哈萨克族"则特指已迁居北疆的青海哈萨克族。为解决"青海哈萨克"族群位移的历史与现实问题,国家和政府采取了系列的文化民生建设政策,引导其生产方式由游牧转变为定居。"青海哈萨克"对系列文化民生建设政策的感知和体认,由此生发的对中华民族共同体的认同,呈现出根基性情感—工具性利益—价值性理性之层次递进与维度交错,并在祖国认同的中介变量下,经"中国梦"认同向"政党—道路认同"演进和深化。由于马海村村民的母语为哈萨克语,部分调查问卷是在调查人员与之交谈、解读问卷的过程中完成的,这一过程所收集的信息也成为本次调查的重要样本。本次调查问卷共发出61份,其中无效问卷5份,最终完成问卷56份。根据问卷,由文化民生建设带来的生活水平满意度高达92.86%(包含"基本满意和满意"),而在满意的原因上,82.14%的受访者指出是因为对党和国家政策的满意度(包含"基本满意和满意")。另69.64%的受访者表示对中国梦有所了解,88.92%的受访者认为弘扬中华优秀传统文化与中国梦认同对提高生活水平有所助益。

整体文化水平并不高的"青海哈萨克"对中国梦的认知程度却不浅,且认知渠道多元多样,对"中国梦"的理解也更多从集体、共同体的视角展开;绝大部分"青海哈萨克"认同中国梦与个人梦想联系紧密、中国政府为个人发展提供了保护;虽然在实现时限上看法不一,但绝大多数"青海哈萨克"认为"中国梦"的实现是必然的,从中可管窥"青海哈萨克"在定居马海村、享受系列文化民生建设政策后所逐渐演绎出的对政党理念、发展道路的认知与认可。参与体验和深度访谈也佐证了以上数据:

"工作的学校管营养餐,这边工资不错、物价不是太高,我们村很多家庭都有政府补贴。每个村子都有民族舞蹈排练,参加民族团结的活动,比较有特色,也很喜欢传统的民族音乐、舞蹈和服饰。"[①]

"(定居前)我们在格尔木只能帮别人放羊,这样18年,生活、医疗条件差,非常困难。在国家和政府的政策扶持下,我们搬到了H村,生活得到了极大的改善。我觉得我家现在生活不错,政府会给我们发草原补助,今年还要涨。帮助我们解决了用水问题,而且不用缴水费,只要缴电费就

---

① 访谈时间:2016年7月15日14:00—16:20;访谈地点:H村被访者家中。被访者信息:女,哈萨克族,马海小学职工。

可以了,而且电费比别的地方更便宜。"①

"我们这边村子附近的中航工业一直帮扶我们,让村里的孩子能安心学习,现在 H 村已有 8 名大学生,政府为考入大学的学生一共提供了 30 万元助学金,每学年给予每名大学生 5000 元生活补助。村里很多人可能不知道传统文化和中国梦内容,但是体现在具体生活中我们都很认可。"②

2017 年 3 月下旬,课题组对云南省迪庆州香格里拉市小中甸镇藏族 L 村进行了入户调查。本次考察的主要切入点是 L 村对基层党建和乡村治理的感受和认知,以及由此生发的"弘扬"与"认同"状况。课题组主要采用结构性访谈与问卷相结合的调查方法,深入 L 村的生产生活实际,以结构性访谈和自由面谈的形式,在共同生活、劳动和活动中展开。

L 村是香格里拉市以农业和畜牧业为主要收入的藏族村民聚居村,村民约为 4000 人。村民之间多用藏语交流,能够使用普通话进行基本沟通。在问卷发放与访谈中课题组联了 1 名当地的大学生做翻译,在 L 村的调查问卷共发出 41 份,其中无效问卷 3 份,最终完成问卷 38 份。根据问卷,超过 97.56% 的村民对 L 村的基层党建和治理工作持肯定态度("非常满意、满意"),与此同时,91.28% 的被访者表示基层的党建工作和乡村治理工作有进一步拓展的空间。首先,在基层党建方面,我们在走访过程中发现绝大多数的村民家门口都悬挂有党旗,大部分家庭至少有 1 名党员,有固定的"党员学习日"和"党员学习月"活动,党员对中华文化和中国梦的内涵具有基本的认知与理解。

"党员每个月定期参加党员活动日,进行'两学一做'教育,还要进行工作汇报和思想感悟分享。基层党建工作在不断规范和完善,但是在党建工作的常态化、有效性、长期性方面还需多下功夫。"③

其次,在乡村治理方面,公共产品和公共服务的提供以及乡村环境的改善和精神文明水平的提高,是衡量乡村治理的重要指标。86.78% 的受访者表示"很满意、基本满意"当地政府的公共产品与服务供给,但也有 45.62% 的受访者认为政府在公共产品与服务供给方面缺乏针对性,同时 82.36% 的受访者建议政府应该更关注生态环境的保护与牧场资源的开发。鉴于此,我们在当地村委会成员 Z 那里了解到政府正在着力进行并准备进

---

① 访谈时间:2016 年 7 月 15 日 15:00—17:00;访谈地点:从 H 村去往近处草场的路上。被访者信息:男,哈萨克族,以放羊为业,访谈时赋闲在家。

② 访谈时间:2016 年 7 月 15 日 14:00—16:00;访谈地点:H 被访者家中。被访者信息:男,哈萨克族,新疆科技大学专科在读学生。

③ 访谈时间:2017 年 3 月 29 日 9:00—10:00;访谈地点:L 村被访者家中。被访者信息:男,藏族,以包车服务、农业和畜牧业为主要收入来源。

一步推进的三大措施，以增强现代化治理能力，提升"弘扬"与"认同"。

一是引进先进技术。"我们与云南民族大学以及相关的农林畜牧研究所进行合作，引进先进的农业技术，以自愿的村干部家作为示范点，原来一年一收的牧草现在一年两收，大大减轻了畜牧的压力，有效利用了土地。二是继续加强基层党建工作，信息化与常态化相结合，加强党建工作的针对性，节省时间，提升效果，发挥基层党员的模范带头作用。三是文化发展与创新。依托香格里拉这个旅游平台，完善基础设施，结合自身民族历史发展特色，带动特色文化创新发展与文化旅行产业。"①

2018年8月上旬，课题组对甘肃省甘南藏族自治州临潭县新城镇回族N村进行了入户调查。本次考察的主要切入点是N村对"精准扶贫"政策的感受和认知，以及由此生发的"弘扬"与"认同"状况。课题组主要采用结构性访谈与问卷相结合的调查方法，深入N村的生产生活实际，以结构型访谈和自由面谈的形式，在共同生活、劳动和活动中展开。

N村位于汉族、回族、藏族等多民族繁衍生息共同发展的甘南地区，全村5个村民小组，296户，常住人口1100多人，以回族为主。村民之间多用普通话和方言进行日常沟通，在N村的调查问卷共发出56份，其中无效问卷4份，最终完成问卷52份。根据有效问卷，高达96.74%的受访者"非常满意、满意"当地政府的"精准扶贫"工作，只有生活脱贫才能促进传统文化的弘扬和对中国梦价值内涵的认同。N村2013年底建档立卡贫困人口138户，2014年底105户，2015年脱贫68户返贫3户，2016年贫困人口40户146人，预计2019年实现全部脱贫。根据问卷反馈和走访座谈，总结N村的"精准扶贫"政策，主要体现在四个方面。

对象识别认定"准"。政府通过一评、二核、三比、四评议、五公示精准识别扶贫对象，信息公开透明并进行动态管理。

家庭情况核实"准"。驻村干部和双联干部组成的工作队会去村民家里核实基本情况、确定发展意愿、明晰致贫问题等。

致贫原因分析"准"。通过入户谈心交流，对照因钱、因病、因残、因灾，缺土地、技术、资金、劳动力等具体原因进行综合分析，为精准施策提供依据。

政策制定落实"准"。列明扶贫清单和验收指标，瞄准致贫原因对接脱贫需求，同时加强监督检查，保证各项政策落地生根。

---

① 访谈时间：2017年3月29日14：00—15：00；访谈地点：L村村委会。被访者信息：男，藏族，村委会委员，同时家里以农业和畜牧业为主要收入来源。

二、区域性大学生"认同"聚焦与典型案例

区域性特征的分层表达、区域性特征的区位条件和群体需求,与人文历史条件、自然地理位置相结合,共同形塑了"弘扬"与"认同"的实践空间。实证不同区域社会群体对中华文化和中国梦的"认知—态度—行为",进行具有"区域性"色彩的差异性分析,对于"弘扬"与"认同"实然景观描摹具有指向性作用。学校是"弘扬"与"认同"内化的重要载体,亦是"弘扬"与"认同"践行的重要场域。高校的地域性分布为比较不同区域"弘扬"与"认同"的现状分殊提供了可能,其"担当民族复兴大任时代新人"的全局性任务亦为"弘扬"与"认同"的现状描摹提供了内在连接。以不同区域大学生的调研和典型案例分析,可聚焦"弘扬"与"认同"的区域特色。为此,我们主要择取了广东省高校、青海省高校、新疆维吾尔自治区高校大学生对中华优秀传统文化和中国梦认同的认知、评价、理解状况,着重聚焦了广州市、西宁市、喀什市高校大学生对中华优秀传统文化和中国梦认同的认知、情感、行为,系统探析了不同区域"弘扬"与"认同"方面存在的差异。

作为粤港澳大湾区的核心,独特的区位条件和多元文化背景使广东不仅具有较强的对外文化辐射力,而且深受周边地区文化思潮的影响。广东始终将弘扬中华优秀传统文化作为坚持和发展中国特色社会主义的基本任务、实现中国梦的铸魂工程、挺起民族脊梁的战略支撑。以广东高校弘扬中华优秀传统文化提升中国梦价值认同的成效为典型案例,总结其"弘扬"与"认同"的"广东经验",对新时代中华优秀传统文化与中国梦在高校价值引领具有重要意义。课题组2017年10月下旬至12月中旬,通过专题座谈、实地考察、深度访谈、专家咨询等多种形式,走访华南理工大学、暨南大学、广州美术学院、星海音乐学院等14所高校,就此问题进行了调查研究。

在中华优秀传统文化和中国梦认同认知与理解层面,广州大学生的"弘扬"与"认同"程度普遍很高。无论是对中华优秀传统文化的符号标识、意义表征、创新传承,还是对中国梦的内涵、层次、结构等整体认知都较为全面,在"弘扬中华优秀传统文化提升中国梦认同的可能性和必要性"方面理解也较为深刻。通过问卷、座谈、走访等发现广州大学生"弘扬"与"认同"程度较高的原因,主要与较为良好的成长环境氛围、较为丰富的教育文化资源、较为发达的信息传播渠道相关。超过95%的学生表

示"从小就接触传统文化中文艺作品、风俗习惯、社交礼仪中的潜在熏陶",学校也比较注重中华优秀传统文化与中国梦认同的教学与涵濡。首先,广州高校大都通过整合学校优势资源,以功能嵌套的制度保障夯实中华优秀传统文化对校园文化建设的引领。如中山大学南方学院、南方医科大学、广东岭南职业技术学院突出"顶层设计"中对"书院制"教育模式的倡导,在日常教育教学议题设置、经典书目中对传统文化与中国梦认知的凸显。其次,广州高校致力于拓展同频共振的文化承载空间,以传播平台与实体景观的搭建落实中华优秀传统文化对中国梦价值认同的引领。利用网站、微信、微博、校报、校刊、广播台等宣传舆论阵地,通过中华优秀传统文化意蕴的解读,营造提升中国梦价值认同的理论环境;利用品牌文化活动和校园雕塑等文化标识,通过中华优秀传统文化内涵的诠释,营造提升中国梦价值认同的空间氛围;利用宣传栏、电子屏和教学楼、运动场、食堂、宿舍等传播空间,通过中华优秀传统文化内容的标识,营造提升中国梦价值认同的生活环境。广州美术学院和星海音乐学院均以校园廊道风光、校园廊道空间、校园廊道设计,在生活细微处进行如润春雨、如沐春风般的价值影响和移情导入。

在中华优秀传统文化与中国梦认同态度和行为层面,广州大学生普遍表现为积极认可、主动参与的良好态势。一方面,广州高校致力于打造与自身教学理念相一致的社会实践平台,以实践养成的外化促进中华优秀传统文化提升中国梦价值认同。充分重视和发挥学生在弘扬中华优秀传统文化中的主体作用,综合利用学生的课余时间与假期,通过组织开展各类主题调研、公益服务、志愿服务等社会实践活动,实现弘扬中华优秀传统文化对中国梦价值认同的提升。华南理工大学举办的"岭南追梦"行动,结合广东省独特的历史、地理、文化资源,组织发动351个学生党支部、870个团支部、661个班集体,近3万名学子走遍岭南大地,奔赴红色故事发生地、改革开放前沿地和粤东西北贫困地,动员大学生参与实践服务活动,引导青年学生在了解社会、认识国情的同时,深刻体悟中华优秀传统文化的另一方面,独特的区位优势与开放多元的文化价值汇聚,广州高校大学生自主性较强,自我意识、个性意识、行动意识更为彰显,有更多的渠道和方式参与、体验、感悟中华优秀传统文化与中国梦认同在课上课下、线上线下、校内校外的交互与链接。暨南大学开展的"我行我动'中国梦'深度采访与调研活动",以"揭梦三沙"南海深度采访行、"寻梦中国"海疆万里行、"中国梦"等8个子项目,通过对海内外"中国梦"状况的深度调研,促进了与中华优秀传统文化的进一步结合。

次生多元的文化态势与多元主体的生源构成形塑着青海省高校中华优秀传统文化与中国梦认同的现实景域。青海省高校大学生基本上以省内生源为主，且民族大学生生源又相对较多，比例高达40%。"少数民族学生自幼生活在民族文化之中，在潜移默化中形成具有本民族印记的价值观念。"① 源于宗教文化导向以及地域多元文化的影响，青海省高校大学生的价值取向必然更加复杂化和多样化。2018年7月课题组前往青海高校进行调研，通过对青海大学（西宁）、青海师范大学（西宁）、青海民族大学（西宁）等青海省典型本科院校进行具体分析，在局部透视的基础上以管窥豹，从而实现对民族高校多元主体中华优秀传统文化认同现实图景进行整体把握和实然厘清。

在中华优秀传统文化和中国梦认同的认知与理解层面，西宁大学生的"弘扬"与"认同"程度较高。就实际的调研结果来看，西宁高校大学生对我国传统节日的认知度相对较高，56.56%的受访者表示非常清楚中华传统节日，34.56%的受访者表示大概清楚，对传统节日的认知度超过90%。调研过程中发现绝大多数受访大学生对春节、元宵、清明、端午、中秋、重阳等典型节日普遍熟悉，但是，接着追问在生活中是否重视这些节日时，有31.68%的受访者表示非常重视，尤其是对春节、元宵节、中秋节等全家团聚的日子更为重视，有39.72%的受访者表示重视，而表示不太重视的受访者竟然也占26.56%的比率，据此可推断虽然大多数民族成员对中华传统节日有着较高认知感和认同度，但是表现在行为态度上相对缺乏力度。

在中华优秀传统文化与中国梦认同态度和行为层面，西宁地区大学生整体呈现功利取向大于价值取向、主观表达高于实际践行的现实趋势。作为中华优秀传统文化与中国梦认同情感归属的重要指称，民族地区大学生对中华优秀传统文化和中国梦认同的态度和行为，不仅影响着中华优秀传统文化的继承与弘扬，而且影响着中国梦认同的外化和提升。从整体上看，受访者在态度层面普遍表现出正向积极态势，59.89%的大学生表示"愿意积极传承和弘扬中华优秀传统文化"，但是仅27.49%的学生表示任何时候都愿意主动弘扬中华优秀传统文化和中国梦认同，47.78%的学生表示会坚决反对和抵制"故意丑化中华优秀传统文化、破坏中国梦认同的言论和行为"，近20%的学生表示可能不会抑或根本不会抵制和反对。由此推断，相当比例的学生在行为层面对弘扬中华优秀传统文化与中国梦认同的功利取向较为凸显。

---

① 张洁：《多元文化教育视域下的少数民族大学生核心价值观教育》，载《黑龙江高教研究》2013年第7期，第64–66页。

立足于民族区域多元文化态势和民族高校多元主体构成的现实场域，研判西宁高校大学生基于中华优秀传统文化认知与理解基础上对中国梦价值求解的实然情况，整体而言大学生在传统文化认知、文化身份归属、中国梦价值理性判断等方面呈现出积极态势。但是通过具体的深入访谈发现，尽管大部分学生对中华文化和中国梦表现出极高的认同度和极强的自觉意识，但在实际实践中缺乏相对端正的行为态度和相对果敢的执行能力，其背后所蕴含的心理与情感因素值得重视和深究。

作为大学生群体中的特殊群体，民族地区大学生群体的主体构成更为复杂多元，对民族地区大学生群体就中华优秀传统文化与中国梦认同等关涉问题的现状聚焦愈加凸显现实意义。课题组 2017 年 9 月份、2018 年 9 月份分别走访南疆地区喀什大学、喀什财贸学校、喀什卫生学院等学校，探析祖国西陲以维吾尔族为主包括柯尔克孜族、塔吉克族、哈萨克族、达斡尔族、回族、汉族等多个民族在内的多民族聚居地区的大学生，他们对中华优秀传统文化弘扬与中国梦认同的认知、态度、情感与行为。

在中华优秀传统文化和中国梦认同认知与理解层面，喀什地区大学生整体呈现"知其然，不知其所以然"、符号认同感强但情节认同感弱的实然表征。在"是否了解中华优秀传统文化"这一问题上，绝大多数的学生都对中华优秀传统文化有所了解。但当继续追问"你如何理解中华优秀传统文化"时，高达 34.46% 的学生表示说不清楚；15.57% 的学生认为中华优秀传统文化就是汉族的传统文化，跟其他民族没什么关系；仅有 28.89% 的学生认为中华优秀传统文化是中华民族多元一体共同的智慧结晶。由此可见，相当比例的学生对中华优秀传统文化的认知理解存有偏颇。与此同时，在符号认知层面，绝大部分学生表示出强烈的认同感，但对于情节认同却相对弱化。例如，受访大学生普遍对"长城、传统节日等传统文化符号"较为熟悉，仅有 26.78% 的学生"十分了解长城修建的历史原因"。同样，针对传统节日的调查结果亦是如此，虽然 85.67% 的学生表示比较熟悉春节、清明节、中秋节等传统节日，但 39.78% 的学生直接表示不清楚传统节日的历史渊源及所表征意义。由此可见，喀什地区大学生对中华优秀传统文化与中国梦认同的认知理解存在一定偏差，情节认同弱化问题相对凸显。

对自身族群文化与中华文化关系的认知与评价是测评中华优秀传统文化与中国梦认同的重要量标。当问及"是否赞同各个民族文化都是中华文化的组成部分"时，高达 65.45% 的受访大学生表示非常赞同，30.56% 的受访者表示赞同，仅有不到 5% 的受访大学生表示不太赞同或者不赞同。因此，高校大学生基本上认可中华文化以及组成中华文化的各少数民族文化，这也与受访大学生就"是否以继承和弘扬中华优秀传统文化提升中国梦价值认同"问题所持的态度基本一致；当接着问道"是否为中华优秀传统文化感到骄傲和自豪"时，分别有 56.57% 和 37.75% 的受访者表示非常同意抑或同意，仅有 2.78% 的受访者表示不同意，由此可见学生普遍对中华优秀传统文化抱有较强的情感依赖和心理归属。

分析"弘扬"与"认同"的价值性维度绕不开民族成员对民族团结和民族利益的态度，合计超过 93.67% 的受访者认为维护民族团结、反对民族分裂是各族群人民的共同责任和义务，表示不同意的受访者只有 3.14% 的比率；与此同时，高达 87.45% 的受访者表示中华民族的利益高于自己族群的利益，还有 9.45% 的受访者表示中华民族的利益与自己族群的利益同等重要，从具体数据可以得出绝大多数民族成员对于民族团结和民族利益的维护有着强烈的决心和勇气。虽然过半的受访者对当地的民生建设、具体政策较为肯定，当问到"是否在意自己中华民族成员身份"的时候，分别仅有 28.78% 和 37.89% 的受访者表示非常在意抑或在意，合计共有超过 40% 的受访者表示自己不太在意或者根本就不在意自己中华民族成员的身份。当继续追问个人前途和命运与中华民族的关系时，高达 38.56% 的受访者表示关系不大，9.56% 的受访者表示没关系，表示关系密切的受访者仅为 35.07%。由此可见，民族意识相对淡薄的问题相对比较突出。结合喀什地区独特的民族区域特征，就民族情感、民族利益、民族意识等相关问题的具体调研情况来看，学生整体上呈现出民族心理情感较为深厚、民族利益观念比较强烈、民族共同意识却相对薄弱的局面。

三、社会群体"认同"扫描与典型案例

社会阶层以不同的群体类别构成了"弘扬"与"认同"的多维面向。作为社会工作、生活单元的基本组成部分，不同的社会群体分层反映了群体边界和利益诠释互动的社会关系。实证不同阶层对民族文化和中国梦价值内涵承认、认可、赞同的特殊语境、践行特质和实现方式，进行具有"群体性"色彩的差异性分析，对于"弘扬"与"认同"实然景观描摹具有拓展性作用。以不同社会阶层的检视和典型案例分析，可透视"弘扬"与"认同"的群体特色。因此，我们主要择取了医院、企事业单位、工厂进行考察，进行典型案例探讨。

2017 年 11 月中旬，课题组走访了广东省韶关市某医院 Y，与医院工会副主席 S、党工团宣教处主任 X 以及职工 D、Z 就医院的发展和文化氛围、

中国梦认同培育现状进行了深入交流。Y 医院始建于 1886 年,是国内最古老的西医院之一,横跨 3 个世纪,见证了西医在中国的发展历程。囿于医院所处地理环境和地区经济发展水平,Y 医院一度被戏称为"广东省最破的三甲医院"。近年来,Y 医院立足于自身独特的区位条件,依托自身发展的百年文化积淀,坚持技术创新与文化创新并进,通过人才助推发展,比肩省内一流医院。据工会副主席 S 介绍:

> Y 医院的发展与逆袭,正是体现了百年品牌的文化之魅。多年来 Y 医院一直秉持守正出新,即笃守正道,以新制胜。所谓笃守正道体现在 Y 医院作为百年老字号,在其成长与发展过程中,首先是守住了道德之正,传承了优秀的道德理念和规范,以患者为中心、患者至上的核心价值观贯穿了整个百年文化史,形成了良好的道德自觉和文化定位,令百年品牌历久弥新;所谓以新制胜体现在 Y 医院时刻以相适应于新时期政治、经济环境和人们医疗需求的新思维、新视觉和新的营销举措,让百年传承的文化价值更显生机勃勃,实现优秀文化遗产代代相传。

其一,立足传统文化的熏染,让每位员工成为百年文化的传承者和守护者。

Y 医院特别重视文化感悟与情感升华在专业技术工作中的渗透与涵化。充分利用院史馆这一文化景观,通过对附着于院史馆背后的历史文化积淀的阐释与展示,将传统文化与个人梦想有机融合,唤醒、激发员工无私奉献、实现自我价值的工作动力与情感归属。Y 医院院史馆是韶关市文物保护单位,里面记录、收藏了这所百年医院诞生、成长、发展的全部史实。职工 D 来自湖南郴州,毕业于湘南学院护理学系。带着对南方的向往,怀揣医学梦的小 D 于 2009 年 8 月来到了 Y 医院,站在这座独具欧式风格的古建筑里,她才真切地感觉到,这里应该是她梦想实现的地方。小 D 回忆道:

> 2009 年 8 月的一天,我和 120 多名新同事一起参加了一堂特殊的岗前培训课——院史教育。透过黑白泛黄的老照片、布满外文注释的读书笔记、锈迹斑驳的手术器械、排满案上墙头的奖杯锦旗……大家不约而同地看到了当年的医学先辈们昂扬向上的英姿、看到了他们冒着枪林弹雨冲上战场抢救伤员的悲壮、看到了他们在战乱时期如何承担了一个省会医院才能完成的所有的救治和办学任务、看到了他们在缺衣少药的年代为了做好一台手术而殚精竭虑、看到了他们为了寻找一个背后的数据而孜孜以求、看到了他们跨过鸭绿江的足迹、看到了他们来到田间地头为劳苦大众送医送药……观者无不从一开始的好奇

震撼、到肃然起敬、到最后的自豪！这次培训，让我一下子与这所百年医院有了血脉相连的感觉，我为能成为其中的一分子感到庆幸和自豪，也对未来的工作和生活充满了信心和希望。我知道我不仅代表了自己，我还肩负着这份责任感和自豪感传承医院的文化衣钵。

Y医院正是从自身发展特质出发，充分发挥不可复制的历史文化资源和文化教本，有意识地将医院传统文化与职工个人梦想和个人价值结合起来，对员工进行核心价值观的引导和教育。在历史与现实的相互关照中，凝练医院的文化标识、传播医院的文化品牌，以过硬的专业技术和人道悲悯的医德回报整个社会，告慰医学先驱。在显性与隐性的相互辩证中，将潜移默化的文化环境熏染、文化景观重现、文化史料展演，以环境布置、口号标语设计等文化氛围的营造凸显文化元素，进而调动职工的认知、情感、和行为外化，达至对传统医学文化和医院传统文化的深层次体悟，以及优秀传统文化与个人价值梦想的深度融合。

其二，着眼传统文化的践行，让所有文化活动都为提升中国梦认同服务。

中华优秀传统文化与中国梦价值认同的对接落脚于具体的生活实践。Y医院在专业技术工作之外尤其注重日常生活中传统文化的浸润，依托单位体育运动会、传统文化节、家庭美德教育等弘扬传统文化的文娱活动，调节心情、营造氛围、促进和谐，助力个人梦和中国梦的实现。党工团宣教处主任X解释道：

> 医院主要从日常文娱活动、家庭美德教育活动、"职工之家"建设三个角度切入传统文化与中国梦价值认同的现实对接。首先，在日常文娱活动中融入传统文化的元素，比如举办包饺子大赛、中华传统点心制作大赛、艺术插花比赛、茶艺比赛、旗袍秀等，修身养性之余提升文化素养，缓解工作压力。从2007年开始，每年的11月11日院庆日，Y医院都会举办"院长杯"登楼比赛，2017年全院各科室82支参赛代表队400多人参与此次比赛。表面上看，登楼比赛是团结协作、强身健体的激励性运动，实际上登楼运动体现了医院独特的文化建设逻辑，是"以患者为中心"服务理念的充分彰显，是"把电梯和方便让给患者"人文关怀的充分践行。其次，举办家庭美德教育活动。组织职工积极参加"母亲节"网络征文比赛、"写家书·传亲情"活动、"户外亲子游活动"，营造职工关注家庭、关心家人、表达亲情的良好风尚。最后，建设"职工之家"。医院现有2个职工活动中心，占地面积约1400平方米，设有健身活动室、棋类活动室、阅览室、乒乓球活

动室、羽毛球馆等，全天面向全院职工开放。此外，注重职工值班期间的饮食营养，成立了食堂管理监督委员会，加强管理和监督；大力营造"以院为家""以科为家"的氛围，医院荣获"全国模范职工之家"和首届"全国敬老文明号"称号。

其三，直面传统文化的时代挑战，让每一位有志者找到实现梦想的平台。

新时代经济全球化、信息社会化、交往媒介化的革命性改变，不仅为传统文化的继承性弘扬提供了新机遇，而且为传统文化的创新性发展提出了新挑战。Y医院充分考量优秀传统文化与时代发展特质的有效结合方式，以人才制度、志愿者服务和媒介创新传播为着力点，搭建实现个人梦想、增进中国梦价值认同的实践平台。

首先，优化人才成长环境。在工会副主席S看来，新时代的年轻人，更注重自我价值的体现，所以医院的人才培养体系尤其注重满足人才的精神需求。从事业平台的打造入手，不断完善医院的软硬件设施，为人才提供一个好的交流平台，同时关注专科的建设，扩展人才的发展空间；从事业、待遇、感情留人切入，制定专门的人才管理办法，吸引高层次的专业技术人才和管理类人才。给年轻医生多提供临床的机会，适当增加进行科研的压力，协调岗位安排，妥善处理人才的住房安置、配偶安置，营造尊重知识，尊重人才的氛围，多种形式上培养人才的专业技能和政治素质，进一步促进整体队伍的提高。

其次，为志愿服务活动提供良好的平台。Y医院志愿者服务活动所尊崇的"医者仁心""救死扶伤""敬业奉献"精神体现了《伤寒杂病论》中"医乃仁术"的医德追求以及孙思邈在《大医习业》《大医精诚》中所强调的医生"救人疾苦"为已任的人性关怀。工会副主席S向课题组介绍道：

> 医院将志愿服务定位为打造善德文化的重要手段，在理念教育上积极引导员工履行社会责任，将医院对传统医德文化的践行延伸到本职工作外，并力争有效集结志愿服务的有志者，为他们提供一个奉献爱心的平台。于2001年成立了医院志愿者服务队，并于2009年全面启动"志愿服务在医院"活动，并且成立了全市首个博士志愿服务团。10多年来，该院志愿者服务队伍已由最初的青年志愿者队发展到如今医院在职青年志愿者、离退休老年志愿者、博士志愿者及社会志愿者4个团队多达1218人的大队伍，分为门诊志愿者、病房志愿者、健康直通车志愿者和健康科普志愿者、宁养院志愿者几个部分。在此过程中，尤其重视典型模范的带头示范作用，如"感动韶关十佳道德模范""广

东省五星志愿者""全国优秀宁养院义工"等,成为业内同行争相传颂和学习的楷模。

最后,创新媒介传播方式。医疗机构的变革发展是一个不断适应政治、经济形势和人们医疗需求的与时俱进的过程。Y医院拥有历经百年锤炼铸就的文化品牌,坚持以患者为中心,患者利益高于一切的核心价值。无论是业务工作,还是宣传工作,打造精细化管理和人性化服务的完美结合,以传统的方式追求进步,赋予其更长久的生命力,从而在广大人民群众中产生深远的感染力和影响力。职工Z进一步补充道:

> Y医院积极利用互联网传播媒介,推进微党课微视频微朗诵"三微"活动。在全院开展高质量的微型党课交流,支部间互相学习,共同提高。运用微视频微演讲,由职工原创、表演、演讲和制作,讲党的知识、党员的故事、医者精神和医患关系,并在医院网站、公众号和微信上发布。微电影《医院的孩子》于2014年获中国医师协会微电影比赛第二名,并于2015年获广东省卫生和计划生育委员会微电影大赛优秀奖。

尽管医院在弘扬中华优秀传统文化与中国梦践行的具体议题中,仍然存在一些问题,如技能考核和医德素养的反馈评价机制有待进一步细化,党政宣教专有人才相对欠缺,政工师的职称评定和晋升空间有待进一步打开,微信等宣传平台的管控有待进一步加强等。但总体来说,正是对文化传承和道德坚持的弘扬,让Y医院成功收获了广大群众的理解和信任,以口碑营销的优势在激烈的市场竞争中脱颖而出,从此甩掉了"最破三甲医院"的帽子,夯实了粤北地区医疗行业"领跑者"的专业地位,并重新站在了综合实力省内同级医院先进的起跑线上。

企事业单位在"弘扬"与"认同"的社会践履中,通过引入"互联网+传统""传统+时尚""学习+娱乐""互动+体验"的立体系统,根植中华优秀传统文化、立足本地特色文化、打造具有文化传承又凸显时代内涵的系列文化产品;借助"匠心企业""六和社区""诚信商圈"等具象建设,以优秀示范单位、优秀文化品牌、优秀项目活动的集聚效应,联动打造凸显中华优秀传统文化与中国梦价值内涵的文化熏陶氛围。为了进一步总结与凝练企事业单位"弘扬"与"认同"的现状,课题组于2017年12月中旬专程前往广东某高速公路公司X(该公司是广东省交通集团属下单位,负责A市到B市222公里的高速公路营运管理工作)。该企业从培育和践行社会主义核心价值观的角度切入"弘扬"和"认同"的现实场景,具象了"弘扬"和"认同"与企业文化的有机结合的现实路径。

W 经理认为公司在培育和践行社会主义核心价值观上主要以"看得见的宣教"和"看不见的熏陶"为两大抓手，在"落细、落小、落实"上下功夫，通过把社会主义核心价值观融入企业生产生活的各方面和全过程，使其逐步内化为企业的精神追求，外化为员工的自觉行动。具体而言，有以下两种做法。

一是"看得见的宣教"。通过强化宣传和传播，让社会主义核心价值观像空气般无处不在。比如，将企业的中心广场命名为爱国广场，其余道路分别以"社会主义核心价值观"命名，如文明路、民主路、敬业路、诚信路等；在饮用水桶、钥匙扣、手推车等工作和生活用品印上核心价值观 24 字内容；在企业饭堂、宿舍及办公楼宇布置宣传海报；在企业道路上开辟社会主义核心价值观学习走廊，将古今价值观小故事、公司善行义举事迹展现出来。除此以外，在沿海高速公路沿线选取 6 座跨线桥悬挂核心价值观宣传横幅，在全线各中心站和岗亭进行价值观的横幅、标语及图说宣传，利用沿线的电子情报板 24 小时不间断播放核心价值观内容。

二是"看不见的熏陶"。搭建"四大平台"，打造社会主义核心价值观培育基地。以"沿海流动大讲堂"为平台，邀请专家学者授课，开展"学习沙龙""沿海悦读""道德讲堂"等活动，并且成立学习小组，依托图书馆资源，定期开展学习交流；以"沿海一体化网络平台"为载体，在生活区巧妙设置 Wi-Fi，员工须正确回答核心价值观问题验证后方可登录，自主开发核心价值观连连看和拼图小游戏，把核心价值观转化为生活中的益智娱乐活动；以"沿海艺术团"为队伍，通过自编自导自演核心价值观舞蹈、诗歌朗诵、"三句半"、器乐演奏等节目，把社会主义核心价值观转化为"沿海好声音"；以"沿海博览馆"为阵地，建立"沿海博览馆"，展示企业发展成果和文化积淀，宣传员工身边先进事迹，将核心价值观培育工作由抽象的说教转化为生动的事迹感染。

总结 X 企业培育与践行社会主义核心价值观建设的生动实践，为企业"弘扬"与"认同"的开展提供拓展了思路。一是要积极推动社会主义核心价值观与新技术、新媒体融合。创新宣传教育的手段和方式，打造有效载体，促进社会主义核心价值观传播路径更加多元化、具象化。二是整合中华优秀传统文化的先进资源，实现中华优秀传统文化创造性转化。通过形式多样的文化活动、标识标语以及艺术作品，营造有利于弘扬中华优秀传统文化和培育社会主义核心价值观的生产生活情境与氛围。三是树立典型，宣传身边的先进事迹，讲好"核心价值观故事""梦想故事"。通过联系身边先进事例，运用大众化语言，建构生动活泼的话语体系，并借助宣传报道引导人们培育和践行社会主义核心价值观。

2018年9月底和10月初,课题组走访新疆喀什市疏附县几家工厂,主要采用问卷调查、观察体验和结构性访谈的形式,就工人"弘扬"与"认同"的现状进行了探讨。喀什地处南疆,作为维吾尔族人的主要聚居地,少数民族人口多达95%,是广东对口援疆地区。广东省对口援疆前方指挥部工作人员向课题组介绍,广东的援疆思路为"以民生为龙头,以产业、智力为两翼",不仅主抓民生改善,更强调从发展的角度解决长远问题。这些加工类工厂以女工为主,很多工人不久前还是农民,借助广东"产业援疆"带来的制造业企业的落户实现就业。通过对5家服装厂、电子加工厂等的问卷分析(发放87份,回收86份),超过98%的工人对当前的工作很满意,并对未来的生活充满期待,高达97%的受访者对政府的民生发展政策感到满意(非常满意、满意)。受传统文化和社会环境影响,当地群众就业热情普遍不高,尤其是妇女进厂上班面临很大阻力。为了转变群众观念,激活内生动力,前方指挥部和当地政府采取了一系列措施。

首先是在工厂开展"一中心两所"建设。通过"党群服务中心、普通话讲习所、脱贫攻坚讲习所"工作的开展,拉动党建,提升群众国家通用语言、脱贫攻坚技能、法律等技能水平,注重文化传承与创新,倡导新的生活方式,思想、技能、生活"三管齐下"促进工人对中国梦的认可与赞同。根据少数民族能歌善舞、热情好客的性格特点,经常地举办小型歌舞晚会与茶话会,通过"唱起来""跳起来""乐起来"的歌舞表达加强普通话学习,增强民族团结。

其次,实行县、乡、村"1+X+Y"(总部+卫星工厂+农户车间)三级就业模式。该模式将总部设在工业园区,卫星工厂设在村里、家门口,产品在卫星工厂生产好之后再运回总部。如此妇女在家门口也能就业,很好地减缓了妇女就业的阻力。

"厂子离家很近,就在马路对面,旁边就是幼儿园。每天早上一出门,送完孩子就能进厂上班,一个月工资1500元,家庭与工作可以兼顾。之前一直犹豫要不要离家去县城打工,现在卫星工厂的出现真是解决了自己的难题。"①

"走,去我们家看看!"离卫星工厂不远,一座温馨庭院出现在眼前,客厅里有崭新的现代家具。"这都是我在工厂上班的工资买的,我准备接着

---

① 访谈时间:2018年9月29日16:00—16:30;访谈地点:新疆雨枫灵服装有限公司的一座卫星工厂。被访者信息:女,维吾尔族,工厂工人。

攒钱，再添置些新家具，把家收拾得漂漂亮亮的！"①

"一传十、十传百，一个妇女的变化会带动一个家庭的变化，时间长了，大家会看到在慢慢变好，会把大家的积极性逐渐调动起来。现在镇上能看到很多穿工装的少数民族妇女，对美好生活的向往，不管是谁都一样。"②

最后，实施奖惩分明的激励机制。例如，在对口援疆的东纯兴公司，车间每周开展一次技能操作测定，对优秀者给予物质奖励，不合格者须接受加强培训；每月举行"月度之星"颁奖典礼，获奖者不仅可以得到电风扇、电饭锅、棉被等实用奖品，其照片还会被贴上荣誉榜。所有这些，都以民生改善为抓手，提高了工人的生活水平、丰富了工人的业余生活、增进了民族交往交流交融，促进了民族团结与进步。

第四节　成因透视与应然走向

作为观念形态向事实行为转化的对象性活动，"弘扬"与"认同"指谓了个体成员认知系统、情感系统、评价系统的交互作用，以及心理化过程、心理化机制和心理化建构的综合影响。实践中，人们头脑中的认识"直观的感性的具体性"并不足以"表述出这一过程理性和理念的具体性"。③ 因而，从"弘扬"与"认同"实证描摹的现实图景出发，聚焦个体行为和群体行为的制度情境、身份话语呈现和行为认定的社会意义，直面这些问题反映的理论诠释与实践对接的矛盾和挑战，进行成因透视、提出应然走向，进而在现实性上进一步阐发了"每一时代的理论思维，从而我们时代的理论思维，都是一种历史的产物，在不同的时代具有非常不同的形式，并因而具有非常不同的内容"④。

---

① 访谈时间：2018 年 9 月 29 日 16：40—17：10；访谈地点：新疆雨枫灵服装有限公司的一座卫星工厂、附近的工人家里。被访者信息：女，维吾尔族，工厂工人。
② 访谈时间：2018 年 9 月 29 日 17：10—17：30；访谈地点：吾库萨克镇。被访者信息：女，维吾尔族，吾库萨克镇工作人员。
③ 黑格尔：《小逻辑》，贺麟译，商务印书馆 1980 年版，第 417 页。
④ 马克思、恩格斯：《马克思恩格斯选集》第 4 卷，人民出版社 1995 年版，第 284 页。

一、铸牢和夯实"弘扬"与"认同"的思想基础

"弘扬"与"认同"所达至的价值共识,阐发了民族文化价值理念和国族梦想内化为认同主体一致的意见和看法。通过价值推崇形成共同体的价值认同,构成了"弘扬"与"认同"的重要目标;融贯民族意识、文化、习俗、性格、信仰的共同特质,则构成了"弘扬"与"认同"阐释的思想前提。由此出发,社会成员同一性基础的生成,普遍认可的价值主张凝聚,价值范畴、价值原则、价值关系、价值问题冲突、调适与解决,更加有赖于以民族精神凝聚的中华民族共同体意识所夯实的思想基础。

实证聚焦的整体性判断和差异性分析显示,调研对象面对文化冲突与利益诱惑时陷于某种程度的"功利"或"否定"性判断,与民族精神社会化导引的相对弱化不无关系,进而提出了"铸牢中华民族共同体意识"的现实问题。引用皮亚杰"建构"概念具象之,民族精神的培育,特指民族成员在共同体认识过程中对图式的运用和结构程式的形成,以及作用机制的演化和发展。民族精神培育的建构性意旨,正是在认同主体思维结构连续形成和持续改组的过程中,通过总结与抽象、同化与顺应的综合作用实现的。具体到民族精神在"弘扬"与"认同"中的培育,同化是外部刺激引入的关于"民族精神"认知的原图式,而顺应则指受外界刺激后认同主体改造"旧图式"的过程,以及为适应之所形成的关于"弘扬"与"认同"的新图式。

社会转型带来了中国社会急剧的人口流动,以此弱化了建构在家族血缘和狭隘地域关系之上的"差序格局"。当地域身份认同和族源次群体认同被重新解构时,新的交往层级和交往结构、新的生活方式和文化习惯、新的"我们"和"他们",更加凸显了具有共同性又有差异性的现实场景。共同体思想的客观化导引,不仅指向了"弘扬"与"认同"的主观要求和客观实际,而且指向了这种关系和民族发展基于"自由"与"意志"的统一。无论是群体还是个人,特殊性自我的真正含义"并非单纯是一个与独立自存的特殊事物相对立的共同的东西,而毋宁是不断地在自己特殊化自己,在它的对方里仍明晰不混地保持它自己本身的东西"①。他们对共同体生存的意识愈迫切,对发展的要求就愈彻底;自由意志的程度愈高,"弘扬"与"认同"的自觉理念就愈强。就此意义而言,民族精神培育对"弘扬"

---

① 黑格尔:《小逻辑》,贺麟译,商务印书馆1980年版,第332页。

与"认同"思想基础的夯实,同时也是认同主体选择、判断、实践的结果。

铸牢和夯实"弘扬"与"认同"的思想基础,依托于责任意识和使命感的培育。民族精神对中华民族共同体意识的凝聚,与"责任""义务"关系的深层次表达息息相关。立足于民族特色和国家发展之需的观念社会化,既包含着情感和理智的碰撞与融合,又包含理想和现实的冲突与调适;既指涉归属感对身份危机和价值迷茫的消解,又指涉文化理念对利益选择和身份定位的明晰,它们的互动指向了民族国家责任意识和个体成员义务关系的确认与自觉。文化要素的结构性融合与核心价值观的系统性推进,构成了责任意识和使命感培育的重要方法,民族文化的渗透力、国族梦想的吸引力则以民族精神对中华民族共同体意识的凝聚,强调了责任意识和使命感培育的重要凭借。在现实性上,无论是族际间文化个性的展开,还是族群内文化共生的价值形塑,共同的价值追求、共同的文化崇尚直指责任意识和使命感养成的基础。所有这些,既离不开民族文化产品的创作与推广,又离不开民族文化弘扬形式的多彩与丰富,两者共同助益于民族文化产业的发展和推进。

铸牢和夯实"弘扬"与"认同"的思想基础,依托于教育的文化整合。作为民族精神影响文化自觉历史传承和作用图式的介体,教育的文化整合使那些符合时代要求、具有适应力与同化力的思想和观念得以弘扬,使民族文化的观念和中国梦的内涵在精神濡化的同时,使个体成员形成与共同体推崇相一致的思维模式和行为准则。教育的文化整合,首先是借助传统对文化资源进行共同价值的现实凝练,弘扬其精华、摒弃其糟粕是重要的手段。整合的过程往往指涉人们面对传统的状态,即"本能的状态和自由的状态。所谓本能的状态,是指活动的主体与传统处于直接的同一性之中,盲目地被传统推着跑"[①]。另一种状态则指能够借助于实践"反观传统和自身的'镜子'"所建立起来的关系,这是一种自由的关系。教育的文化整合须建立在对待传统"自由关系"的基础上,它对"弘扬"与"认同"的思想基础的铸牢存在着正相关关系。实践中,教育的文化整合过程同时是民族文化充实和发展的过程,它对"弘扬"与"认同"思想基础的夯实,须与广泛性和系统性的国民教育相结合,贯穿于国民教育的各个层次和各个环节,融入各种教育内容和教育体系之中。同时,须进一步明确不同时期相应的教育重点、教育方式、教育手段和教育内容,进一步提升"教育引

---

① 陈筠泉、刘奔主编《哲学与文化》,中国社会科学出版社1996年版,第291页。

领、实践养成、制度保障"的综合作用,这就要求国家、政府、社会必须以充分的现实考量提供政策支持。

二、丰富和提升"弘扬"与"认同"的梯级连接

"弘扬"与"认同"所展现的抉择能力和评判自由,在"自然—强化—理解"认同的递进中显现连接的梯级与节点。在"弘扬"与"认同"实证检视的过程中,调查对象对中华优秀传统文化和中国梦价值内涵的承认、认可,经历了从符号到情节再到价值的记忆连接。作为认同层次递进的触发机制,亦在实证中显现出立足于符号唤起、强化于情节记忆、升华于理解认同的逻辑建构和发展要求。

然而,低层次的认知水平往往限制了受访对象从符号认同向理解认同层级的转化。对民族符号的认知亦显现出文化现象和观念体系的动态变化,以及对受访者的影响,从而佐证了认同的建构通常始步于符号认知的维度以及对文化内容的解读,进而延伸至对文化主题和文化活动的价值判别。由此,总体状况中的认同建构,制约于认知层次在认知维度、情节维度和价值维度的有效衔接和逐层牵引,进而为我们提出如何将社会生活中凝练和概括出来的文化价值精神,经集体推崇内化为个体成员意识、态度和行为的问题。透视之,调研对象对民族文化的认知,以态度层级的文化倾向作用于事实行为层级,亦呈现出某种程度的断裂。如果符号认知和情节认知存在着"质量"上的不足,势必影响民族文化和国族梦想在主体客体化过程中的践行,进而局限了受访者"弘扬"与"认同"向深层次拓展。

从"弘扬"与"认同"的现实情境出发,同一性基础、延续性关系、合法性诠释的梯级连接,有助于自然认同、强化认同、理解认同在"认知—态度—行为"循环建构中的演化,这就需要借助历史叙事对传统文化的现代价值、国族梦想的一以贯之,加以合目的性与合规律性的分层阐发。在这一过程中,显现民族特质的历史记忆和族源记忆,以其文化符号、历史背景和价值系统,分别指向了认同层次演进的价值指引、展演路径和目标归属。基于"弘扬"与"认同"记忆建构的子系统,以及形成共识的心理化过程、心理化机制、心理化建构;考察符号记忆、情节记忆和价值记忆组成的"记忆—认同"系统,认同主体共识形成的"自然—强化—理解"系统,动态形塑指涉的"自我建构—现实建构—匹配性建构"系统,三个系统相互关联、彼此对应、综合作用,以某种附着于或强加在物质之上并为群体所共享的意义和内涵,指谓了梯级连接的物质客体和象征符号在彼

此交互中的联动。因此，丰富价值的时空轴在梯级连接中的循环与佐证，提升历史与记忆在梯级连接中的系统互动，既强调了原生态文化的忠诚判别，又凸显了根基性承续资源竞争中凝聚的利益，共同指向系统阐发在记忆聚合中的梯级连接。

就族体关系与民族国家结构对认同层次的影响而言，"认知—态度—行为"的逐层演化，表征了从家庭到社会不同梯级连接的问题。由血缘到家庭、从族群到共同体的层级提升与梯级连接点上的失衡，通过实证调研也有不同程度的显现，这就明示了修补和填充这种裂隙的迫切性。历史上，作为概念的"民族国家"首先源于西方现代性的阐释，即强调血统、历史与本土文化的大众，构成了族裔与地域结合的人类共同体，进而导致西方语境下"民族"与"国家"的重叠，这就是"一个民族、一个国家"理念的由来。实际上，大多数民族国家均指涉复合民族共同体，民族国家概念中的"民族"更重要和更确切的意义是"国族"。将民族从社会到政治统一起来的特殊结构，以民族国家原生意义的内蕴，指涉了由共同地域、共同政治法律、共享大众文化所联结的政治、经济、文化共同体。作为复合民族共同体的中华民族，更加凸显了共同文化心理素质之上的整体性，它奠基在历史发展与民族融合的进程中。就此意义而言，作为概念的中华民族符号认同首先是指它的整体性，其次是组成中华民族整体的具体民族（族群）是中华民族的一分子，这就是多元一体性的历史与现实表达。传统中，"中华"一词，既与"中国"和"华夏"相通，又兼有族名和国民等多重含义。因此，"多元一体"不仅代表了中华文化的源与流，而且表征了中华民族结构的历史由来与层次聚合，隐喻了民族文化认同链在层次演进中的要求。

"弘扬"与"认同"的梯级连接在族体关系和民族国家结构中的演化，不仅因为民族国家是民族的权利组织机构、是国际事务的主体，而且因为"多元一体"的复合民族结构，是影响"弘扬"与"认同"达至的逻辑原点。就国家维度于层次链接的现实作为而言，应超越个体局限，彰显共建中华民族的命运与共、共享中华文化共有精神家园的作用、"你中有我—我中有你"的心理认同、"守望相助—团结进步"的价值共生。这就意味着56个民族都是中华民族组成部分，既不能独指主体民族、忽视差异性，也不能以"文化多元"和"价值中立"的名义催生离散。概言之，文化碰撞与价值共生的现实场景，要求我们必须以"多元一体"的认同感在梯级连接中的作用，贯通"五个认同"在中国梦认同中的层级衔接，进行实体地位的价值修复，以此助力于"实体"与"主体"地位的打通、个体与群体关系的同构,推进中华民族共同体意识在"共建—共享—共担"中的循环建构。

三、延展和形塑"弘扬"与"认同"的同一性空间

"弘扬"与"认同"实证描摹的现状聚焦,以负向挑战的一般性状况显示,经济全球化、信息虚拟化、文化多元化进一步凸显了"同"与"异"博弈的矛盾空间。同一性的文化因素以历史的延续性演化和主观能动建构的彼此交互,构成了以往民族共同体观念社会化和多媒介价值表达的基础。但在多元化和差异性时代交错的情形下,这一具有政治、社会、族群符号意义的民族观念受到了来自不同方向的价值影响力的冲击。随着日益激烈的文化碰撞成为难以回避的社会现实,传统文化与时尚文化、东方传统与西方观念、现实社群与虚拟社会相互交织;意见领袖与大众代表、形而上的主流价值与形而下的平民主张、传统媒体与新兴媒介相互渗透,在进行角色定位、议程设置、政治调控、舆论导向论辩的同时,导引社会关系的分裂与重组。同一性与兼容性在社会格局中再造与翻新的矛盾,多元文化渗透与影响中的博弈,多层次、多角度地诠释了吉登斯所断言的"时空抽离机制"的作用方式。当认同的现实问题受制于正面回应式微的情形下,同一性基础的空间问题便成其为"问题",即"没有一个社会,在其中个体没有有关未来、现在及过去的时间感。每一种文化也都具有某种形式的标准化空间标志,它表明特殊的空间知觉。"①

观念形态的文化和价值表达的方式总是流动的、变化的、发展的,影响于此,现代文化与传统价值的交汇、交锋和交融构成了人类社会发展的普遍现象。现代生活中的社会成员正是在当下与传统的牵引中,在过去与未来思想张力的融通下,书写自我认知与集体认同基于历史记忆翻新所进行的历史检视、嵌入自我肯定与他者承认基于时代发展对社会现实回应所进行的观念创新。民族文化的与时俱进和民族成员的"弘扬"与"认同"既是同一性基础的反映,又是国家利益的重要组成部分。"弘扬"与"认同"的共识达致必须克服少数精英分子的"独白",而植根于民族成员整体。因此,形塑所有社会成员普遍参与的同一性空间,更加有赖于凝聚共识的观念传导和价值涵括。

虚拟文化内容定制的编码、解码、译码、释码,虚拟空间影响实体的

---

① 安东尼·吉登斯:《现代性与自我认同:现代晚期的自我与社会》,赵旭东、方文译,生活·读书·新知三联书店1998年版,第16–17页。

及时、潜隐、消费，对"弘扬"与"认同"同一性空间的触发，表达了"媒体便利跨越时空的互动、影响个人用来代理他人的方式、影响个人对他人做出回应的方式以及影响个人在接收过程中行动与互动的方式"① 作用的特点。勃兴于虚拟空间的大众传媒和自媒体群，一定程度上将价值传播的结构拉扯为扁平状态，在赋予普通民众更为广阔的意见阐发平台的同时，亦在与传统传播媒介争夺价值评判的空间。大众传媒在运行过程中的"潜网"作用，即控制网络的影响，不断地注解"喉舌""第四种权力""沟通法宝"的现行展演方式，不断地编织传媒与政治、经济和社会紧密相连的现实图景。概言之，新媒体时代下的个体与群体正在进行着传统与现代、内在需求与外部要求、群体规范与个人欲望的平衡与博弈，这就为延展于民族文化、民族立意、国族梦想的同一性空间固基提出了深层次的现实诘问。

我们之所以强调生发民族共同体价值理念的同一性空间，不仅在于民族发展一体性的深刻阐释需要在回应时代诉求、介入社会现实的发展中得以延伸，而且在于对民族立意、民族发展前景、国族梦想的过去历史回溯和未来价值建构。这种建构对民族文化的理想观念、价值追求、物化能力和发展前景的指涉，诠释为民族文化内容体系、创造主体、物态转换和发展路径的自觉状态。受此影响，同一性空间的现实延伸不仅存续于民族文化"根"的探寻，而且传承于国族梦想作用机制的指引。在重构与建构的过程中，民族文化的群体共性、凝练机制和传统遵循，在"记忆之场"与"遗忘之带"的相互佐证下，对内明示同一性、对外彰显差异性，为全球化时代价值理念异质趋同向度中"我是谁""我们是谁""我们为什么宣称我们是谁"提供界定依据，同时为媒介化场景中"弘扬"与"认同"的符号象征、情节叙述、历史回眸明晰价值表达。它对同一性空间的延展更是以开辟道路的偶然性对历史必然性的呈现，映射了文化作用固本强基的社会化特征。在黑格尔看来，这种集必然性和整体性于一体的共同体自觉，是"具有坚强的主体性格的自由自在的（尽管只是形式地）个性"，即一种主体形式上的自由自在性。②

具象巩固同一性基础的应对方略，应"物态"与"意态"相结合，引领社会成员投身到中华民族伟大复兴的社会实践，在主观见之于客观的过程中，内化与外化相结合提升责任意识和使命感。所有这些，有赖于"弘扬"与"认同"的价值表达力、情感感染力、目标推进力和精神凝聚力的

---

① 约翰·B. 汤普森：《意识形态与现代文化》，高铦等译，译林出版社 2005 年版，第 248 页。
② 金炳华主编《马克思主义哲学大辞典》，上海辞书出版社 2003 年版，第 29 页。

共同作用。就当前文化多元和价值多元所交织的现实语境而言，统合各种资源、创设形成共识的民族实践场和意义阐发域，能够更好地强化民族成员同一性基础，引领认同主体行为从自发向自觉的转变。其一，选择与建构相结合、主观与客观相统一、时空轴与发展轴相辩证，充分利用历史叙事方式、纪念日方式、事件追踪方式，连接传统记忆、群体记忆和文化记忆。在价值理念社会化的时间脉络中进行历史重温、记忆再现和情感内化的联动，在政治叙事文化展演的空间面向里贯通主观叙事、记录性影片、新闻信息传播等方式，围绕相关议题进行传统、群体、历史和现实问题的集体回应。

其二，充分考量共同文化、共同理念、共同生活方式和共同经验，综合运用"复刻记忆""重现经典""价值引导""自发移情"等教育手段，通过集体无意识、空间建构的助推延展同一性基础。利用媒体设备、广播、电视、网络等大众媒介，沟通教育者和受教育者、调整教育内容、提升教育成效。在教育手段上实现人本化，研究大众传媒的载体、制定个性化的培养软件、进行个性化的兴趣开发，使记忆的再造、经典的重回更加深入"弘扬"与"认同"主体的"自发移情"。具体运用中，经教育再造的记忆、重回的经典、自发的移情，指涉同一性空间作为"一个建构的过程，而不是恢复的过程"的概念。通过大众传媒教育理念的更新，整合教育资源、教育内容和教育方向，进行有效的对接，对于同一性空间的形塑具有重要意义。

第六章　中国梦价值认同当代建构

理想愿景与奋斗目标相统一的中国梦，以共同利益、共同理想、共同追求和共同期盼的价值诠释，传承着中华民族一以贯之的文明基因，蕴含着中华民族伟大复兴的时代精髓。以中华民族优秀传统文化的弘扬为源点，聚焦中国梦价值认同的当代建构，以民族成员对中国梦价值内涵的承认、认可、赞同为基质，审视共同体生活多元一体的价值定位和价值定向，不仅展示着民族成员情感皈依的身份确立和价值归属，而且表征着中华民族团结奋斗的整体利益和价值共识，因而是中国梦理性认识和政治自觉的结果。从中国梦价值认同的问题域出发，形塑中国梦价值认同的时代场、强化中国梦价值认同的思想链、探讨中国梦价值认同的历史记忆固基，不仅彰显了中国梦价值认同"思想转化为事实"的外在化标的，而且凸显了在实践中生发的中国梦价值认同对象化活动的客观化过程。

第一节　中国梦价值认同的时代形塑

作为中国道路、中国精神和中国力量的高度凝练，中国梦价值内涵的系统阐释是中华民族一以贯之的历史传统与国家富强、民族振兴、人民幸福价值归旨的高度统一。中国梦价值认同的时代形塑，立足于中国梦价值认同的实现目标、推进动力和践行路径，体现了"认同可以是强加的，但很少如此；更正确地说，认同是皈依的，因为它们呈现的正是人们想要的"[①]现实语境。受此影响，中国梦价值认同的外在化转换，表征着主体要求与客体属性在满足需要的社会实践中所实现的确认和佐证。由此出发，确立中国梦价值认同的目标、推进中国梦价值认同的建构、拓展中国梦价值认同的主体、客体、介体，构成了中国梦价值认同时代形塑的重要维度。

[①] 约瑟夫·拉彼德、弗里德里希·克拉托赫维尔主编《文化和认同：国际关系回归理论》，金烨译，浙江人民出版社2003年版，第43页。

一、中国梦价值认同的实现目标

作为情感态度和行为实践的结合体,认同表现为承认、认可和赞同以及由此形成的身份归属和自觉状态,是对"我(们)是谁""我们从哪来、往哪去""我们如何区别于他们"等问题的诘问与回答。中国梦价值认同是关于中华民族理想愿景和奋斗目标的主体性描述,它以民族成员对中国梦价值体认和价值追求的认知性质和认可程度,表征了中国梦价值意涵的存在、属性、变化与主体尺度相一致、相符合的性质和程度。从文化认同核心要素的考量出发,中国梦价值认同是民族成员在复杂多变的多元语境中所进行的价值判定,是价值主张、价值比较和价值审视的价值明辨过程,是民族成员自主选择、自觉接受、真诚遵守的结果。在此基础上生发的共同价值观,超越了个体对特殊的偏颇,集中了特殊对普遍的接纳,首肯了多元向共识的延伸,因而具有价值研判之理论澄明的意涵。在现实性上,作为中国梦价值内涵的承认与认可,价值认同以民族成员的价值认知为基础、价值感知为体验,集价值心理、价值态度和价值行为于一体,通过民族表达的一脉相承和血肉联系,展示民族成员情感相依、休戚与共的群体身份。作为中国梦理性认识的结果,价值认同以中国梦价值内涵的本质诠释为基础,强化民族成员的政治思考、责任关系、逻辑内化和实践外化,以达到中国梦"自知之明"之上的理解,最终实现民族成员命运相关的理性自觉。

主体性、动态性和情境性指向了中国梦价值认同的基本属性——建构性,进而指向了一定社会条件下中国梦价值认同的培育和提升。主体性是对民族成员在中国梦价值认同中主体地位、主体权利和主体责任的强调。在认同关系的互动中,民族成员具有自为和自觉的特征,并在认同程度、辐射范围和理解水平上彰显差异。作为民族成员与中国梦的对象性关系,价值认同本身是民族成员主体性存在的产物,"凡是有某种关系存在的地方,这种关系都是为我而存在的。"① 动态性强调的是随着实践的发展、认识的深化和情感的升华,民族成员价值认同的动态性发展。正是因为"没有任何东西是不动的和不变的,而是一切都在运动、变化、生成和消逝"②,动态的"肯定—否定—否定之否定"为认同的现实建构奠基可能性。情境性强调的是价值认同所依赖的社会情境,一定时空边界的群体支持和特定

---

① 马克思、恩格斯:《马克思恩格斯全集》第 3 卷,人民出版社 1960 年版,第 34 页。
② 马克思、恩格斯:《马克思恩格斯选集》第 3 卷,人民出版社 1995 年版,第 733 页。

的政治、经济、文化场和意义域，这是民族成员自我认同的延伸。其中"情感—象征"的、"工具—政治—经济"的、"利益—竞争—分配"的情感态度和行为实践①，扮演了十分重要的角色。主体的、动态的和情境的认同建构，直指比较、借鉴、继承和批判的价值形成。在这样的认同语境中，对立物的参照是"我"之所以是"我"的佐证，客体属性之所以被认同往往比较于"他者"的诉求中。"差异需要认同，认同需要差异……解决对自我认同怀疑的办法，在于通过构建与自我对立的他者，由此来建构自我认同"。② 受此影响，价值研判之后的认同不仅代表了民族成员精神追求和物质实践的深化，而且映照了价值认同培育与建构的现实提升。

自然认同、强化认同、理解认同构成了中国梦价值认同时代形塑的演进梯级。其中，情感层面的自然认同是形塑的前提和条件，行为层面的强化认同是重点和关键，意义层面的理解认同是目标和归宿。自然认同是中国梦价值认同时代形塑的第一层级，是民族成员在无外力干预的情况下，通过历史继承和约定俗成达到的自然形成，是民族成员对中国梦价值内涵的历史底蕴和文化基因的承认和认可，表现为民族成员对中国梦价值内涵的感性认识和直观体验，是最基本、最普遍和最广泛的感性认同。强化认同是中国梦价值认同时代形塑的第二层级，是在自然认同基础上，通过教育引导和强制推崇促使民族成员承认、认可和赞同中国梦价值内涵的过程与结果。现实生活中的强化认同不可能一蹴而就，激发个体成员的主体自觉是其中重要的环节，教育传播与社会引导由此显得尤为重要。正因为强化认同强调的是行为习惯的日常养成，因而较自然认同表现得更为深刻和具体。理解认同是中国梦价值认同时代形塑的最高层级，是在自然认同和强化认同演进的基础上，民族成员以对话和交流为中介，达成对中国梦价值内涵的理解——其本质在于视域融合。③ 正是因为"感觉到了的东西，我们不能立刻理解它，只有理解了的东西才更深刻地感觉它。感觉只解决现象问题，理论才解决本质问题"④，中国梦价值内涵的历史视域和现实视域、个体视域和群体视域的融合，往往意味着认同的深层标的——中国梦价值内涵皈依的理性自觉。因而，在现实性上，中国梦价值认同的视域融合，构成了中国梦价值内涵"人同此心、心同此理"之普遍理解的基础。

---

① 参见庄孔韶《人类学通论》，山西教育出版社2003年版，第356–357页。

② Connolly W E. *Identity Difference*: *Democratic Negotiations of Political Paradox*. Cornell University Press，1991，p. 1.

③ 参见汉斯-格奥尔格·伽达默尔《诠释学（Ⅱ）》，洪汉鼎译，商务印书馆2010年版，第550页。

④ 毛泽东：《毛泽东选集》第1卷，人民出版社1991年版，第286页。

道路自信、理论自信、制度自信、文化自信是中国梦价值认同时代形塑的目标。中国梦代表了中华民族一以贯之的理想愿景和中国特色社会主义事业的前进方向，民族成员对这一本质内涵的承认和认可，内在地包含了对中国特色社会主义道路、理论和制度的认同。这一认同表现为民族成员对中国特色社会主义发展道路、理论体系和政治制度的理解与赞同，表现为由此形成的身份归属和政治自觉，表现为中国特色社会主义的道路自信、理论自信和制度自信。其中，道路自信是理论自信和制度自信的实践基础，理论自信是道路自信和制度自信的思想基础，制度自信是道路自信和理论自信的政治基础。[①] 在现实性上，人们正确认识和严格遵守客观规律，表征了"自觉"所强调的人们从事有目的、有意识的实践活动和认识活动的结果。由此出发，"自信"导引的道路自觉、理论自觉和制度自觉是民族成员价值研判之上的"自知之明"，是更深层的"文化自信"生发的基础，是文化自信之"文化自觉"的活水源泉，是民族成员对中国特色社会主义道路、理论和制度的内在联系和本质规律的深刻理解与全面把握，是民族文化力量最深层的历史支撑和现实凭借。自信与自觉的统一、科学性与价值性的肯定，不仅表征着民族成员对中国共产党执政规律、社会主义建设规律和人类社会发展规律的认识，而且表征着民族成员自觉实践、严格遵循和理解认同的结果，因而是中国梦价值认同实现的标志。

二、中国梦价值认同的推进动力

　　作为物质形态和观念形态相统一的内化与实践，中国梦价值认同的时代形塑具有整体性、转换性和自身调整性的特征，其价值内涵的系统结构以程式的稳定和失衡、机制的选择和作用，触发和实现着结构与功能的相互转化。中国梦价值系统在内外联系和结合关系中表现出来的特性和能力[②]，观照的是中国梦价值内涵对民族成员需要的满足、产生的影响和重要的标识，即中国梦价值系统的内在特性和功能属性，以及它们在内外联系和结合关系中的显现，其中物质属性和精神属性构成了中国梦价值认同建构的实践形态和系统功能。由此出发的动力推进，结合的关系往往意味着关系的选择与判定，其中既有要素与要素的系统结合，又有选择与作用的特定要求。中国梦价值体系的凝聚、物化和感召，为中国梦价值认同的现

---

　　① 参见陈锡喜《政治认同的理论思辨：与大学生谈实现中国梦的自信和自觉》，上海人民出版社2013年版，第6页。
　　② 参见金炳华主编《哲学大辞典》，上海辞书出版社2007年版，第951页。

实物化增强国家硬实力、提升文化软实力、建构国际话语体系、凝聚和扩大社会共识。动力系统各要素之间的协调运作，凝聚力、物化力和对外影响力的系统生成，共同推进着中国梦价值认同的培育与建构。

中国梦价值内涵的凝聚力首先表现在中国梦价值内涵对民族成员的吸引力。中国梦的核心是中华民族伟大复兴，"两个一百年"代表了中华民族的奋斗目标和理想愿景，国家富强、民族振兴和人民幸福从不同的维度阐明了中华民族团结奋斗的最大公约数，物质文明、政治文明、精神文明、和谐社会与生态文明的发展成果以"5+1"的立体结构，连接着国家、民族、个人的历史与未来，形成休戚相融的命运共同体。其次是民族成员对中国梦价值内涵的向心力。向心力强调的是质点做圆周运动时所接受的指向圆心的力①，在中国梦价值内涵的动力系统中，向心力所要构筑的是认同的"中心—外围"结构，即以中华民族的价值体认和价值追求为"中心"、以全体中华民族成员为实践主体的系统结构，旨在推进"外围"向"中心"的靠拢。最后是在价值认同的基础上各民族成员之间的黏合力。中国梦价值内涵的深层表达，秉承中华民族的整体精神和多元一体的历史传统，凝练和抽象各民族群体的理想、目标和利益，这种利益相关的黏合使"每一个人的利益、福利和幸福同其他人的福利有不可分割的联系"②，进而形成同类价值意识，导引个体成员的价值判断，协调行为方式和利益归旨。

中国梦价值内涵的吸引力、向心力和黏合力为中国梦价值认同的建构提供凝聚力。中国梦价值内涵的吸引力，推动民族成员对中国梦的价值感知和价值体验，为中国梦价值认同提供心理依据；中国梦价值内涵的向心力，推动民族成员对中国梦的价值理解和自觉内化，为中国梦价值认同奠定思想基础；中国梦价值内涵的黏合力，推动民族成员对中国梦的价值实践和自觉外化，为中国梦价值认同拓展平台、夯实基础。吸引力、向心力和黏合力的系统生成，以中国梦的价值追求为介体，强调价值需要与价值满足的实践成果，表现个体成员主观能动的现实发挥，支撑他们的心灵慰藉和利益延伸，推动共同体社会化的群体凝聚。在具体实践中，吸引力、向心力和黏合力的系统内含民族精神，构成民族凝聚的内在基因；中国梦价值内涵的行为规范外显认同的践行方式，反映动力推进的外在表征。内在基因与行为规范在民族凝聚基础上的统一，付诸价值转化的对象性活动，促进"主观见之于客观"的由表及里，导引从感性认识向理性认识的飞跃，落实理性认识向社会实践的转化，借此实现民族成员从感性认同向理性认

---

① 夏征农、陈至立主编《辞海》，上海辞书出版社2009年版，第2504页。
② 马克思、恩格斯：《马克思恩格斯全集》第2卷，人民出版社1957年版，第605页。

同、从理性认同向价值认同的深层递进。

中国梦价值内涵的物化力强调主观精神向客观物质转化的过程和结果。① 根据历史唯物主义的基本观点,物化特指人的思想观念通过实践向现实存在的转换,即思想观念转化为具有物质形态的对象性存在。简言之,物化是社会实践基础上精神向物质转化的过程,它以精神力量向物质力量的转化为中介,以精神成果向物质成果的转化为标志。② 在现实性上,共同体社会生活中的物化与物化力,往往意味着精神形态向物质形态转化的能力,"思想根本不能实现什么东西。为了实现思想,就要有使用实践力量的人"③,这就需要在实践中确立精神向物质转化的价值主体、价值目标和力量中介。因此,中国梦价值内涵的物化力展示的是作为精神物化主体的民族成员、价值体认、价值追求和价值层次在认同基础上的动力推进以及中国梦价值内涵的实践过程和结果。

中国梦利益关系的整合、动力激发和对象性活动为中国梦价值认同的建构增强物化力。首先是利益的整合与调适。利益是民族成员思想动机"背后的动力","人们奋斗所争取的一切,都同他们的利益有关"④。个人意志、自我价值与社会标准之间的对立和统一,源于利益主体自身演变的发展与利益客体承载指向的多变。正因为价值认同是基于各种权益关系波动而发生的互动,表现这一关系的本质往往是利益过程与利益行为的求和与求解。"不是思想,而是利益(物质的和思想的)直接支配人的行为"⑤,整合与调适须统筹整体利益、集体利益和长远利益,兼顾个体利益、局部利益和暂时利益,其结果不仅影响价值内涵的物质转换,而且决定价值认同的精神诉求。作为持续发展结构作用的产物,利益的整合与调适总是以社会主导的核心价值为源点,依托情感,通过规范的约束和目标的导引,统一民族成员的思想,在促进精神物化的同时,推动价值认同的深化。其次是动力的激励与开发。所谓精神动力,就是"思想、理论、信念、道德、情感、意志等精神因素对人从事的一切活动及社会发展产生的精神动力"⑥,是中国梦价值内涵物化的重要方面。思想动机是民族成员行为推进的动因,需要的诠释是动力开发的重要渠道,满足需要是民族成员主观能动的体现;

---

① 参见金炳华主编《哲学大辞典》,上海辞书出版社2007年版,第35页。
② 参见骆郁廷《精神动力论》,武汉大学出版社2003年版,第106-107页。
③ 马克思、恩格斯:《马克思恩格斯全集》第2卷,人民出版社1957年版,152页。
④ 马克思、恩格斯:《马克思恩格斯全集》第1卷,人民出版社1956年版,第82页。
⑤ 转引自苏国勋《理性化及其限制——韦伯思想引论》,上海人民出版社1988年版,第84页。
⑥ 参见骆郁廷《精神动力论》,武汉大学出版社2003年版,第16-17页。

未满足的需要通常是动力激发的始点,而需要的满足往往是激励实现的标识。物化过程中的思想愿景以情感和规范搭建满足需要的舞台,进而引发满足需要的行为。因此,综合激励是动力开发的重要方式,精神与物质的相互补充是动力开发的重要手段,践行主体的激发与调动是动力开发的重要目标。最后是民族成员对象性活动的物化。中国梦的价值目标是民族成员共有和共享的精神财富,中国梦的价值内涵是中华民族创造物质财富、发展科技的动力之源。受二者联系和相互转化的影响,中国梦价值内涵的物化不仅关系着民族成员的利益维系,而且关系着中国梦从精神到物质飞跃的根本。当今世界,民族成员对象性活动的物化本身就是一种资源,它与硬实力的相互支撑在价值体系与价值实践中的地位亦在不断凸显。民族成员进入对象性活动的过程,往往是价值认同现实物化的先导,主观见之于客观的结果往往在促进现实转换的同时,增强认同的物质实力与物质基础,以此推动价值认同的现实建构。

中国梦价值内涵的对外影响力,特指中国梦价值内涵的系统结构在与外界交换物质、信息和能量过程中影响和改变外界思想和行为的能力。现实生活中的认同不仅源于自我,而且佐证于"他者"的承认,"如果得不到他人的承认,或者只是得到他人扭曲的承认,也会对我们的认同构成显著影响"[①]。因此,自我认同和他者的承认不仅是中国梦对外影响力的体现,而且是价值认同与文化竞争相互建构的结果。在现实性上,中国梦价值内涵的对外影响力总是与对内影响力相辅相成,二者在结构功能上的相互依存,是中国梦价值认同动力推进的重要机缘。其中,对内影响力是对外影响力的基础和前提,对外影响力是对内影响力的扩展和延伸。内外影响力的相互促进、价值内涵的现实物化、物质与精神力的转换、硬实力与软实力的支撑,系统生成了中国梦影响力的基础;中国人民贡献世界和平的真诚意愿、中国梦价值内涵与践行方式的国际担当,层次递进着价值认同"他者"承认的佐证。

中国梦价值内涵的实践感召和对外传播为中国梦价值认同的建构提升对外影响力。较之于经济和物质等硬实力,无形而潜在的价值体认反映的是民族国家的精神风貌,它与文化竞争的整合、与软实力物化的互动,是经济决定与精神动力作用的结果。由此出发,价值内涵的实践感召不仅是中国梦本质意义的精神旨趣,而且是中国梦影响世界的重要方式。按照历史唯物主义的观点,中国梦价值内涵的实践感召不可能脱离其践行的经济

---

① 汪晖、陈燕谷主编《文化与公共性》,生活·读书·新知三联书店2005年版,第290页。

发展和政治实力。因此，中国梦价值内涵对外影响力的提升天然地包括民族国家经济和政治生活的内容与效用。具体而言，中华民族在世界政治经济体系中的分工、在国际市场份额中的比重、在交换活动中扮演的角色，中国梦价值内涵的世界性诠释和国际性担当，以及对外传播的广度和效果，在很大程度上决定了价值认同的现实行为和政治决断，直接影响了传播话语之身份、关系和观念功能的现实建构与实际效果。正是因为"意义"的发挥"越来越经过大众传播的机制和机构所中介"，传统媒体和新媒体的结合、文化传播的深入、政治话语的转换和人们日常生活的调节，已然成为"现代社会生活的一个中心特征"[1]。以中华优秀传统文化为载体，立足于中国梦价值内涵的精神意旨，完善中国特色的话语体系，构成了中国梦对外传播由工具层面上升为价值层面、由传统层面上升为现代层面的系统推进。以契合受众语境的传导为中介，消解中外交流的理解间距和语言歧义，将含糊不清的自然语言转化为意义明确的价值表达[2]，其中的变化不仅包括传播话语的实践，而且涉及改变话语实践的努力。在此基础上形成的"他者"承认，不仅是中国梦对外影响力提升的标志，同时也是中国梦价值认同建构的部分。

三、中国梦价值认同的形塑路径

路径抉择是建构中国梦价值认同的实践命题。在共同体的社会生活里，价值认同的时代形塑来源于民族成员对中国梦价值内涵的承认与认可，产生于文化认同、政治认同与价值认同相互交织的理解向度中，受制于制度、利益、绩效的社会共识和普遍承认，同时与培育践行的策略性、针对性和时效性层层相依。受此影响，文化认同与政治认同的结合、顶层设计与底层探索的辩证、社会展演与学校教育的统一，中国特色之制度、利益和绩效的现实贯穿，价值认同之主体、客体和介体的现实延伸，从不同的方面影响和决定了中国梦价值认同建构的过程与结果。

文化认同和政治认同是中国梦价值认同的重要组成部分。在现实性上，文化认同突出民族成员天定宿命的身份和不可退出的血缘，强调共同体精神文化的历史共源和现实共生，展示独立于其他民族的价值、信仰、符号和共识，在实践中常常被运用于身份识别和民族认同。政治认同突出社会

---

[1] 约翰·B. 汤普森：《意识形态与现代文化》，高铦等译，译林出版社2005年版，第83–84页。

[2] 参见金炳华主编《哲学大辞典》，上海辞书出版社2007年版，第374页。

成员自主选择和主观判断的价值意旨，强调共同体政治的精神气质和政治观念，展示占主导地位的阶级利益和核心价值，在实践中往往被运用于政治性的价值判断和国家认同。中国梦价值认同集文化认同和政治认同于一体，既具有民族性、又具有政治性。一方面，中华民族文化是中国梦价值内涵产生的土壤，中国梦的价值体认内在地包含了中华民族的历史传统；另一方面，中国特色社会主义是中国梦价值内涵发展的现实场域，中国梦的价值追求逻辑地体现了中华民族现实的政治理想。在具有偶然性的个性表现出来的必然中，中国梦价值认同是一定条件下反复比较和全面论证的结果，它所达致的逻辑与历史观照的现实统一，"正如从简单范畴的辩证运动中产生出群一样，从群的辩证运动中产生出系列，从系列的辩证运动中又产生出整个体系"①，是民族成员自主选择和理性认识的结果。因此，从"对大多数人来说最有意义"的文化土壤中吸取民族的养分固基政治认同，是中国梦价值认同当代建构的必然之举。

　　文化认同和政治认同相结合带动中国梦的价值认同，在于挖掘中国梦价值内涵的民族特质和文化底蕴，凸显中国梦价值认同政治性的民族表达，展示中国梦价值体认的民族特色和文化基因；在于大陆同胞、港澳同胞、台湾同胞、海外华人华侨在中华一体上的认同，这是中国梦价值认可的标的。在现实性上，作为规定性、综合性和多样性的集合体，中国梦价值认同不仅具有经验层面的个体含义，而且具有整体性和系统性的价值研判，这是由文化和政治系统的关联带来的规定性。价值首先是主体对客体有用性的摹写，因此，中国梦价值认同的确立"并非单纯是一个与独立自存的特殊事物相对立的共同的东西，而毋宁是不断地在自己特殊化自己，在它的对方里仍明晰不混地保持它自己本身的东西"②。处在自身差异与整体推崇矛盾中的价值主张，结合文化与政治因素形成的价值思考，自然包括区别与对立的辩证，包括整体变化和共识达成的可能。由此可见，文化与政治结合的价值含义，是价值共识不可或缺的前提。所以，文化价值链接汇聚得越多，系统化功能的作用就越大。具体而言，立足于文化认同的自由意志，作用于政治认同内涵与外延的现实场景，对具体和特殊的价值要求加以衡量，进而把客观事物满足需求的标准归并到价值体系的类别中。优化价值认同的文化载体，提炼中华文化的价值意义，塑造中华民族的价值形象；弘扬中华民族优秀传统，进一步阐释文化积淀、基本国情和发展道路的中国特色，推动传统文化的现代转型，促进中国梦价值认同的自信与

---

① 马克思、恩格斯：《马克思恩格斯选集》第 1 卷，人民出版社 1995 年版，第 140–141 页。
② 黑格尔：《小逻辑》，贺麟译，商务印书馆 1980 年版，第 332 页。

自觉。

制度、利益和绩效是中国梦价值认同的基础。民族共同体的制度设计、利益满足和绩效水平是民族成员价值需求的满足与定位,制度认同、利益认同和绩效认同在一定条件下构成了中国梦价值认同的培育向度。制度认同,强调的是民族成员对中国特色社会主义制度的认同,这是中国梦价值认同的规范性资源;利益认同强调的是民族成员对民族共同体赋予的物质、政治和精神利益的认同,这是中国梦价值认同的导向性资源;绩效认同强调的是民族成员对民族共同体政治运行绩效的认同,这是中国梦价值认同的功绩性资源。制度认同、利益认同和绩效认同从不同的层面构成中国梦价值认同的制度基础、利益基础和绩效基础,三者相互依存、相互促进,共同推进着中国梦价值认同。一方面,制度设计是利益满足和绩效水平的政治保证,利益满足是制度设计和绩效水平的目标归宿,绩效水平是制度设计和利益满足的实践结果。与此相适应,制度认同是利益认同和绩效认同的政治前提,利益认同是制度认同和绩效认同的目标指向,绩效认同是制度认同和利益认同的逻辑结果。另一方面,制度认同、利益认同和绩效认同分别从行为规范、利益导向和绩效影响的整体上对中国梦的价值认同发挥作用。三者既相互独立,又相互依存,共同促进中国梦价值认同的深入。

顶层设计和底层探索相结合贯穿中国梦价值认同的制度、利益和绩效,强调自上而下,自下而上、从实践到理论、从理论到实践,以制度认同、利益认同和绩效认同为中介,实现中国梦的价值认同。"顶层设计"源自系统工程学,强调运用系统论思维、自上而下对工程蓝图进行科学的总体设计,反映了理性认识的创造性。"最蹩脚的建筑师从一开始就比最灵巧的蜜蜂高明的地方,是他在用蜂蜡建筑蜂房以前,已经在自己的头脑中把它建成了。"[①] 中国梦价值认同的顶层设计,特指政府从顶层开始、自上而下地制定价值认同的战略目标、战略重点、战略步骤和战略规划,进行系统、科学的总体设计。与此相应的底层探索特指基层群众为解决价值认同的实际问题进行的实践和探索,带有"摸着石头过河"式的特征,从中积累经验、总结教训和探索规律。在中国梦价值认同的建构中,顶层设计和底层探索既相互依存,又融会贯通。一方面,底层探索是顶层设计的实践基础,离开底层探索的经验积累、补充修正和实践检验,顶层设计就成为无源之水和无本之木;另一方面,顶层设计是底层探索的理论指南,离开顶层设

---

① 马克思、恩格斯:《马克思恩格斯选集》第2卷,人民出版社1995年版,第178页。

计的目标指引、统筹规划和动力推进，底层探索就成为自发实践和盲目探索。在现实性上，顶层设计的完善与底层探索的结合，对中国梦价值认同制度、利益和绩效的贯通，往往意味着中国梦价值认同的系统生成，意味着主客体关系的双向肯定，意味着社会公众的理性认识、心理支撑和情感归属的现实满足。

中国梦价值认同指涉民族成员对其价值内涵的承认、认可、赞同，进而产生的理性自觉与归属意识。民族成员不仅是中国梦价值内涵的认同主体，也是践行与实现中国梦奋斗目标的实践主体。中国是一个多民族国家，"多元一体"是费孝通先生对中华民族结构的高度概括。所谓"多元"，指的是中华民族是由56个民族群体组成的复合民族共同体；所谓"一体"，指的是经过长期历史发展，56个民族已经结合成为不可分割的整体。中国梦价值认同的主体涵盖了包括大陆同胞、港澳同胞、台湾同胞、海外华人华侨在内的56个民族的个体成员。中国梦的价值内涵作为中国梦价值认同的客体，融通传统精神与时代精神于一体，不仅连接着民族发展过程的同一性，传承着中华优秀传统文化的基因，而且表征着文化发展与其前身不可割裂的血脉联系，是对中华民族历史与文化的选择、积淀与创新。中国梦的本质、奋斗目标、维度与层次以及"5+1"的内容结构，共同诠释着中国梦独具民族特质的价值追求、利益关系与实现方式，构成了中国梦价值认同的客体。中国梦价值认同的介体就是把中国梦价值内涵、精神内核通过各种方式、途径、手段、环体、载体传导给民族成员，并促进其思想转化、认同、归属的一系列中间环节的综合，中国梦价值认同的介体实质上在中国梦价值内涵传播与认同过程中起着连接认同主体与客体的引渡功能。

作为中国梦价值认同的主体，民族成员是中华民族文化的缔造者与承载者，也是中国梦价值内涵、精神内核的淬炼者，同时也是实现中国梦理想愿景与奋斗目标的践行者，他们构成了中国梦价值认同的根本性力量。作为中国梦价值认同的客体，"中国梦"概念的提出本身就是民族成员自我反思、自我扬弃的选择、整合与创造，是对五千年中华民族历史与逻辑、光荣与梦想、曲折与沉沦的反思与建构，是对传统文化积淀与主体选择的凝练与升华。在中国梦价值内涵的传播与认同过程中，民族成员作为中国梦价值认同的主体，同样也是介体的建构者，民族成员依据中国梦价值内涵自身的特点，挖掘民族文化的基因、溯源中国梦价值内涵的来龙去脉，并结合主体自身的心理实际、思维规律与心理特点，选择不同的方法、手段、路径，创设多种传播与认同的情境与空间，建构多重文化信息的载体与场域，构筑中国梦价值认同介体的综合系统。就此意义而言，中国梦价值认同的主体与客体在介体系统生成的过程中处于核心地位。受此影响，民族成员从中华民族的历史与文化中淬炼出中国梦，并服从、服务于中国梦价值内涵的传播与认同，进而构筑中国梦价值认同介体的综合系统。中国梦价值认同作为民族成员对中国梦价值内涵的认同过程，不仅反映了认知、判断、评价相统一的心理过程，而且缩影了认识、情感、行为相一致的演化过程。主体、客体、介体在认同达致心理演化过程中的贯通，构成了中国梦价值认同系统作用和结构功能生成的基础。其中，民族成员是中国梦价值认同生发的根本性力量，中国梦的价值内涵是中国梦价值认同符号系统、情节系统、价值系统作用的活水源泉，而连接认同主体与客体的介体，则在导引民族成员对中国梦价值内涵符号、情节、价值认知的过程中，催生民族成员情感态度与事实行为的契合，推动中国梦价值认同层次递进的延展。

　　社会展演和学校教育相结合拓展中国梦价值认同之主体、客体和介体，就是要结合社会展演的大课堂和学校教育的主课堂、结合隐性教育和显性教育的特色与优势，延伸认同教育的主体、客体、介体。社会展演是认同教育的重要方式，在社会学家特纳看来，这种教育主要是借助过去的循环论证，运用法术、符咒、仪式、舞蹈、肢体动作等多种形式，复活和再现过去的事件，觉察过去的存在与历史的真实，进而使现在的经验和行为合法化。因此，社会展演所要唤起的过去，主要是确证过去的独特性诠释，促成参与者对"历史事实"的承认与认可。[①] 具体到中国梦价值认同的建构，主要是汇聚社会展演的时间、空间、意义和行为，综合考虑议题设置、仪式操演、外在样态、身体规训与行动模式表达，凸显中国梦一以贯之的历史进程和价值意义，形成民族成员价值认同的历史感知和现实互动。作为制度化的国民教育，学校教育是有目的、有计划、有组织地提高民族成员思想道德素质、科学文化素质和健康素质的社会实践活动。中国梦价值认同的学校教育，表征着目的性、计划性和组织性的政府意志和系统运作。就建构渠道而言，社会展演与学校教育各有侧重、优势互补。作为认同教育的大课堂，社会展演强调的是实践层面的价值认知和认同践行；作为认同教育的主渠道，学校教育强调的是知识层面的价值研判和凝聚共识。在主体拓展中，社会展演整合社会力量，扩大展演队伍，增强不同等级、地区政府部门与民间组织力量的战略协同与互动；学校教育以学习育人，衔

---

① 参见麦克尔·赫兹菲尔德《什么是人类常识——社会和文化领域中的人类学理论实践》，刘珩、石毅、李昌银等译，华夏出版社 2005 年版，第 69–70 页。

接教育的各个环节与阶段，增强与提升受教育者的主体性与自身素质。在客体拓展中，社会展演凸显全民性的特点，再造记忆、有效激发，通过"身体实践"的仪式与活动唤起参与者对中国梦的符号认知、情节认知与价值认知，催生归属的情感与态度；学校教育连接各个年龄，互补堂上、堂下、教育与自我教育。在介体拓展中，社会展演以纪念活动为契机，设计纪念仪式、展示纪念空间、诠释中国梦的思想理论；学校教育注重传统，改进"第一课堂"显性教育，重视"第二课堂"隐性教育，开展形式多样的主题活动，使之更加贴近实际、贴近生活、贴近学生。

第二节　中国梦认同的核心价值观引领

中华民族核心价值观是中国梦价值内涵生发的基础。作为观念形态价值表达的物化，中国梦的实现是观念形态的意识以"人化自然"的实践对"自在自然"的改变，是中华民族的价值体认和价值追求由认识向实践、由理想向现实、由精神向物质的转化。换言之，中国梦的实现是中国梦价值内涵践行的结果，而中国梦践行的过程则从意识活动对客观世界的改造聚焦于中国梦价值追求的实现。以"三个倡导"为主要内容的社会主义核心价值观，继承和发展于中华民族一以贯之的价值目标、价值取向和价值规范，是中国梦践行与外在化转变的精神要求。社会主义核心价值观在中国梦践行场域中的培育，以客观关系系统、力量关系构型、主观见之于客观的中介，引领并推进中国梦价值认同的对象性活动。

一、社会主义核心价值观的系统结构

价值具有双重性，表现为功用价值和内在价值的统一。在功用维度上，价值是在社会实践基础上形成的客体属性满足主体需要的效用关系，它以真、善、美为最高境界。哲学层面的价值"从人们对待满足他们需要的外界物的关系中产生"①，与其说是一种实体范畴、或曰属性范畴，不如说是一种关系范畴。价值作为哲学范畴具有较高的普遍性和概括性，表征着客体属性对主体的意义，客体满足主体需要的关系，以及促进人们本质力量

---

① 马克思、恩格斯：《马克思恩格斯全集》第19卷，人民出版社1963年版，第406页。

对象化和推动主体全面发展中的积极影响和意义。在内在维度上，价值是指人类本身具有的优异性质与能力。在新实在论者穆尔（G. E. Moore）看来："说一类价值是内在的，仅仅意谓一物是否具有它，在何种程度上具有它，单独依靠该物的内在性质。"① 受此影响，价值更多地指向功用维度。价值主体、价值客体和价值介体的相互联系与相互依存，构成了价值范畴的系统结构。价值主体是价值的实际承担者，同时是实践活动和认识活动的主体；价值客体是价值的客观物质基础，同时是实践活动和认识活动的作用对象；作为实践关系和认识关系统合的价值介体，是价值主体和价值客体相互联系、相互作用的纽带和桥梁。价值具有客观性、主体性、社会历史性和多维性。价值的客观性在于价值主体的需要、价值客体的属性、价值实现过程和结果均具有客观性；主体性在于同一价值客体对于不同价值主体具有不同价值；社会历史性在于价值主体需要、价值客体属性和价值实现过程都与社会关系及其历史变迁紧密相连；多维性在于价值主体和价值客体的内在结构和规定性都具有全面性、立体性和复杂性，从而构成多维度的价值关系。作为主体尺度与客体尺度、真理原则与价值原则、合目的性与合规律性的有机结合和辩证统一，价值指涉人类实践活动和认识活动的动机和归宿。

价值要求上升为观念形态，是主体在实践活动和认识活动中形成的关于价值的理性认识，是系统论和理论化的价值认知与价值体验，其实质是价值主体关于实践客体和认识客体对自我、他人和社会的意义之自觉认识，其核心是价值主体对人生目的的认识、对人类社会的态度和对生活道路的选择，② 是一定价值目标、价值取向和价值准则的集合体。作为价值主体实践活动和认识活动的价值指向，③ 价值目标是价值观的动力系统，是价值取向和价值准则的目标与方向；作为价值主体在价值判断和价值选择中表现的一以贯之的倾向性，④ 价值取向是价值观的图式系统，它以特定的价值预设导引具体的价值选择，不仅是价值目标的具体表现和价值准则的理论升华，而且是价值目标和价值准则双向互动与相互贯通的纽带和桥梁；作为规范价值主体实践活动和认识活动的行为准则，价值准则是价值观的规范系统，它以具体规范和明确界限指引价值活动，表现为特定的价值标准、价值尺度和价值要求，是价值目标和价值取向的实践形态。古往今来的价

---

① 转引自张岱年《文化论》，河北教育出版社1996年版，第119页。
② 参见金炳华主编《马克思主义哲学大辞典》，上海辞书出版社2002年版，第272页。
③ 参见李德顺主编《价值学大词典》，中国人民大学出版社1995年版，第283页。
④ 参见李德顺主编《价值学大词典》，中国人民大学出版社1995年版，第286页。

值观大致可分为：以上帝为价值源泉的宗教价值观、以物欲为价值追求的庸俗价值观和关于价值问题理论思考的哲学价值观。① 就此意义而言，价值观更多地侧重于哲学层面。

价值观具有理想性、相对稳定性、社会历史性、阶级性和民族性。所谓价值观的理想性，是指价值观将价值目标融入价值判断，表现为现实与理想、实然与应然的有机统一②；价值观的相对稳定性，是指价值观一经形成便会在具体的时空轴发挥着持续不断的影响；价值观的社会历史性，是指价值观受制于一定的社会情境，并在一定的历史条件下形成和发展；价值观的阶级性，是指价值观的特性与特质，不同阶级的意识形态差异集中体现了价值观的分殊性，即"占统治地位的思想不过是占统治地位的物质关系在观念上的表现，不过是以思想的形式表现出来的占统治地位的物质关系"③；价值观的民族性，是指不同的民族共同体在历史底蕴和文化基因之上的价值观区别，表现为独具民族特质的价值目标、价值取向和价值准则。

作为社会价值观体系的组成部分，价值观可分为核心价值观和其他价值观，前者居于支配地位、起主导作用，后者居于从属地位、起辅助作用。作为文化体系的精神内核，价值观的博弈主要体现在为进步与落后、积极与消极、正面与负面的价值碰撞。作为一个开放的系统，价值观通过价值主体的实践在与认识系统交换物质、信息、能量的过程中，发挥着动力、导向、评价和规范的作用。概言之，价值观对实践的引领具有动力功能，是指价值观可以激发、调动和维护价值主体的思想动机和主观能动性；价值观对实践的引领具有导向功能，是指价值观可以为价值主体的实践和认识活动进行价值定位和价值定向；价值观对实践的引领具有评价功能，是指价值观可以为价值主体的实践和认识活动提供评价标准；价值观对实践的引领具有规范功能，是指价值观可以调节价值主体的实践和认识活动，使之符合特定的价值目标、价值取向和价值准则。

在社会价值观体系中居于中心地位的核心价值观，生发于一定的民族文化传统，阐释于一定的思想体系、社会形态和社会制度，是社会存在的集中概括和综合反映。核心价值观的"核心"，表现为在社会系统运行中起主导作用的价值目标、价值取向和价值准则的集合体，它贯穿于社会价值

---

① 参见张岱年《文化论》，河北教育出版社 1996 年版，第 120 页。
② 参见张友谊主编《培育和践行社会主义核心价值观读本》，济南出版社 2014 年版，第 4—5 页。
③ 马克思、恩格斯：《马克思恩格斯选集》第 1 卷，人民出版社 1995 年版，第 98 页。

观体系的各领域、各方面和各环节,受到全体社会成员的普遍认同和持续遵循。作为价值观统合作用的范畴,核心价值观不仅具有价值观的共有特征与功能,与此同时,作为社会的主导价值观,核心价值观亦具有区别于一般价值观的特征与功能。就核心价值观的特征而言,核心价值观具有统摄性、共识性和建构性。核心价值观的统摄性,是指核心价值观具有磅礴的凝聚力、感召力和引导力,可以整合、协调和引导其他社会价值观,使之契合核心价值观的价值要求;核心价值观的共识性,是指核心价值观是"绝大多数人的、为绝大多数人谋利益的"[1] 价值观,因而受到绝大多数人的承认、认可和赞同,是社会价值观体系的"最大公约数";核心价值观的建构性,是指核心价值观并非自发形成,而是自觉建构的结果,且建构的过程并非一蹴而就、一劳永逸。

在现实性上,"人们的意识,随着人们的生活条件、人们的社会关系、人们的社会存在的改变而改变。"[2] 随着经济体制的改革、社会结构的变动、利益格局的调整和思想观念的变化,核心价值观的培育和践行更加需要不断地丰富、发展和完善。从功能发挥机制出发,审视核心价值观具有的主导功能、凝聚功能和维护功能,亦从不同的角度诠释了面对各种社会思潮的侵蚀,核心价值观抵御"异质"意识形态渗透所扮演的角色;在推动国家治理和社会管理现代化,核心价值观所赋予的共同价值目标、价值取向和价值准则;在尊重差异、包容多样的基础上,核心价值观的价值表达、目标说服、合作协同的吸引力、向心力和亲和力;在提供社会黏合剂的同时,为经济、政治、文化、生态的发展所谋求价值共识和凝聚力量;在论证经济发展道路和政治合法性的坚守上,核心价值观所阐释的精神支撑和文化命脉,更是核心价值观现实作为的体现。

从国家性质的内在要求出发,社会主义核心价值观揭示了中国特色社会主义在国家、社会、个人三个层面的价值目标、价值取向和价值准则,它以三者互构的抽象构成了互动有机的系统结构。具象之,社会主义核心价值观国家层面的价值目标是国家整体发展的顶层设计,它从宏观层面回答了"建设什么样的国家"的价值要求。其中,富强、民主、文明、和谐的价值内涵,代表了中国特色社会主义对未来经济、政治、文化、社会和生态发展模式的勾画与描绘,是在物质基础、政治保障、精神动力和社会环境等方面的规划和设计,构成了确立社会层面价值取向和个人层面价值准则的总体依据。社会主义核心价值观社会层面的价值取向是社会总体发

---

[1] 马克思、恩格斯:《马克思恩格斯选集》第 1 卷,人民出版社 1995 年版,第 283 页。
[2] 马克思、恩格斯:《马克思恩格斯选集》第 1 卷,人民出版社 1995 年版,第 291 页。

展的战略部署，它从中观层面回答了"构建什么样的社会"，是对社会发展愿景的规划和设计。其中，自由、平等、公正、法治是对中国特色社会主义社会本质属性的综合反映，分别构成了社会层面价值取向的终极目标、基础条件、社会秩序和制度保证，形成国家层面价值目标向个人层面价值取向转化的中间环节。社会主义核心价值观个人层面的价值准则是个人实践和认识活动的道德规范，它从微观层面回答了"培育什么样的公民"，是对个人对象性活动的引导和规范。其中，爱国、敬业、诚信、友善是中国特色社会主义的社会公德、职业道德、家庭美德和个人品德规范的集中概括，是个人层面价值准则的主题主线、实践基础、人格基石和心态条件，构成了落实国家层面价值目标和社会层面价值取向的具体要求。

培育和践行社会主义核心价值观，由国家层面经社会规范向个体层面的转化，不仅表征着价值意识的能动反作用于客观事物、以正确的价值引导服务于实践活动的具体，而且体现在社会主义核心价值观的价值要求由抽象向具体、由宏观向微观、由理论向实践的逐步落小、落细和落实，三个层面的相互渗透、相互依存和相互融合。[①] 国家层面的价值目标在社会主义核心价值观系统中处于统领地位、发挥主导作用，离开了国家层面的价值目标，社会层面的价值取向和个人层面价值准则的建构将迷失方向；社会层面的价值取向在社会主义核心价值观系统中处于支柱地位、发挥中介作用，离开了社会层面的价值取向，国家层面价值目标和个人层面价值取向之间的相互贯通将无从实现；个人层面的价值准则在社会主义核心价值观系统中处于基础地位、发挥主体作用，离开了个人层面的价值准则，国家层面价值目标和社会层面价值取向的落地将陷入空洞。正是通过国家层面、社会层面和个人层面的目标、规范与要求的相互建构、紧密关联和整体共生，中国特色社会主义与社会主义核心价值观所赋予的目标指引、价值导向、实践要求进一步结合了起来。

二、中国梦践行场域的系统机制

场域是客观事物普遍联系观点的具体表现。作为力量关系和旨在改变斗争关系的构型，场域以相对独立性、作用必然性和特有逻辑性强调了客观关系系统的作用方式；作为实践主体影响于社会条件的联系纽带和中介环节，场域凸显为这种关系力量的本质。与此相适应，"根据场域概念进行

[①] 参见左亚文《社会主义核心价值观的凝练和深化》，载《江西社会科学》2013年第1期，第5-11页。

思考就是从关系的角度进行思考。"① 站在普遍联系的立场,"当我们深思熟虑地考察自然界或人类历史或我们自己的精神活动的时候,首先呈现在我们眼前的,是一幅由种种联系和相互作用无穷无尽地交织起来的画面。"② 践行是一定的思想观念、理想目标、道德规范付诸实践的对象性活动。其中,价值观念与价值活动的结合、价值内涵主观见之于客观的构型、认识形态由理想向现实的转化,往往意味着主体客观化的完成。中国梦承载着中华民族的共同理想和发展愿景,其价值内涵由认识向实践形态的转化不仅导引了中国梦践行的外在化活动、导引了价值观念与价值活动的结合,而且通过主观见之于客观的物化,表征了精神变物质的客体化过程。中国梦践行的场域,就是这一转化过程中客观关系的独立性、必然性和特有逻辑性系统作用的"场",其力量关系的结构、斗争关系的构型以及主体与社会条件联系的中介,共同指向了中国梦践行要素的生成与发展,指向了系统和关系结合的方式与运作。

客观关系系统是中国梦践行场域的顶层设计。若干相互联系和相互作用的要素、具有一定结构和功能的有机体,指谓了系统的结构性内涵。中国梦践行场域的客观关系系统,强调于中国梦价值结构中的关系域和连接质,具象在中国道路、中国精神和中国力量的结构功能中。中国梦客观关系系统中的中国道路,特指中华民族历经五千年的光荣与梦想、曲折与沉沦、反思与建构后抉择的社会主义道路,是中华文明与世界文明交融的结晶与出路,它以中国精神的外显汇聚中国力量;中国梦客观关系系统中的中国精神,连接民族精神与时代精神,它以中华文化的内聚,引领中国道路的方向;中国梦客观关系系统中的中国力量,是中国精神生发的基础、是中国精神激发的动力,同时受制于"精神"与"道路"的规制和牵引。在现实性上,中国道路、中国精神、中国力量的凝聚、疏导和运作,正是在交互转化的关系中生发了中国特色社会主义的道路自信、理论自信和制度自信,并在文化自信的场域中促成了中国梦从观念形态向物质形态、从认识形态向实践形态的飞跃。

力量关系构型是中国梦践行场域的协调机制。"构型"特指事物的结构和造型,是由相互交错的诸多要素构成的网络与形塑。中国梦践行场域的力量关系构型,不仅指涉了中国梦践行的力量关系结构和作用方式造型,而且指涉了力量交错和网络形塑影响于具体关系的过程。在中国梦践行场

---

① 皮埃尔·布迪厄、华康德:《实践与反思——反思社会学导引》,李猛、李康译,中央编译出版社 2004 年版,第 133 页。

② 马克思、恩格斯:《马克思恩格斯选集》第 3 卷,人民出版社 1995 年版,第 359 页。

域中，各种行为主体根据中国梦的价值原则，以各自不同的强度、力度和效度进行实践中的斗争与博弈，并通过主导建设和话语表达的机制规约中国梦践行的方式。中国梦践行的建构与解构、斗争与博弈，在强调实践主体既成图式和改变图式的同时，凸显了主观能动关系结构和作用方式的实践形态。解构即消解结构，目的在于以某种形而上学的观念及其内在矛盾冲突的揭示，影响和重组新的等级与秩序。具象在中国梦价值认同的践行场域中，建构力指谓了推动中国梦价值内涵由认识形态向实践形态转化的力量，解构力则相反。建构力来源于力量关系构型中的价值共享意识与利益共享机制，生成于力量整合与协同运作的推进中；解构力来源于斗争力量构型中失衡的关系，即利用既有的、固化的结构模式拒斥的流动与转化，反作用的局部力量扩长和限制。建构力与解构力在中国梦践行场域中的博弈，是中国梦践行力量关系构型的整体，其交互的斗争、结合和转化，共同推动了中国梦价值认同的实现。

  主观见之于客观的中介是中国梦践行场域的基础链接。客观事物相互联系和相互转化中间环节的"中介"，反映了主观思想渗透客观事物的交叉地带，表征着从一种形式向另一种形式过度、转化或发展着的概念、范畴和体系。正是基于事物之间联系中间环节和事物转化的媒介，黑格尔将与直接性相对的"中介"以概念的形式运用于认识论，批判了那种将普遍真理视为直接呈现在人意识面前，无须通过经验和逻辑思维的所谓的直接知识论。从主观见之于客观相互交换的媒介、交替的递质、内在规律性和中间层级的质点出发，考察中国梦由理想向现实的转化，其价值认同不仅是一个从抽象到具体的逻辑演化过程，而且是客体概念和主观范畴从简单到复杂、从不全面向全面发展的延伸，因而是具有内在必然性的概念与矛盾运动的过程。概言之，中国梦认同主观见之于客观在践行中的中介，不仅凸显了中国梦实践主体与社会经济条件的联系，而且凸显了二者相互转化的中间环节。从理论的层面加以审视，中国梦的实现"要有使用实践力量的人"[①]。中国梦实践主体不仅包括单个的民族成员，而且包括不同民族、层次、地区的政府部门和社会民间组织，既具有区域性质的组织主体，也兼容了跨国的世界性组织主体，是一个多维交叉的主体系统。中国梦践行的客体，不仅包括物质技术方面的对象性提升与变革，而且包括交往关系、思维模式以及利益关系的结构性调整和发展。在中国梦践行主体客体化过程中，对中国梦主体力量的整合与协同，对中国梦价值内涵的理解与认同，

---

  ① 马克思、恩格斯：《马克思恩格斯文集》第 1 卷，人民出版社 2009 年版，第 320 页。

对社会经济条件、关系模式、利益分享机制的变革与创新，共同构成中国梦践行的中间环节。

中国梦价值认同是中国梦践行的客观关系系统、力量关系构型、主观见之于客观的中介在各个环节和各个方面的有机结合与辩证统一。一方面，中国梦践行场域的三个支撑各有侧重、自成系统。中国梦践行的客观关系系统，强调中国梦践行的现实路径、思想保证和实践主体，强调这三种客观关系的结构与功能，从整体上确立了中国梦践行场域的理论框架，在中国梦践行场域中处于支配地位、发挥引领作用；中国梦践行的力量关系构型，凸显中国梦价值认同的建构力与解构力，二者的博弈与斗争，动态调整中国梦践行的力量关系系统，在中国梦践行场域中处于中继地位、发挥协调作用；中国梦践行的中介环节，强调中国梦价值认同的实践基础，从精神物化的对象性活动中推动中国梦价值认同的践行、提供精神支撑、实现主体付诸实践的主客体运动，在中国梦践行场域中处于基础地位、发挥变革作用。另一方面，中国梦践行场域的三个系统相互依存、融会贯通。客观关系系统以中国梦践行的顶层设计引领方向，力量关系构型以中国梦践行的动态协调机制，保障客观关系系统的结构稳定和功能健全，促进中国梦践行的中介环节按照顶层设计的方向有序运动；主观见之于客观的中介，以中国梦践行协调作用的机制，在观念范畴内将价值要求结合在一起、在实践统合中连接关系系统和力量构型，以一定的逻辑要求导引中国梦价值认同的实现。

三、中国梦践行系统推进的价值引领

中国梦话语是中华民族站在新的历史节点时空定位与现实畅想的高度凝练，是中华民族在特定历史境遇下方向引领、目标明晰、路径抉择的理论阐析。中国梦价值内涵植根于中华文化的深层基因，是中华民族共同体思维习惯和思维规律的外在化表征。就此意义而言，民族成员对中国梦价值内涵的体认、归属和认同，是中华民族共同体进行价值整合、共享价值观念、生成价值共识之心理机制作用的结果。与此相适应，中国梦价值认同的当代建构，有赖于中国梦践行的系统推进，有赖于道路自信、理论自信、制度自信、文化自信的价值引领，有赖于国家、民族、个体三个层面的家国梦想整合、践行动力激发和践行力量凝聚。

在现实性上，社会主义核心价值观与要素相联系，内蕴精神引领、价值整合、动力激发的系统功能，强调了一定结构中的价值表现形式和社会

运作方式,并在本质上与中国梦践行的目标支撑、价值共识和精神动力高度契合。概言之,中国梦价值内涵是社会主义核心价值观在中华民族理想愿景与奋斗目标阐释上的具体化。因而,在中国梦践行场域的系统结构中培育社会主义核心价值观,不仅能够以中华民族的价值目标、价值取向、价值准则的系统结合,促进社会主义核心价值观的传播与认同;而且可以通过目标支撑、价值共识、精神动力的同频共振,作用于中国梦践行场域的客观关系系统、力量关系构型、主观见之于客观的中介,推进中国梦价值认同的理性自觉,导引中国梦价值内涵由认识形态向实践形态、由观念形态向物质形态的转化。

  培育社会主义核心价值观具有精神引领功能。社会主义核心价值观的精神引领表现为民族共同体群体准绳、理想信念和精神支柱的提供,它内在性地包含了个体要求与群体目标"顺应—认同—同构"的过程、个体精神与社会共同信仰"碰撞—渗透—相融"的过程。在现实性上,一个民族的文化观念印记着这个民族历史发展的源与流,存续在"从哪里来、到哪里去"的民族记忆里。核心价值作为民族国家的主导价值体系,更是以价值目标、价值规范、价值准则在历史进程中的演进,建构着一以贯之的民族特质。受制于理智形式的外在逻辑和自身规定性,工具理性和价值理性的碰撞,存在于民族成员价值目标的转换中。一方面,客观的逻辑规定未必能满足民族成员的全部价值之需;另一方面,民族成员的个体需要一旦上升为固定的目标,便会演化为相对稳定的价值行为。社会主义核心价值观在国家层面、社会层面和个体层面的精神引领,着重于以政治目标、社会规范和个体准则的提供,对民族成员的思想行为进行符合目标的牵引,对偏离目标的思想行为进行纠正。在实际过程中,这种引领不仅趋向于抽象的目标,而且面对着充实的未来;不仅表现为具有政治性的价值取舍,而且表现具有综合性的协调运作;不仅落实在民族个体价值目标确认与选择过程中自律与他律,而且探索在民族群体遵循客观规律的价值预期里。

  培育社会主义核心价值观具有价值整合功能。社会主义核心价值观的价值整合表现为思想观念的调整与修正,它内在性地包含了思想文化的批判、排斥、过滤和推崇,是社会主义核心价值观作用的重要方式。个人意志、自我价值与社会价值的冲突,反映了民族文化自然的发展性和文化精神特有的矛盾性。一个民族深层和本质的精神特征、思维习惯、行为方式源于民族文化的核心内容,社会主义核心价值观是中国特色社会主义世界观、人生观、道德观的高度总结,是中华民族道德情操和文化信仰的集中反映,是中华民族独特的精神标识。社会主义核心价值观不仅与中国特色社会主义的发展要求相契合，而且与中华优秀传统文化和现代人类优秀文明成果相连接，是稳定社会、抵御干扰、符合民族成员心理特点的共享价值理念。社会主义核心价值观的价值整合，着力于将分散而相近的社会意识加以转化，将异质而对立的社会思想加以销蚀，将未建立或未完善的社会观点加以升华，整合的宗旨既要为民族成员多样性的自我实现提供保证和条件，又要使民族成员多样性的发展置于价值目标协调下的一致，因而是广泛的、根本的思想整合。

培育社会主义核心价值观具有动力激发功能。社会主义核心价值观的动力激发表现为情感激发和行为激发，基于对民族成员思想和行为所进行的开发和刺激，它内在性地包含了以心理需要的满足调动民族成员主动性和积极性的标的。社会主义核心价值观是占主导地位的价值体系，是中国社会评判是非的价值标准，是中华民族最持久、最深层的价值理念。事实上，社会主义核心价值观对其他价值观的统摄，对全体成员激情与热情的阐释，构成了历史合力激发的基础。"历史是这样创造的：最终的结果总是从许多单个的意志的相互冲突中产生出来的，而其中每一个意志，又是由于许多特殊的生活条件，才成为它所成为的那样。这样就有无数互相交错的力量，有无数个力的平行四边形，由此就产生出一个合力，即历史结果，而这个结果又可以看作一个作为整体的、不自觉地和不自主地起着作用的力量的产物。"[①] 在现实性上，未满足的需要通常是激励过程的起点，而需要的满足往往意味着激励过程的实现。正因为"激情、热情是人强烈追求自己的对象的本质力量"[②]，社会主义核心价值观的动力激发常常付诸心理意识作用的过程，通过奋斗目标与发展愿景的展示，在理性与感性的交织作用下推动认知、赞同、体验与归属的心理化建构，实施新的激励、产生新的动力。

社会主义核心价值观提供的目标支撑拓展中国梦践行的客观关系系统。中国道路、中国精神和中国力量所构成的中国梦从认识到实践、从理想到现实、从精神到物质转化的客观关系系统，在中华民族的历史传统、思想启蒙、价值体认、世界意义中的生成与拓展，赋予了中华民族以深刻的历史省思，并从现实性上回答了国家、民族、个体"从哪里来、到哪里去"的诘问，系统阐释了"我们之所以是我们的本质所在"，不仅具有现实性的价值意涵，而且具有民族性的世界标识。民族目标来源于民族精神的养育，民族精神是剔除了消极部分的民族文化。社会主义核心价值观承载了中华

---

① 马克思、恩格斯：《马克思恩格斯选集》第4卷，人民出版社1995年版，第697页。
② 马克思、恩格斯：《马克思恩格斯全集》第42卷，人民出版社1979年版，第169页。

民族的历史与记忆、文化与思想,沉淀、融汇和贯通了传统精神与时代精髓,凝练与彰显了中华优秀传统文化的世界意义。社会主义核心价值观所具有的精神引领功能,不仅为中国梦践行具象目标、诠释价值,而且以民族自豪感、意义感、获得感的系统生成,为中国道路、中国精神、中国力量所构成的客观关系系统抉择路径、萃取精神、定位价值、汇聚力量。

社会主义核心价值观提供的价值共识拓展中国梦践行的力量关系构型。培育社会主义核心价值观所提供的价值凝聚功能,源于民族成员对中华民族优秀传统文化的深层皈依与理解认同。社会主义核心价值观植根于中华优秀传统文化的土壤,是历史与时代精神交融的文化观念,不仅反映了中华民族利益关系、价值追求、价值目标独具特质的研判方式,而且具象了民族成员思维共通的规律性阐发和价值性表达。事实上,中国梦的价值认同表征着民族成员对中国梦价值内涵的精神把握,诠释着据此形成的中国梦归属意识,它以承认、认可、赞同的逐层递进,最终达致民族成员文化自信的理性自觉。培育社会主义核心价值观与中国梦价值认同在践行方式上的契合,不仅使社会主义核心价值观的养成贯穿于中国梦价值认同实现的过程,而且使社会主义核心价值观提供的价值引领融通在中国梦践行力量关系构型的博弈里。在民族成员的社会实践中,价值共享与利益求解构成了社会主义核心价值观价值整合的基础,而中国梦践行之建构力与解构力的相互交织,则以关系形态的协同进行主体力量的拓展和客体力量的延伸,触发并导引自发的、失衡的、板结化的关系网络,朝着结构性、系统性流通与平衡的方向演进。受此影响,建构力与解构力相互斗争、相互博弈的力量关系构型,在价值共识所提拱的范式内进行着结构性的价值要求协调、价值标准规约和价值观念引领。

社会主义核心价值观提供的精神动力拓展中国梦践行主观见之于客观的中介。中国梦作为昭示世界、凝聚国民的民族标识和精神旗帜,是国家软实力的重要组成部分,它以物化力的生发、汇聚并整合为中国梦价值认同实现的推进力。作为文化主导的思想观念,中国梦话语的提出不仅参与建构国际话语体系、提升中华民族的国际话语权,而且通过社会主导价值观念体系培育所提供的同类价值定向和价值共识,强化构成国家软实力的凝聚力、感召力、吸引力和向心力。事实上,民族成员主观见之于客观的对象性活动,往往伴随着实践行为的意识化与意识观念的客观化。在中国梦价值认同实现的过程中,意志自由是对象性活动的前提,也是个体成员对民族国家责任关系养成的基础。作为整体社会力量的价值感知,社会主义核心价值观代表了中华民族代际相袭的基本精神,与中华民族成员的根本利益一致，符合全体成员共同的思想观念和心理定式，因而能够形塑休戚与共的群体互动关系。在此基础上形成的认同力和影响力，以主观见之于客体的中间环节贯通个体成员与民族国家责任关系的连接，对民族成员的情感激发和意志培育具有强大的统摄力，进而能够生成稳定的理想信念和精神动力。这种具有精神引领与价值整合功能的中介，不仅生成了自由意志对中国梦价值内涵认知的理性投射，而且生成了主体力量现实物化的价值整合，二者在社会经济条件、关系模式、利益分享机制价值重塑中的发展与变革，充当了中国梦践行场域中的中介和环体作用的基质。

第三节　中国梦价值认同的历史记忆固基

记忆与认同、选择与建构是共同体生活的重要命题。作为人脑对过去经验的心理反映形式，历史记忆的选择性指谓了记忆与遗忘在物质客体和象征符号作用中的交互；作为共同体成员共享往事的过程与结果，历史记忆的建构性指涉了认同与区分在权力意指和象征符号倒转中的翻新。在哈布瓦赫看来，历史记忆这种附着于或被强加在物质现实之上的为群体所共享的东西，恰恰是政治认同生成的传统根基和历史渊源阐析的延续。在现实性上，中华民族的历史记忆与中国梦价值认同具有同构性，历史记忆的选择往往意味着中国梦价值认同达成的始步，而中国梦价值认同的实现同时是历史记忆建构的结果。历史记忆与中国梦价值认同的互构关系和发展共生，为我们以历史记忆的理论和方法固基中国梦价值认同提供了原生态的根基性切入。立足于历史记忆选择与建构的时代场，探寻中国梦价值认同归属与自觉的关系域，研判历史记忆固基政治认同的方向度，有助于中国梦价值认同的当代建构。

一、历史记忆认同与区分的逻辑归旨

记忆是人脑对过去经验的心理反映形式，特指人们对感知过的、体验过的、想象过的东西的识记、保持和再现。[①] 作为个体记忆的相对物，社会的集体记忆不仅代表了群体成员共享往事的隐喻，而且代表了群体建构社

---

① 参见冯契主编《哲学大辞典》（修订本），上海辞书出版社2001年版，第598页。

会现实的形成。无论是立足于今天对过去进行诠释的集体回忆，还是强调历史对现实进行说明的集体建构，均指向了具有同一性和内聚性的共同体社会化目标的达致。人们在记忆中唤醒、在区分中遗忘，其意识功能的社会化塑造和符码讯息的群体性送传，无不指向了共同体成员共享往事的过程与结果。所谓"没有记忆就没有自我、没有社会，自然也就没有认同"就是这一意义的理论扩展和现实延伸。

历史记忆是社会集体记忆的一部分。作为以"历史"的形态呈现和流传过去的记忆，历史记忆具有时序的叙事性和意向的现实性。历史记忆的叙事性将人物、事件、情节等历史要素置于历时态的时间序列中，它以特定的叙事结构和定在的符码体系，传递着记忆外显的描述性讯息和记忆内蕴的默示性讯息；历史记忆的现实性则以包含在"叙事性"中的历史情节和因果逻辑，进行群体同一性的凸显、历史延续性的展示和政治合法性的诠释。正因为历史记忆是主体的、具体的和反思的，法国学者保罗·利科将人们不仅置身于"历史"所造成的社会现实中，而且置身于人们自己建构的"历史"现实中的"想象"，归结于历史记忆"叙事"与"现实"的交互和渗透。[①] 就历史记忆与历史的关系而言，尽管作为概念的"历史记忆"和"历史"在功能、对象和特征等方面具有同一性，但不是同一体。换言之，历史一定是历史，历史记忆则不一定是历史——"历史是已经发生的事情，记忆是人们相信事情已经发生了"[②]。历史记忆与历史都具有传递经验的基本功能，然而在"原生性"的基础上，历史记忆的内容并非指全部的历史，而是"想象"与"教化"的历史。在人类学家马克·布洛克看来，一个民族的历史记忆绝非机械和被动的。事实上，任何事件要成为历史的一部分，就必须是或曾经是被认为是"重要的"。与此相适应，民族共同体的社会进程往往是历史记忆的历史"想象"，以及历史记忆之认同、保有和传承的结果。

认同与区分是记忆的基本功能，无论是个体记忆向集体记忆的概念延展，还是哈布瓦赫到欧里克的记忆概念谱系，均在事实上表征了这一功能。"记忆"首先被心理学和精神分析学最早运用于个体层面的研究，概念的界定跨越个体向集体的延伸得益于卢梭提出的集体性意蕴和涂尔干提出的"集体欢腾"。受其影响，哈布瓦赫在群体意识阐发的基础上以"社会事实"

[①] 参见 Paul Ricoeur. *Hermeneutics and the Human Sciences*: *Essays on Language*, *Action and Interpretation*. Cambridge: Cambridge University Press, 1981, p. 288.

[②] 赖国栋：《历史记忆研究——基于20世纪西方历史理论的反思》（学位论文），复旦大学2009年。

的分析框架对生理主义和个体主义的记忆局限进行了反思与扬弃,以集体记忆对过去的现实建构强调了群体性诠释与价值性思考对社会交往与集体框架之下的记忆形成进行了阐发。紧随其后的康纳顿对哈布瓦赫的个体记忆在集体互动中塑造的偏重进行了评价,指出"个体集合起来的记忆"归根到底仍然是个体记忆的一种,使集体真正成为记忆的主体的是"集体的记忆",这是在权力倒转的主控下,通过纪念仪式、体化实践、刻写实践的相互作用形成的。德国学者阿斯曼总括二者关于记忆的理论,将哈布瓦赫对个体记忆在集体沟通中的实现定位为"沟通记忆"的一种,将康纳顿"集体的记忆"上升为以文化体系为记忆主体的"文化记忆"的概念,这种概念强调"过去"在"当下"的再现,强调认同与区分的产物,强调建构性、传承性和实践性的特质。在此基础上,美国学者欧里克将曾经的记忆和曾经的叙事阐释为记忆的先在给定性,并以保持、再识与再现的预制影响着我们今天的记忆。在他看来,集体记忆不仅仅是具有内聚性的群体对过去的回忆,而且更重要的是回忆发生在过去的记忆。

选择与建构是历史记忆形成的基本特质。作为集体记忆的一种,历史记忆首先回答的是"谁的记忆""我的记忆""我们的记忆"等逐层延伸的记忆定位和价值归属,并由此决定了历史记忆内容与结构的选择性。对于具有内聚性的社会群体、民族和国家而言,无论是对象性活动主观"选择"的记忆,还是无意识作用客观"遗忘"的历史,历史记忆的选择往往是具体的社会情境和具体的群体利益竞争与妥协的互动。这就不难看出,历史的构成和记忆的选择均不是强迫追溯的既往,二者以"过去"在"当下"的再现,实践着共同体特殊的时间、定位着共同体特殊的空间,赋予共同体特殊的意义,明确共同体的原生性情感、工具性利益和价值性归旨。在诺拉看来,结构性选择形成了所谓"记忆的场",这是社会(不论是何种社会)、民族、家庭、种族、政党自愿寄放记忆内容的地方,是作为它们人格必要组成部分而可以找寻到它们记忆的地方。[①] 与此同时,那些被普系性遗忘的过去则被沃特森形象地称之为"遗忘之带",以对应记忆之场的功能性表征。历史记忆同时是建构的,其建构性直指群体成员记忆图式的形成和记忆结构的演化,指谓于思维结构对过去经验的心理反应形式的连续形成和持续改组。事实上,历史记忆的建构不仅中介着群体成员共享往事的结构,而且中介着群体成员认识力、思维力、创造力由低级到高级的发展,表征着记忆建构从简单向复杂结构的过渡。在"建构"大师皮亚杰看来,

---

① Pierre Nora. La Mémoire Collective. Paris:Retz-CEPL,1978,p. 401.

记忆建构的始点常常连接于"动作普遍协调的作用",即根源于天赋而后天获得分化的行为,以及这些行为之间的自我调节。在皮亚杰那里,动作的普遍协调不仅包含了建构的初级结构,而且包含了建构的后天结构,即反身抽象的感知、评价和心理体验的内化。这些活动以主客体间的联系和作用,外化于记忆建构的关系链和实践场。

运用记忆强化认同是历史记忆基本功能——认同与区分的表征。历史记忆的认同与区分源于思考、组织、叙述历史的文化心态,即内聚性的社会群体"历史心性"的规范与导引。历史记忆的叙事传统、结构和方式的规约不仅有赖于叙事范式作用下的"模式化叙事情节",而且有赖于"符号"化体验的记忆文本和"意向性"存在的纪念空间,以及二者对历史的想象与书写。通过"历史心性"作用的介质,历史记忆与社会现实互为表里。一方面,在延续社会现实的同时形成历史记忆的情境;另一方面,在复制社会"表相"的同时形塑历史记忆的"本相"。其间,群体的个体差异和个体在群体中位置的变迁,使意义、象征、叙事的符号组合,认同与区分文中隐喻的时空延展,指向了不同的想象与建构,连接着相同的修饰与界定。以此为源点,安东尼·史密斯的族群——象征主义理论和本尼迪克特·安德森想象的共同体理论,从不同的视域审视了共同的历史记忆,阐析了历史记忆选择与建构的"历史心性",探讨了认同与区分的价值归旨。在他们看来,任何一个族群、群体或国家的历史都可以理解为共同体范围内的记忆与认同,而诺拉的"记忆之场"理论和沃特森的"遗忘之带"概念,则在历史记忆认同与区分的基础上,诠释了群体成员共享往事的过程与结果,在规约"自我"与"他者"边界的同时,确立和明晰集体意识与群体行为的共同体推崇。台湾学者王明珂更是在他的《华夏边缘》一书中,将特定的资源分配与竞争环境下的边缘人群,在华夏和非华夏之间选择和归属的不同结果,归因于记忆与失忆形成的人群依据、凸显认同与区分形塑的族体边界。

中国梦价值认同具有政治认同的意涵,是认同形态的重要呈现。"政治认同是指一个人感觉他属于什么政治单位(国家、民族、城镇、区域)、地理区域和团体,在某些方面的主观意识上,此是他自己的社会认同的一部分,特别地,这些认同包括那些他感觉要强烈效忠、尽义务或责任的单位和团体。"[①] 政治认同强调的是认同主体的相似性和相同性,延伸为由此产生的归属意识和自觉状态,它的目标和归旨不仅受制于心理认识的一致性,

---

① 罗森堡姆:《政治文化》,陈鸿瑜译,桂冠图书有限公司1991年版,第6页。

而且影响于社会关系形成的现实性。政治认同以政治认知为始点,政治感知为体验,政治意志为基石,由群体成员的承认、认可和赞同出发,通过主体、客体、介体的相互作用和相互依存形成群体归属感,最终在理性认识和自由抉择的基础上获得政治自觉。因此,政治认同的价值研判和事实行为,同样表现为选择性与建构性的统一。从具体内容来看,政治认同主要包括既各自独立,又相互联系的制度认同、利益认同和绩效认同。在现阶段,作为中国道路、中国精神和中国力量的高度概括,中国梦价值内涵体现了中华民族一以贯之的历史传统与国家富强、民族振兴、人民幸福的价值维度,因此是政治认同的重要内容。

回归记忆的本真,识记、保持、遗忘、再识和再现构成了历史记忆形成的过程。其间,外部世界的对象和现象的映象在人脑中的巩固和保持、记忆主体对记忆材料的加工、概括和储存、人们对所获经验的认识、再识和运用,无不体现了记忆"立足现在而对过去的一种重构"的特质。① 这就不难理解,历史记忆固基中国梦价值认同不仅是社会传承的实践活动,而且是价值诠释的对象性活动,二者在目标归旨上高度契合。有鉴于此,"具有特定文化内聚性和同一性的群体对自己过去的记忆"②,使被记忆的部分成为认同的部分,反之,被遗忘的部分则成为区分的要素。受此影响,根据"记忆—政治—认同"的发展定式,当历史记忆的"想象"立足于共同体政治的现实时,历史记忆的认同与区分便指向了共同体政治的制度、利益和绩效,指向了中国梦价值认同的历史回溯和未来走向。

二、历史记忆固基中国梦认同的逻辑关系

历史记忆的关系系统,包括形象记忆(感官性记忆)的幕像体系(episodic system)和语词记忆(语意性记忆)的语意体系。在心理学家安道尔·托尔文看来,幕像体系的形象记忆特指个人去过或参与的以往经验所形成的一幕幕记忆,语意记忆体系的语词记忆则特指超出个人体验以外的由听说和阅读所形成的记忆。巴特莱特以其心理构图的实验分析证明了历史记忆之形象记忆与语词记忆、感官性记忆与语意性记忆的联系和差别,以及它们之间在内涵和形式上的互补性;康纳顿则从"社会是如何记忆"的角度提出了历史记忆建构的基本路径——纪念仪式和身体实践,身体实

---

① 莫里斯·哈布瓦赫:《论集体记忆》,毕然、郭金华译,上海人民出版社2002年版,第59页。
② 蒋大椿、陈启能主编《史学理论大辞典》,安徽教育出版社2000年版,第1127页。

践又分为亲自参加具体活动以传递信息的"体化实践"和通过记录捕捉、保存信息的"刻写实践"。

历史记忆的关系构成,包括意义象征的符号记忆、定位内容的情节记忆和主体诠释的价值记忆。历史记忆的符号记忆具有直观性、意向性和象征性。"符号是被认为携带意义的感知:意义必须用符号才能表达,符号的用途是表达意义。没有意义可以不用符号表达,也没有不表达意义的符号。"[①] 一定规则的同一性和内生性所决定的符号系统,承载着历史记忆的内容指向和价值要求,主要包括群体的象征符号、信号符号、语言符号和科学符号。在格尔茨看来,群体意义的承载与象征不只限于人们头脑,而且外显于公众的符号,这是人们交流思想、维系世代的媒介。特纳则不强调意义或世界的载体,而将历史记忆的符号指谓社会过程的算子(operator),并对算子在一定环境下以一定方式的组合导致的社会转型进行了阐析,借此增加了语用学(pragmatics)的维度。历史记忆的情节记忆具有生动性、丰富性和完整性。情节记忆识记、保持和再现一定的时间、地点和情境,展示与之相联系的人物和事件,是对历史事件和人物活动过程的记忆,亦是对事物发生、发展、变化过程的记忆,包括序幕、开端、发展、高潮、结局和尾声。历史记忆延伸到情节记忆时,共享往事的过程在象征符号唤起的基础上更加具体、丰富和生动。历史记忆的价值记忆具有客观性、主体性和相对性,反映了记忆主体与记忆客体在认识活动中形成的客体属性和满足需要的效用关系。价值记忆是群体成员共享往事的结果,不仅具有经验层面的个体性,而且具有整体和系统的结构性。相对于符号记忆和情节记忆,价值记忆以理性认识的再创造为据,将发散的记忆思维凝聚为社会的集体记忆,朝着认识、感知和交融的方向发展,以契合个体需要和群体要求的一致。

中国梦价值认同的关系系统,包括认知系统、评价系统和建构系统。认知是事物的表现形式,特指人脑在实践的基础上对客观事物的能动与反映。中国梦价值认同的认知系统代表着认知定式产生和作用的认识能,它以承认和认可的主观生成和现实态式,加工和整合认同信息的经验定式、抽象和提炼认同价值的思维定式。评价是主客体属性价值关系的反映,特指认同主体与认同客体之间需求的满足与价值的研判。中国梦价值认同的评价系统代表着政治资源、政治结构和政治目标在中国梦价值内涵群体认知与现实行为之间的指涉、连接与投射,它以归属感的生成和意义感的提

[①] 赵毅衡:《符号学》,南京大学出版社2012年版,第2页。

升，进行认同主体与认同客体之间的比较、抽象和判别，借此延伸态度层面的认知。其中，"内在的原则和灵魂"构成了中国梦价值认同"概念本身的运动"①，而"肯定的东西存在于否定的东西之中"② 的研判，则在揭示系统认知的同时，诠释着系统扬弃作用过程与态势。建构是认同图式的形成和作用结构的演化，特指价值附着于对象之上的同化与顺应。中国梦价值认同的建构系统由反身抽象与自我调节的双向平衡而成，其中，主客体作用的反身抽象提供的是政治认同建构的内容，而平衡作用的反馈则提供了中国梦价值认同内部结构的可逆性组织。

中国梦价值认同的关系构成，包括强调情感因素的自然认同、强调行为因素的强化认同和强调价值因素的理解认同。中国梦价值认同的自然认同，意指以历史继承和约定俗成为契机自然形成的认同。作为完整的政治习得，自然认同表现为主体惯性和习俗稳定的结合，它以群体成员的直观体验和感性认知为基质，催生具有普遍意义的感性认同。作为共同体存在的政治图景，自然认同以社会标准和政治氛围的内部养成，引发个体与群体交织的潜移默化和自然内化，在潜意识与显意识共同作用的情境里，导引中国梦价值认同的现实萌发和群体传承。中国梦价值认同的强化认同，强调以教育的教化和强制的推崇达致的认同。其中，教育引导是一种软约束，而强制推崇则是一种硬约束。强化认同教育感化力和法律强制力的叠加，柔性规范和刚性律令的融合，诱导、约束和惩治的统一，使利益关联的动力和政治威权的统摄更加凸显。在强化认同的感性服从、趋利避害和遵守规范的交互作用中，"只有你给它的良好原则和牢固习惯，才是最好的，最可靠的，所以也是最应该注重的。因为一切告诫与规则，无论如何反复叮咛，除非实行成了习惯，全是不中用的。"③ 中国梦价值认同的理解认同，强调以对话交流和理解沟通的视域融合达致的认同。有鉴于对话与交流、理解与沟通是理解认同视域融合的基础，因而是广泛的、深刻的和稳定的集体认同。"实践证明：感觉到了的东西，我们不能立刻理解它，只有理解了的东西才更深刻地感觉它。"④ 政治认同的理解与个体间的共通，使理解认同的视域关系，"既不是一个个性移入另一个个性中，也不是使另一个人受制于我们自己的标准，而总是意味着向一个更高的普遍性的提升，

---

① 黑格尔：《逻辑学》下卷，杨一之译，商务印书馆1981年版，第531页。
② 列宁：《列宁全集》第55卷，人民出版社1990年版，第245页。
③ 约翰·洛克：《教育漫话》，傅任敢译，教育科学出版社1999年版，第7页。
④ 毛泽东：《毛泽东选集》第1卷，人民出版社1991年版，第286页。

这种普遍性不仅克服了我们自己的个别性，而且也克服了那个他人的个别性"①。

历史记忆固基中国梦价值认同的关系共演，首先源于历史记忆之情感记忆、资源获取记忆和资源分配记忆的基因传递，同时也源于记忆内容的符号表征和记忆形成的媒介构成，这是中国梦价值认同的根基性部分。根基性历史记忆既是集体记忆，又是政治记忆，它强调群体关系情感联系的根基性，表现在叙事结构中的"血缘符号"和"资源符号"的承载中，它以特定人群的血缘、时空和利益关系，彰显了中国梦价值认同何以可能的基础和本原。具体而言，历史记忆幕像体系和语意体系里的符号记忆、情节记忆和价值记忆，在"唤起—定位—内化"的选择与建构中，在"符号—诠释—重构"的发展格局中，进行着由感性记忆向理性记忆、由表象记忆向本质记忆的飞跃。中国梦价值认同的自然认同、强化认同和理解认同，以相互联系的梯级和节点，在"认知—评价—建构"的演进路线中，诠释着承认与赞同的层次和类别，在历时与共时的政治切入中，由浅入深地达到理解的自由。各个层级的记忆总是抽象着关系的具体，每一层次的认同常常奠基着更高层次的始步。其中，符号记忆、情节记忆和价值记忆，以群体成员共享往事的过程，诠释着政治认同的结果；自然认同、强化认同和理解认同，则以历史记忆的选择，建构着群体成员承认与认可的自觉。记忆与认同的结合正是借助记忆心理的对象化、记忆行为的意识化和记忆客体的主体化，演绎并推动了从差别对立向辩证统一的转化。

就记忆与认同的关系链接而言，康纳顿通过纪念仪式与身体践行的社会展演，强调了社会规范的应用和社会符码体系的践行，并将中国梦价值认同的固基指向了历史记忆背后的社会行为模式和政治调控机制。在德国社会学家诺贝拉·埃利亚斯看来，这种模式和机制对群体生活的建构，不仅培养和教化了以礼仪的遵循进行自我约束的个体，而且形成和强化了具有社会调控功能的礼仪和法则本身。作为历史记忆表达、运送和传播的载体与工具，社会集体记忆的媒介、形式、结构和符码体系，无一不包含了政治认同的价值系统和符号表征，包含了模式化的次级仪式和内蕴结构的现实延展。其中，历史记忆之符号、情节和价值以文本、影像、动作、声音和服饰等为载体，在进行群体生活权力倒转的同时，进行政治认同隐形承载的涵化。在习得与认知、记忆与回忆、拾回与重构的过程中，在学习和接受传说、神话、正史的同时，领悟和内化记忆承载的价值归旨和群体

---

① 汉斯-格奥尔格·伽达默尔：《诠释学Ⅰ：真理与方法——哲学诠释学的基本特征》，洪汉鼎译，商务印书馆2010年版，第431页。

意义。受制于个体认知的不同，记忆的形成或许存在着差异，而受制于社会的塑造和文化的预制，解读记忆媒介的结构和符号体系的传递往往具有同一性，记忆与认同外显的描述性讯息和内蕴的默示性讯息，由此指向了选择与建构的认知、记忆和回忆，指向了认同与区分关系共演的个体位置和群体情境。

三、历史记忆固基中国梦认同的逻辑向度

历史记忆对中国梦价值认同的固基着眼于价值表达的价值肯定，以及据此形成的民族成员归属的身份确立。归属，指"划定从属关系"，[①] 通过辨别与其他事物的共同性，确认同类事物的存在，进而肯定自身群体性的过程。归属感，指个体将自己归属于某一团体，产生自豪和亲切的情绪体验，进而将这一群体视为自己的群体，"感到自己是组织的一员，享有一定的地位和权利。"[②] 中国梦认同的逻辑归属，强调了"我群"与"他群"之别的共有情感和心理现象于承认过程中的生成，发展于"承认的相互性"和"我"到"我们"的历史性跨越。在现实性上，民族是特殊形式的"我们"，它承载文化特性的集体与边界，突出人类生活的本质与蕴涵，协调人们的行为与方向，组织共同的活动，给予我们以实际的利益。中华民族的历史记忆以特殊的组织形式证明了共同命运基础之上的"我们"，并在基础上，进行了"我是谁""我和谁在一起""我和他们之别"的身份考量，为民族成员的个体存在彰显了根的传承，由此影射了"我"与"我们"的族群凝聚和"我们"与"他们"的身份之别。

固基中国梦价值认同的历史记忆指谓了选择与建构的发展向度，包括符号唤醒的情感向度、情节定位的利益向度和价值内化的自觉向度。历史记忆的"符号"具有选择与建构的情感性，指涉于符号记忆含义的编码与传送讯息象征的转码；历史记忆的"情节"具有选择与建构的利益性，指涉于情节记忆的时空与利益内容叙事的集体回忆；历史记忆的"价值"具有选择与建构的自觉性，指涉于价值记忆的共识与理性研判的达致。在现实性上，历史记忆的情感向度侧重于社会群体的同一性，凸显于群体特质原生性的统一体；历史记忆的利益向度侧重于资源的竞争与分配，凸显于群体利益工具性诠释的分享性；历史记忆的价值向度侧重于群体需要与满足需要的属性在内容方面的交汇点，凸显于价值内核体认的理性与自觉。

[①] 王同亿主编《现代汉语大词典》，海南出版社1992年版，第484页。
[②] 于子明主编《管理心理学辞典》，解放军出版社1990年版，第118页。

情感向度、利益向度和价值向度的整体性、同构性和自身调整性，以触发历史记忆选择与建构的定位和定向，导引历史记忆之认同与区分的形成。

中国梦认同承认与归属的演进向度，包括强调情感认同的根基性向度、强调利益认同的工具性向度和强调价值认同的理性向度。中国梦认同的"情感"具有承认与归属的根基性，指涉于自然认同的内在激情和心理体验；中国梦认同的"利益"具有承认与归属的工具性，指涉于强化认同的边界和情景拆合的伸缩；中国梦认同的"价值"具有承认与归属的理性，指涉于理解认同的内化与体化实践的刻写。在现实性上，中国梦认同的根基性向度侧重于认同主体的肯定性体验，凸显于群体认同内生性意涵的亲合性统摄；中国梦认同的工具性向度侧重于认同主体的利益性目标，凸显于群体认同共生性意蕴的商榷性改变；中国梦认同的理性向度侧重于认同主体的自由性介质，凸显于群体认同本质性内涵的规律性创造。根基性向度、工具性向度和理性向度的整体性、同构性和自身调整性，以触发政治认同承认与归属的定位和定向，导引政治认同之价值共生的延展。

历史记忆固基中国梦认同始步于符号唤醒的根基性向度。符号记忆是历史记忆系统中的基础性内容，它以形式与意义的表征连接着隐喻与关系的构成。"如果他要进行选择，他也总是必须在他的生活范围里面、在绝不由他的独自性所造成的一定的事物中间去进行选择的"[①]。唤醒符号记忆，就是要借助于选择的关系与建构的内容进行外部刺激，通过符号的形象性意指唤起政治资源重温旧事的心理感知与情绪体验，为自然认同的形成再现曾经的历史和共同的经历。在现实性上，符号记忆所唤醒的根基性向度，强调政治承认与身份归属的原生性，它以共同话语的情景与交融，承载认同的边界、划分斥异的本原，阐发"任何一个民族的人们都热爱本民族的历史和优良的文化传统，习惯于本民族的习俗、生活方式，并关切它们的存在和发展"[②]的情感性规定。

历史记忆固基中国梦认同中继于情节定位的工具性向度。情节记忆是历史记忆系统中的中介性内容，它以选择判断的主观意旨连接着象征利益的衍生和实在利益的获取。情节记忆对重要人物和重要事件进行的内容重拾与情节补遗，以"谁的记忆""记忆什么"和"怎样记忆"的情境再现，

---

① 马克思、恩格斯：《马克思恩格斯全集》第 3 卷，人民出版社 1956 年版，第 355 页。
② 中国大百科全书出版社编辑部编《中国大百科全书·民族》，中国大百科全书出版社 2004 年版，第 306 页。

观照个体位置与群体认同关系的本相,叙述"需要记忆"的往事。① 定位情节记忆,就是要借助于情节内容的选择与反馈,折射情感体验上升为利益标的的具体,为强化认同的形成丰富共享往事的过程。在现实性上,情节记忆所定位的工具性向度,强调政治承认与身份归属的利益性趣旨,它以历史心性的图式与图景,诠释身份的归属、明晰承认的特征,通过共同体政治的中介、社会实践的手段、实际效用的评估,阐发"每一既定社会的经济关系首先表现为利益"②,在现实生活中,"'思想'一旦离开'利益',就一定会使自己出丑"的工具性规定。③

历史记忆固基中国梦认同形塑于价值内化的自觉性向度。价值记忆是历史记忆系统中的归属性内容,它以意义的获取和价值推崇的交互,展现更为普遍的自我与更为坚定的自觉。基于"理性构成世界的内在的、固有的、深邃的本性,或者说,理性是世界的共性"④,内化价值记忆,就是要借助于"处境性概念囊括了从某个立足点出发所能看到的一切"⑤,进行"'自由'是'精神'的唯一的真理"⑥的诠释,为理解认同的形成奠定自为与自觉的基质。在现实性上,价值记忆所内化的理性向度,强调理性认识的决定与自由意志的抉择,它以历史记忆的实在性和有用性升华共享往事的结果,诠释血脉相承的共通与政治自觉的共融,阐发作为认同的"辩证法在对现存事物的肯定的理解中同时包含对现存事物的否定的理解,即对现存事物的必然灭亡的理解;辩证法对每一种既成的形式都是从不断的运动中,因而也是从它的暂时性方面去理解;辩证法不崇拜任何东西,按其本质来说,它是批判的和革命的"的本位性规定。⑦

"唤醒与激发""定位与规范""内化与外化"的向度共生,构成了历史记忆固基中国梦价值认同的梯级与节点。在现实性上,"唤醒—定位—内化"的选择过程同化,意指将外界的刺激引入原图式进行建构的过程,同时意指"定位—规范—外化"在选择与建构过程中的顺应,即主体改造旧图式以适应外在物,形成新图式的结果。在历史记忆向度演进的梯级里,

---

① 参见莫里斯·哈布瓦赫《论集体记忆》,毕然、郭金华译,上海人民出版社2002年版,第93—94页。
② 马克思、恩格斯:《马克思恩格斯选集》第3卷,人民出版社1995年版,第209页。
③ 马克思、恩格斯:《马克思恩格斯全集》第2卷,人民出版社1956年版,第103页。
④ 黑格尔:《小逻辑》,贺麟译,商务印书馆1980年版,第80页。
⑤ 汉斯-格奥尔格·伽达默尔:《诠释学Ⅱ:原理与方法——补充和索引》,洪汉鼎译,商务印书馆2010年版,第388页。
⑥ 黑格尔:《历史哲学》,王造时译,上海世纪出版社2006年版,第17页。
⑦ 马克思、恩格斯:《马克思恩格斯选集》第2卷,人民出版社1995年版,第112页。

同化的环境顺应往往意味着客体结构与自身结构的反身与同化,而顺应的认知能和形式域更具恒久性和连续性的程式与状态。在认同向度演进的节点中,实际的认同在达致与位移中的实现、客体作用的固基与永久,表现为因果关系图式的客体化和空间化,反身抽象从感知图式剥离中的关系与图景,由此阐析和生发为更高层级的认同与定式,归结在认同意向的行为域和概念性结构的形式场,那些被建构大师皮亚杰称之为"群集"的可逆性抽象,在整体结构上导引了同化与顺应的系统组合与四元转换群的建立。

符号的记忆唤醒与认同的政治激发,主要运用于向度演进的初始。"记忆的唤起并无神秘之处可言。我的记忆对我来说是外在唤起的。无论何时,我生活的群体都能提供给我重建记忆的方法。"① 在哈布瓦赫看来,历史记忆对认同的激发不论何时,人们都能随心所欲地通过符号记忆提取我们希望沉浸于其中的时期,这是一种自觉的承认和自愿的认可。情节的记忆定位与认同的政治规范,主要运用于向度演进的中继。作为共享往事的承载,历史记忆的情节浓缩了历史记忆的内容,既有因果互动的起因、过程和影响,又有事件展开的结构、方式和意义。从情节定位出发规范认同的利益,在福柯看来充当了认同达致的利器,较之钢铁般的锁链更能形成制衡与约束的高效。因此,"最坚固的帝国的不可动摇的基础就建立在大脑的软纤维组织上"②。价值的记忆内化与认同的政治外化,主要运用于向度演进的归属。作为共享往事的结果,历史记忆的价值并蓄着集体建构推演的脉络,而集体叙事与价值定位的互联,则提供了独一无二的歧义性消解,以此形成"共同体要我这样记忆"到"我要这样记忆"的实践场。由此出发,"实践高于(理论的)认识,因为它不仅具有普遍性的品格,而且还具有直接现实性的品格"③,因而是中国梦价值认同视域融合的张扬。

---

① 莫里斯·哈布瓦赫:《论集体记忆》,毕然、郭金华译,上海人民出版社2002年版,第69页。
② 转引自米歇尔·福柯《规训与惩罚》,刘北成、杨远婴译,生活·读书·新知三联书店1999年版,第113页。
③ 列宁:《列宁全集》第55卷,人民出版社1990年版,第183页。

参考文献

一、中文参考文献

[1] 马克思，恩格斯.马克思恩格斯文集：1—10卷［M］.中共中央马克思恩格斯列宁斯大林著作编译局，译.北京：人民出版社，2009.

[2] 马克思，恩格斯.中共中央马克思恩格斯列宁斯大林著作编译局.马克思恩格斯选集：1—4卷［M］.中共中央马克思恩格斯列宁斯大林著作编译局，编译.北京：人民出版社，1995.

[3] 列宁.列宁选集：1—4卷［M］.中共中央马克思恩格斯列宁斯大林著作编译局，编译.北京：人民出版社，1995.

[4] 毛泽东.毛泽东选集：1—4卷［M］.北京：人民出版社，1991.

[5] 习近平.决胜全面建成小康社会　夺取新时代中国特色社会主义伟大胜利［M］.北京：人民出版社，2017.

[6] 习近平.习近平谈治国理政：第一卷［M］.北京：外文出版社，2018.

[7] 习近平.习近平谈治国理政：第二卷［M］.北京：外文出版社，2017.

[8] 中共中央文献研究室.习近平关于实现中华民族伟大复兴的中国梦论述摘编［M］.北京：中央文献出版社，2013.

[9] 中共中央文献研究室.习近平关于协调推进"四个全面战略布局论述摘编"［M］.北京：中央文献出版社，2015.

[10] 中共中央文献研究室.习近平关于社会主义政治建设论述摘编［M］.北京：中央文献出版社，2017.

[11] 中共中央文献研究室.习近平关于社会主义文化建设论述摘编［M］.北京：中央文献出版社，2017.

[12] 中共中央文献研究室.习近平关于青少年和共青团工作论述摘编［M］.北京：中央文献出版社，2017.

[13] 中共中央宣传部.习近平总书记系列重要讲话读本［M］.北京：学习出版社，2016.

[14] 中共中央文献研究室.习近平关于实现中华民族伟大复兴的中国梦论

述摘编［M］.北京：中央文献出版社，2013.

［15］中共中央宣传部.毛泽东邓小平江泽民论弘扬和培育民族精神［M］.北京：学习出版社，2003.

［16］中共中央文献研究室.论文化建设——重要论述摘编［M］.北京：中央文献出版社，2012.

［17］《思想政治教育学原理》编写组.思想政治教育学原理［M］.北京：高等教育出版社，2016.

［18］中共中央宣传部.毛泽东邓小平江泽民论弘扬和培育民族精神［M］.北京：学习出版社，2003.

［19］人民日报理论部.深入领会习近平总书记重要讲话精神［M］.北京：人民出版社，2014.

［20］人民日报评论部.习近平用典［M］.北京：人民日报出版社，2015.

［21］胡锦涛.论构建社会主义和谐社会［M］.北京：中央文献出版社，2013.

［22］胡锦涛.坚定不移沿着中国特色社会主义道路前进　为全面建成小康社会而奋斗［M］.北京：人民出版社，2012.

［23］李耳.老子［M］.卫广来，译注.太原：山西古籍出版社，2003.

［24］孔丘.论语［M］.吴兆基，编译.北京：京华出版社，1999.

［25］孟轲.孟子［M］.吴兆基，编译.北京：中华书局，1998.

［26］墨翟.墨子［M］.徐翠兰，王涛，译注.太原：山西古籍出版社，2003.

［27］张善文.周易：玄妙的天书［M］.上海：上海古籍出版社，2008.

［28］人民日报理论部.精神的力量：中国共产党伟大精神最新阐释［M］.北京：人民日报出版社，2016.

［29］中共中央党史研究室.中国共产党的九十年［M］.北京：中共党史出版社，2016.

［30］詹小美.民族凝聚力研究［M］.呼和浩特：内蒙古远方文化出版社，2001.

［31］詹小美.民族精神论［M］.广州：中山大学出版社，2007.

［32］詹小美.民族文化认同论［M］.北京：人民出版社，2014.

［33］熊玠.大国复兴［M］.武汉：湖北教育出版社，2016.

［34］张素梅.阶层分化与中国梦的实现［M］.北京：社会科学文献出版社，2014.

［35］石毓智.纵横中国梦：一个学者的独特视野［M］.南昌：江西教育出

版社，2014.

[36] 雷家骥.中国梦的古代范例·贞观政要［M］.北京：中国友谊出版公司，2013.

[37] 赵汀阳，何帆.另一半中国梦［M］.北京：中信出版社，2013.

[38] 北京市社会科学界联合会.中国梦：教育变革与人的素质提升［M］.北京：北京师范大学出版社，2013.

[39] 上海市社会科学界联合会.中国梦：道路·精神·力量［M］.上海：上海人民出版社，2013.

[40] 任晓驷.中国梦：谁的梦？［M］.北京：新世界出版社，2013.

[41] 刘香成.中国梦［M］.北京：世界图书北京出版公司，2013.

[42] 文小勇.中国梦：植根历史与现实·对接世界与未来［M］.广州：广东人民出版社，2013.

[43] 姚晓宏.中国梦：未来国家战略与中国崛起［M］.北京：当代中国出版社，2013.

[44] 刘明福，相树华.中国梦：中国政府的成功与中国执政党的魅力［M］.北京：中国文史出版社，2013.

[45] 刘明福.中国梦：后美国时代的大国思维与战略定位［M］.北京：中国友谊出版社公司，2010.

[46] 张岂之.中华优秀传统文化核心理念读本［M］.北京：学习出版社，2012.

[47] 林语堂.唐人街［M］.长沙：湖南文艺出版社，2012.

[48] 林涧.华人的美国梦［M］.天津：南开大学出版社，2007.

[49] 乔磊.星条旗下美国梦：财富　欲望　人生［M］.广州：暨南大学出版社，2010.

[50] 郭恩才.解码金融——金融危机及"美国梦"［M］.北京：中国金融出版社，2009.

[51] 阎敏，白丽.城镇化：中国与欧洲［M］.北京：金城出版社，2013.

[52] 王义桅.海殇：欧洲文明启示录［M］.上海：上海人民出版社，2013.

[53] 周天勇.中国梦与中国道路［M］.北京：社会科学文献出版社，2011.

[54] 汪玉奇.中国梦：昨天　今天　明天［M］.北京：社会科学文献出版社，2013.

[55] 王伟光.中国道路与马克思主义中国化［M］.合肥：合肥工业大学出版社，2012.

[56] 姚洋.中国道路的世界意义［M］.北京：北京大学出版社，2011.

[57] 孟志军. 对外开放的启示和中国道路 [M]. 北京：光明日报出版社，2012.

[58] 卢静. 国际经验与中国道路 [M]. 北京：世界知识出版社，2011.

[59] 人民论坛杂志社. 力量：迈向未来的中国道路和战略 [M]. 北京：国家行政学院出版社，2012.

[60] 唐洲雁. 毛泽东与中国道路 [M]. 北京：社会科学文献出版社，2014.

[61] 胡鞍钢. 中国道路与中国梦想 [M]. 杭州：浙江人民出版社，2013.

[62] 本书课题组. 中国梦与中国道路 [M]. 北京：中央文献出版社，2013.

[63] 中国社会科学院国际中国学研究中心. 中国道路的现实与未来 [M]. 北京：中国社会科学出版社，2013.

[64] 钟茂森. 中国精神 [M]. 北京：中国华侨出版社，2011.

[65] 林语堂. 吾国与吾民 [M]. 长沙：湖南文艺出版社，2012.

[66] 李君如. 中国道路与中国梦 [M]. 北京：外文出版社，2014.

[67] 季羡林. 中国精神·中国人 [M]. 北京：国际文化出版公司，2013.

[68] 乐黛云. 跨文化对话（18辑）[M]. 南京：江苏人民出版社，2006.

[69] 王伟光. 利益论 [M]. 北京：中国社会科学出版社，2010.

[70] 李德顺. 价值论 [M]. 北京：中国人民大学出版社，2013.

[71] 张秀. 多元正义与价值认同 [M]. 上海：上海人民出版社，2012.

[72] 谭培文. 利益认同机制研究 [M]. 北京：中国社会科学出版社，2014.

[73] 宇文利. 中国人的价值观 [M]. 北京：中国人民大学出版社，2012.

[74] 欧阳康. 民族精神——人民的精神家园 [M]. 哈尔滨：黑龙江教育出版社，2013.

[75] 欧阳康. 思想碰撞与方法借鉴——民族精神的比较研究 [M]. 北京：人民出版社，2009.

[76] 欧阳康. 中国道路 [M]. 北京：中国社会科学出版社，2013.

[77] 厉以宁. 中国道路与新城镇化 [M]. 北京：商务印书馆，2012.

[78] 厉以宁. 中国道路与跨越中等收入陷阱 [M]. 北京：商务印书馆，2013.

[79] 钱穆. 中华文化十二讲 [M]. 北京：九州出版社，2012.

[80] 钱穆. 从中国历史来看中国民族性及中国文化 [M]. 北京：中华书局，2016.

[81] 余秋雨. 中华文化四十八堂课 [M]. 武汉：长江文艺出版社，2017.

[82] 余秋雨. 中华文化读本 [M]. 北京：中华书局，2016.

[83] 姜义华. 世界文明视域下的中华文明 [M]. 上海：复旦大学出版

社，2016．

[84] 楼宇烈.中国文化的根本精神［M］.北京：中华书局，2016．

[85] 汪德迈.中国文化思想研究［M］.北京：中国大百科全书出版社，2016．

[86] 罗军.中国人的文化仰望［M］.北京：中央编译出版社，2016．

[87] 孙熙国.传统文化与文化软实力：以中国传统价值观中的"六德"为例［M］.长沙：湖南大学出版社，2016．

[88] 戴茂堂.中国传统价值观念的基本结构与当代建构［M］.哈尔滨：黑龙江教育出版社，2016．

[89] 吴畏.中华文化符号解读［M］.上海：复旦大学出版社，2017．

[90] 曾仕强.中华文化自信［M］.北京：中央编译出版社，2016．

[91] 关世杰.中华文化国际影响力研究调查［M］.北京：北京大学出版社，2016．

[92] 孙宜学.中华文化国际传播：途径与方法创新［M］.上海：同济大学出版社，2016．

[93] 熊春锦.东方治理学：中华民族文化软实力［M］.北京：中央编译出版社，2016．

[94] 郑师渠.中华民族精神研究［M］.北京：北京师范大学出版社，2009．

[95] 郑师渠，史革新.历史视野下的中华民族精神［M］.广州：广东人民出版社，2014．

[96] 缪克成，俞世恩.民族精神［M］.上海：上海科学技术出版社，2010．

[97] 宇文利.中华民族精神现当代发展新论［M］.北京：北京大学出版社，2007．

[98] 张曙光，等.民族信念与文化特征——民族精神的理论研究［M］.北京：人民出版社，2009．

[99] 迟成勇.中华民族精神的文化关照和历史嬗变［M］.南京：南京大学出版社，2013．

[100] 雷洪.社会理想与精神追求——民族精神的实证研究［M］.北京：人民出版社，2009．

[101] 孙伟平.家园——中华民族精神读本［M］.南宁：广西人民出版社，2014．

[102] 林存光."文明以止"：中华民族的人文精神与文明特性研究［M］.北京：学习出版社，2016．

[103] 赵璇.构建当代中华民族共有精神家园［M］.广州：世界图书广东出

版公司，2014.

[104] 韩震.中国的价值观［M］.北京：中国社会科学出版社，2016.

[105] 韩震.全球化时代的文化认同与国家认同［M］.北京：北京师范大学出版社，2013.

[106] 郭齐勇.大国声音：中华优秀传统文化与时代精神［M］.武汉：湖北教育出版社，2016.

[107] 陈来.中华文明的核心价值［M］.北京：生活·读书·新知三联书店，2015.

[108] 汪畅.论当代中国价值观［M］.北京：科学出版社，2017.

[109] 汪畅.论价值观与价值文化［M］.北京：科学出版社，2017.

[110] 潘维.聚焦当代中国价值观［M］.北京：生活·读书·新知三联书店，2008.

[111] 袁贵仁.价值观的理论与实践——价值观若干问题的思考［M］.北京：北京师范大学出版社，2013.

[112] 赵馥洁.价值的历程：中国传统价值观的历史演变［M］.北京：中国社会科学出版社，2006.

[113] 罗国杰.马克思主义价值观研究［M］.北京：人民出版社，2013.

[114] 杨国枢.中国人的价值观——社会科学观点［M］.北京：中国人民大学出版社，2013.

[115] 沈清松.中国人的价值观——人文学观点［M］.北京：中国人民大学出版社，2013.

[116] 文崇一.中国人的价值观［M］.台北：东大图书股份有限公司，1993.

[117] 李明华.时代演进与价值选择：中国价值观探讨［M］.西安：陕西人民出版社，1992.

[118] 龙昌大.价值观的力量［M］.南昌：二十一世纪出版社，2012.

[119] 袁银传.价值观　核心价值观　核心价值体系：中国特色社会主义核心价值观［M］.武汉：武汉大学出版社，2014.

[120] 公方彬.价值中国：当今社会价值观的深层思考［M］.北京：中国工人出版社，2013.

[121] 王列，杨雪冬.全球化与世界［M］.北京：中央编译出版社，1998.

[122] 汪晖，陈燕谷.文化与公共性［M］.北京：生活·读书·新知三联书店，2005.

[123] 张旭东.全球化时代的文化认同［M］.北京：北京大学出版

社，2006．

[124] 韩升．生活在共同体之中——查尔斯·泰勒的政治哲学［M］．北京：中国社会科学出版社，2010．

[125] 金生鈜．规训与教化［M］．北京：教育科学出版社，2004．

[126] 林尚立，赵宇峰．中国协商民主的逻辑［M］．上海：上海人民出版社，2016．

[127] 程浩，崔福海，孙宁．中国高校思想政治教育史论［M］．北京：社会科学文献出版社，2016．

[128] 严文波．中国特色社会主义发展理论的内在逻辑研究［M］．北京：人民出版社，2016．

[129] 郑晓云．文化认同论［M］．北京：中国社会科学出版社，1992．

[130] 张云鹏．文化权：自我认同与他者认同的向度［M］．北京：社会科学文献出版社，2007．

[131] 杨善民，韩锋．文化哲学［M］．济南：山东大学出版社，2003．

[132] 苏国勋，张旅平，夏光．全球化：文化冲突与共生［M］．北京：社会科学文献出版社，2006．

[133] 孙伟平．价值哲学方法论［M］．北京：中国社会科学出版社，2008．

[134] 夏伟东．个人主义思潮［M］．北京：高等教育出版社，2006．

[135] 耿步健．集体主义的嬗变与重构［M］．南京：南京大学出版社，2012．

[136] 姚庆．文化交往学［M］．北京：人民日报出版社，2014．

[137] 桂翔．文化交往论［M］．北京：人民出版社，2011．

[138] 马戎．民族与社会发展［M］．北京：民族出版社，2001．

[139] 马戎．民族社会学：社会学的族群关系研究［M］．北京：北京大学出版社，2004．

[140] 马戎．中国少数民族地区社会发展与族际交往［M］．北京：社会科学文献出版社，2012．

[141] 马戎．中国民族关系现状与前景［M］．北京：社会科学文献出版社，2014．

[142] 金炳镐．民族关系理论通论［M］．北京：中央民族大学出版社，2007．

[143] 金炳镐．中国民族自治区的民族关系［M］．北京：中央民族大学出版社，2006．

[144] 何星亮．中华文明：中国少数民族文明［M］．福州：福建教育出版

社，2010.

[145] 苏发祥.西藏民族关系研究［M］.北京：中央民族大学出版社，2006.

[146]《中华民族凝聚力的形成与发展》课题组.中华民族凝聚力的形成与发展［M］.南京：江苏人民出版社，2013.

[147] 王建娥，陈建樾.族际政治与现代民族国家［M］.北京：社会科学文献出版社，2005.

[148] 单波，肖珺.文化冲突与跨文化传播［M］.北京：社会科学文献出版社，2015.

[149] 蒋满元.民族关系与人地关系的适应性问题研究［M］.北京：社会科学文献出版社，2015.

[150] 张刚，伍雄武.云南民族关系的历史与经验［M］.北京：社会科学文献出版社，2014.

[151] 王明珂.羌在汉藏之间［M］.北京：中华书局2008.

[152] 王明珂.华夏边缘［M］.杭州：浙江人民出版社，2013.

[153] 王明珂.反思史学与史学反思［M］.上海：上海人民出版社，2016.

[154] 韦兰明，李枭鹰.民族团结教育论［M］.桂林：广西师范大学出版社，2013.

[155] 杨维周，陈敦山.树立民族团结意识 创新大学生德育［M］.北京：中国文史出版社，2015.

[156] 周燕.云南省大学生民族团结教育研究［M］.昆明：云南大学出版社，2012.

[157] 张诗亚.中国民族教育发展报告（第三辑）［M］.北京：科学出版社，2017.

[158] 余振，达哇才仁.中国的民族关系和民族发展［M］.北京：民族出版社，2003.

[159] 贺琳凯.新中国民族关系与民族政策的互动研究［M］.昆明：云南大学出版社，2011.

[160] 黄兴涛.重塑中华：近代中国的中华民族观念研究［M］.北京：北京师范大学出版社，2017.

[161] 路宪民.社会文化变迁中的西部民族关系［M］.北京：民族出版社，2012.

[162] 周忠华.民族关系文化差异化调适研究［M］.成都：西南交通大学出版社，2012.

[163] 潘守永.社会文化变迁与当代民族关系［M］.北京：中央民族大学出版社，2009.

[164] 杨晓莉.民族本质论与跨民族交往的关系［M］.北京：科学出版社，2016.

[165] 孟立军.新中国民族教育政策研究［M］.北京：科学出版社，2010.

[166] 戴宁宁.民族交往心理及其影响因素［M］.北京：社会科学文献出版社，2015.

[167] 李静.民族交往心理的跨文化研究［M］.北京：中国社会科学出版社，2010.

[168] 杨盛龙.民族交往与发展［M］.北京：民族出版社，2010.

[169] 王瑜卿.民族交往的多维审视［M］.北京：中央民族大学出版社，2013.

[170] 石硕，李锦，邹立波.交融与互动：藏彝走廊的民族、历史与文化［M］.成都：四川人民出版社，2014.

[171] 贾秀兰，等.维护藏区社会和谐发展研究［M］.北京：民族出版社，2014.

[172] 何星亮.中华文明：中国少数民族文明［M］.福州：福建教育出版社，2010.

[173] 鄢一龙.大道之行：中国共产党与中国社会主义［M］.北京：中国人民大学出版社，2015.

[174] 姜爱华.马克思交往理论研究［M］.北京：知识产权出版社，2009.

[175] 刘明合.交往与人的发展［M］.北京：中央编译出版社，2008.

[176] 范宝舟.论马克思交往理论及其当代意义［M］.北京：社会科学文献出版社，2005.

[177] 桂榕.历史、文化、现实——国家认同与社会调适［M］.昆明：云南人民出版社，2012.

[178] 龙小农.从形象到认同：社会传播与国家认同建构［M］.北京：中国传媒大学出版社，2012.

[179] 张宝成.民族认同与国家认同［M］.北京：人民出版社，2012.

[180] 王茂美.村落·国家：少数民族政治认同研究［M］.北京：中国社会科学出版社，2015.

[181] 程美宝.地域文化与国家认同［M］.北京：生活·读书·新知三联书店，2006.

[182] 袁娥.民族与国家何以和谐［M］.北京：知识产权出版社，2012.

［183］费孝通.文化与文化自觉［M］.北京：群言出版社，2010.
［184］费孝通.中华民族多元一体格局［M］.北京：中央民族大学出版社，1999.
［185］王列，杨雪冬.全球化与世界［M］.北京：中央编译出版社，1998.
［186］汪晖，陈燕谷.文化与公共性［M］.北京：生活·读书·新知三联书店，2005.
［187］张旭东.全球化时代的文化认同［M］.北京：北京大学出版社，2006.
［188］万明钢.多元文化视野价值观与民族认同研究［M］.北京：民族出版社，2006.
［189］程光泉.全球化与价值冲突［M］.长沙：湖南人民出版社，2003.
［190］张云鹏.文化权：自我认同与他者认同的向度［M］.北京：社会科学文献出版社，2007.
［191］苏国勋，张旅平，夏光.全球化：文化冲突与共生［M］.北京：社会科学文献出版社，2006.
［192］张伟超.中国特色社会主义研究——道路篇［M］.北京：解放军出版社，2013.
［193］赵智奎.中国特色社会主义［M］.北京：时代华文书局，2014.
［194］徐崇温.中国特色社会主义研究［M］.北京：中国社会科学出版社，2013.
［195］伍景玉，王战星.中国梦语录［M］.北京：中国社会科学出版社，2013.
［196］伍景玉，梁超.中国梦实现路径［M］.北京：中国社会科学出版社，2013.
［197］公茂虹.读懂中国梦［M］.北京：人民出版社，2013.
［198］辛鸣.道理：中国道路中国说［M］.北京：中共中央党校出版社，2011.
［199］吴建民.我的中国梦［M］.北京：北京大学出版社，2013.
［200］杨超.同心共筑中国梦［M］.北京：研究出版社，2013.
［201］安东尼·吉登斯.现代性与自我认同［M］.赵旭东，方文，译.北京：生活·读书·新知三联书店，1998.
［202］威尔·金里卡.多元文化的公民权——一种有关少数族群权利的自由主义理论［M］.杨立峰，译.上海：上海译文出版社，2009.
［203］乔治·H.米德.心灵、自我与社会［M］.赵月瑟，译.上海：上海译

文出版社，2008.

[204] 迈克尔·A. 豪格，多米尼克·阿布拉姆斯. 社会认同过程 [M]. 高明华，译. 北京：中国人民大学出版社，2011.

[205] 哈罗德罗生. 群氓之族：群体认同与政治变迁 [M]. 邓伯宸，译. 桂林：广西师范大学出版社，2015.

[206] 达波洛尼亚. 种族主义的边界：身份认同、族群性与公民权 [M]. 钟震宇，译. 北京：社会科学文献出版社，2015.

[207] 格罗塞. 身份认同的困境 [M]. 王鲲，译. 北京：社会科学文献出版社，2010.

[208] 塞缪尔·亨廷顿. 我们是谁：美国国家特性面临的挑战 [M]. 程克雄，译. 北京：新华出版社，2005.

[209] 塞缪尔·亨廷顿. 文明的冲突与世界秩序的重建 [M]. 周琪，等，译. 北京：新华出版社，2010.

[210] 塞缪尔·亨廷顿，劳伦斯·哈里森. 文化的重要作用 [M]. 北京：新华出版社，2010.

[211] 查尔斯·泰勒. 自我的根源：现代认同的形成 [M]. 韩震，等，译. 南京：译林出版社，2001.

[212] 查尔斯·泰勒. 黑格尔 [M]. 张国清，朱进东，译. 南京：译林出版社，2002.

[213] 戴维·莫利，凯文·罗宾斯. 认同的空间 [M]. 司艳，译. 南京：南京大学出版社，2001.

[214] 阿诺德·汤因比. 历史研究 [M]. 郭小凌，等，译. 上海：上海人民出版社，2010.

[215] 安东尼·史密斯. 民族主义：理论、意识形态、历史 [M]. 叶江，译. 上海：上海人民出版社，2011.

[216] 本尼迪克特·安德森. 想象的共同体：民族主义的起源与散布 [M]. 吴叡人，译. 上海：上海人民出版社，2005.

[217] 米歇尔·福柯. 规训与惩罚 [M]. 刘北成，杨远婴，译. 北京：生活·读书·新知三联书店，2003.

[218] 亚里士多德. 政治学 [M]. 吴寿彭，译. 北京：商务印书馆，1965.

[219] 马克斯·韦伯. 经济与社会 [M]. 林荣远，译. 北京：商务印书馆，1997.

[220] 马克斯·韦伯. 新教伦理与资本主义精神 [M]. 阎克文，译. 上海：上海人民出版社，2010.

[221] 威尔特·A. 罗森邦.政治文化[M].陈鸿瑜,译.台北:桂冠图书有限公司,1984.

[222] 约瑟夫·S. 奈.硬权力与软权力[M].门洪华,译.北京:北京大学出版社,2005.

[223] 约瑟夫·S. 奈.软实力[M].马娟娟,译.北京:中信出版社,2013.

[224] 约瑟夫·拉彼德.文化和认同:国际关系回归理论[M].金烨,译.杭州:浙江人民出版社,2003.

[225] 曼纽尔·卡斯特.认同的力量[M].曹荣湘,译.北京:社会科学文献出版社,2006.

[226] 黑格尔.小逻辑[M].贺麟,译.北京:商务印书馆,1980.

[227] 黑格尔.精神现象学:上、下卷[M].贺麟,王玖兴,译.北京:商务印书馆,1979.

[228] 黑格尔.精神哲学[M].杨祖陶,译.北京:人民出版社,2006.

[229] 尤尔根·哈贝马斯.交往行为理论[M].曹卫东,译.上海:上海人民出版社,2004.

[230] 尤尔根·哈贝马斯.交往与社会进化[M].张博树,译.重庆:重庆出版社,1989.

[231] 尤尔根·哈贝马斯.包容他者[M].曹卫东,译.上海:上海人民出版社,2002.

[232] 尤尔根·哈贝马斯.合法化危机[M].刘北成,曹卫东,译.上海:上海人民出版社,2000.

[233] 尤尔根·哈贝马斯.重建历史唯物主义[M].郭官义,译.北京:社会科学文献出版社,2000.

[234] 让-马克·夸克.合法性与政治[M].佟心平,等,译.北京:中央编译出版社,2002.

[235] 西摩·马丁·利普塞特.政治人:政治的社会基础[M].刘钢敏,聂蓉,译.北京:商务印书馆,1993.

[236] 加布里埃尔·A. 阿尔蒙德,小G. 宾厄姆·鲍威尔.比较政治学:体系、过程和政策[M].曹沛霖,等,译.上海:上海译文出版社,1987.

[237] 爱德华·W. 萨义德.文化与帝国主义[M].李琨,译.北京:生活·读书·新知三联书店,2003.

[238] 安东尼奥·葛兰西.狱中札记[M].葆煦,译.北京:人民出版社,1983.

[239] 菲利克斯格罗斯.公民与国家——民族、部落和族属身份［M］.王建娥，魏强，译.北京：新华出版社，2003.

[240] 休·希顿.民族与国家——对民族起源与民族主义政治的探讨［M］.吴洪英，黄群，译.北京：中央民族大学出版社，2009.

[241] 彼得·布劳.不平等与异质性［M］.王春光，谢圣赞，译.北京：中国社会科学出版社，1991.

[242] 洛克.人类理解论［M］.关文运，译.北京：商务印书馆，1997.

[243] 鲍桑葵.关于国家的哲学理论［M］.汪淑钧，译.北京：商务印书馆，1996.

[244] 莫里斯·哈布瓦赫.论集体记忆［M］.毕然，郭金华，译.上海：上海人民出版社，2002.

[245] 保罗·康纳顿.社会如何记忆［M］.纳日碧力戈，译.上海：上海人民出版社，2000.

[246] 克洛德·列维-施特劳斯.神话与意义［M］.杨德睿，译.台北：麦田出版社，2001.

[247] 雅克·德里达.多义的记忆［M］.蒋梓骅，译.北京：中央编译出版社，1999.

[248] 爱弥尔·涂尔干，马塞尔·莫斯.原始分类［M］.汲喆，译.上海：上海人民出版社，2000.

[249] 爱弥尔·涂尔干.宗教生活的基本形式［M］.渠东，汲喆，译.上海：上海人民出版社，2006.

[250] 爱弥尔·涂尔干.社会分工论［M］.渠东，译.北京：生活·读书·新知三联书店，2013.

[251] 安东尼·史密斯.民族—国家与暴力［M］.胡宗泽，等，译.北京：生活·读书·新知三联书店，1998.

[252] 麦克尔·赫兹菲尔德.什么是人类常识：社会和文化领域中的人类学理论实践［M］.刘珩，等，译.北京：华夏出版社，2006.

[253] 基辛.人类学与当代世界［M］.张恭启，于嘉云，译.台北：巨流图书公司，1989.

[254] 乔治·瑞泽尔.后现代社会理论［M］.谢立中，等，译.北京：华夏出版社，2006.

[255] 维柯.新科学［M］.朱光潜，译.北京：商务印书馆，2009.

[256] 马丁·华莱士.当代叙事学［M］.伍晓明，译.北京：北京大学出版社，2005.

[257] 乔伊斯·阿普尔比,林恩·亨特,玛格丽特·雅各布.历史的真相 [M].刘北成,薛绚,译.北京:中央编译出版社,1999.

[258] 皮埃尔·布迪厄,[美]华康德.实践与反思——反思社会学导引 [M].李猛,李康,译.北京:中央编译出版社,2004.

[259] 汉斯-格奥尔格·伽达默尔.真理与方法(I—II)[M].洪汉鼎,译.北京:商务印书馆,2010.

[260] 米歇尔·德·塞托.日常生活实践(1:实践的艺术)[M].方琳琳,黄春柳,译.南京:南京大学出版社,2009.

[261] 保尔·汤普逊.过去的声音——口述史 [M].覃方明,渠东,张旅平,译.沈阳:辽宁教育出版社,2000.

[262] 帕特里夏·法拉,卡拉琳·帕特森编.记忆 [M].户晓辉,译.北京:华夏出版社,2011.

[263] 弗雷德里克·C.巴特莱特.记忆——一个实验的与社会的心理学研究 [M].黎炜,译.杭州:浙江教育出版社,1998.

[264] 米盖尔·杜夫海纳.美学文艺学方法论 [M].朱立元,程夫介,编译.北京:中国文联出版公司,1992.

[265] 约瑟夫·拉彼德,等.文化和认同:国际关系回归理论 [M].金烨,译.杭州:浙江人民出版社,2003.

[266] 阿尔比.美国梦 [M].杜晓轩,译.天津:天津科技翻译出版公司,2009.

[267] 约翰·汤姆林森.文化帝国主义 [M].冯建三,译.上海:上海人民出版社,1998.

[268] 弗里德曼.文化认同与全球性过程 [M].郭建如,译.北京:商务印书馆,2003.

[269] 曼纽尔·卡斯特.认同的力量 [M].曹荣湘,译.北京:社会科学文献出版社,2006.

[270] 菲利克斯·格罗斯.公民与国家:民族、部族与族属身份 [M].王建娥,魏强,译.北京:新华出版社,2003.

[271] 托尼·朱特.重估价值:反思被遗忘的20世纪 [M].林骧华,译.北京:商务印书馆,2013.

[272] 费约翰.唤醒中国国民革命中的政治、文化与阶级 [M].李恭忠,等,译.北京:生活·读书·新知三联书店,2004.

[273] 阿斯特莉特·埃尔,等.文化记忆理论读本 [M].余传玲,等,译.北京:北京大学出版社,2012.

[274] 劳拉·赫茵,等.审查历史:日本、德国和美国的公民身份与记忆[M].聂露,译.北京:社会科学文献出版社,2012.

[275] 杰里米·里夫金.欧洲梦[M].杨治宜,译.重庆:重庆出版社,2006.

[276] 巴拉克·奥巴马.无谓的希望:重申美国梦[M].罗选民,等,译.北京:法律出版社,2008.

[277] 本杰明·富兰克林.富兰克林自传:从平民到总统的美国梦[M].北京:华文出版社,2013.

[278] 康纳德·L.巴里特,詹姆斯·B.斯蒂尔.被出卖的美国梦[M].上海:格致出版社,2013.

[279] 克里斯托弗·惠伦.通胀成就美国:用货币与负债铸造的美国梦[M].北京:东方出版社,2014.

[280] 斯蒂夫·弗雷泽尔.百变华尔街——美国梦之宫[M].王著定,译.北京:中国人民大学出版社,2010.

[281] 兹比格涅夫·布热津斯基.大失控与大混乱[M].潘嘉玢,等,译.北京:中国社会科学出版社,1995.

[282] 兹比格涅夫·布热津斯基.大棋局:美国的首要地位及地缘战略[M].中国国际问题研究所,译.上海:上海人民出版社,2007.

[283] 阿克塞尔·霍耐特著.为承认而斗争[M].胡继华,译.上海:上海人民出版社,2005.

[284] 保罗·福塞尔.格调:社会等级与生活品味[M].梁丽真,等,译.北京:世界图书出版公司北京公司,2011.

[285] 蒙甘.从文本到行动:保尔·利科传[M].刘自强,译.北京:北京大学出版社,1999.

[286] 马丁·海德格尔.存在与时间[M].陈嘉映,王庆节,译.北京:生活·读书·新知三联书店,1999.

[287] 斯宾格勒.西方的没落[M].齐世荣等,译.北京:商务印书馆,1963.

[288] 罗伯特·B.埃克瓦尔,波塞尔德·劳费尔.藏族与周边民族文化交流研究[M].苏发祥,洛塞,编译.北京:中央民族大学出版社,2013.

[289] 狄克·赫德.交往中的文化[M].王昺,译.济南:山东大学出版社,2013.

[290] 约翰·特纳.自我归类论[M].杨宜音,等,译.北京:中国人民大

学出版社，2011.

[291] 霍布豪斯. 自由主义 [M]. 朱曾汶，译. 北京：商务印书馆，1996.

[292] 古斯塔夫·勒庞. 乌合之众——大众心理研究 [M]. 冯克利，译. 北京：中央编译出版社，2005.

[293] 约翰·罗尔斯. 正义论 [M]. 何怀宏，等，译. 南京：译林出版社，1988.

[294] 约翰·罗尔斯. 政治自由主义 [M]. 万俊人，译. 南京：译林出版社，2011.

[295] 马林诺夫斯基. 文化论 [M]. 费孝通，译. 北京：华夏出版社，2002.

[296] 露丝·本尼迪克特. 文化模式 [M]. 王炜，译. 北京：社会科学文献出版社，2009.

二、英文参考文献

[297] MAGEO J M. Dreaming culture: meanings, models, and power in U.S. American dreams [M]. New York: Palgrave Macmillan, 2011.

[298] MENDIS P. Peaceful war: How the Chinese dream and the American destiny create a new pacific world order [M]. Lanham, MD: University Press of America, 2013.

[299] LEMOS G. The end of the Chinese dream: Why Chinese people fear the future [M]. New Haven: Yale University Press, 2012.

[300] AN Dun. The Chinese dream: Real life stories of the common people in contemporary China [M]. Beijing: New World Press, 2009.

[301] RIFKIN J. The European dream: How Europe's vision of the future is quietly eclipsing the American dream [M]. New York: Jeremy P. Tarcher/Penguin, 2006.

[302] UNGER P. Identity, consciousness and value [M]. New York: Oxford University Press, 1992.

[303] ARNOLD D. Cultural identities and the aesthetics of Britishness [M]. New York: Manchester University Press, 2012.

[304] SUSSMAN N M. Return migration and identity: A global phenomenon, a Hong Kong case [M]. Hong Kong: Hong Kong University Press, 2011.

[305] ZHANG X. Preserving cultural identity through education: The schools of the Chinese community in Calcutta, India [M]. Singapore: Institute of

Southeast Asian Studies, 2010.

[306] BARKER C. Television, globalization and cultural identities [M]. Beijing: Peking University Press, 2008.

[307] LING G F. China developing: Cultural identity of emerging societies [M]. New Jersey: World Scientific, 2008.

[308] PATRON M C. Culture and identity in study abroad contexts: After Australia, French without France [M]. New York: Peter Lang, 2007.

[309] GENTZ N, KRAMER S. Globalization, cultural identities, and media representations [M]. Albany: State University of New York Press, 2006.

[310] MISIR P. Cultural identity and creolization in national unity: The multiethnic Caribbean [M]. Lanham, MD: University Press of America, 2006.

[311] HOGAN J P. Cultural identity, pluralism, and globalization [M]. Washington, D. C.: Council for Research in Values and Philosophy, 2005.

[312] CHAN J M, MCINTYRE B T. In search of boundaries: Communication, nation-States, and cultural identities [M]. Westport, Conn.: Ablex, 2002.

[313] LARRAIN J. Ideology and cultural identity: Modernity and the Third World presence [M]. Cambridge, MA: Polity Press, 1994.

[314] PATEL K K. European integration and the Atlantic community in the 1980s [M]. Landon: Cambridge University Press, 2013.

[315] BICKERTON C J. European integration: From nation-States to member states [M]. Oxford: Oxford University Press, 2012.

[316] CHRYSSOCHOOU D N. Theorizing European integration [M]. London: Routledge, 2009.

后 记

  谨将此书献给我亲爱的妈妈——付强,一位坚强、乐观、真诚、美丽的女战士,一位用她的一生向我讲述这样一个故事的妈妈,她告诉我什么是梦想,什么是中华民族的梦想,什么样的梦想值得用生命去铸就、去践行、去守护。

  1950年朝鲜战争爆发,我父母在结婚六个小时后就双双奔赴朝鲜前线,在炮火硝烟中、在地下坑道那水滴声中、在电波与符码演绎的天书里,开始了他们的新婚蜜月。后来,在得知我妈妈正在孕育一个小生命的时候,彭老总说,如果是个男孩就叫"援朝",女孩就叫"抗美",我的名字"小美"来自我的大姐,即"大中华小美国"之意。

  这两个月妈妈的身体日渐虚弱,而我则一直在忙新疆喀什的调研和本课题的结项工作。妈妈是那样地期待我能时常去看看她,而我总是在想还有时间……时间,时间的背后却是这么的撕心裂肺。再过三天,就是妈妈给予我生命的日子,而它将从此成为我永远的痛。今天,妈妈穿着军装,戴上她的军功章,朝着我们挥手,朝着我的学生鼓掌,朝着镜头捧起了"八一勋章",没有再说一句话,微笑着走了。昨天,她说她看到了爸爸,爸爸来接她了,他们用小指头拉拉钩……

  夜深了,妈妈你还好吗,我在完成本书最后的工作——后记。妈妈你在听我唱歌吗……"人家都有名你无名,你没有寻找大地诉评;人家红满枝头你不红,你没有埋怨阳光缺真情……无名花,花无名,悄然开在百花丛,不争艳不争荣,却把芳香付春风……"

  《中国梦价值认同论》是在我主持的国家社会科学基金重点项目"弘扬中华优秀传统文化与中国梦价值认同研究(14AZD007)"的基础上修改、整理、完善而出版的。

  感谢我的博士生对本书撰写做出的努力。张晓红、苏泽宇、丁存霞、李征参与了本书第一章"中国梦价值认同理论概述"的写作;张梦媛、揭锡捷、李征参与了本书第二章"中国梦价值内涵的民族文化基因"的写作;张梦媛、苏泽宇、揭锡捷参与了本书第三章"中国梦价值传承的民族文化谱系"的写作；范君参与了本书第四章"民族文化底蕴之上的美国梦、欧洲梦、中国梦"的写作；范君、张晓红、揭锡捷、李征、苏泽宇参与了本书第五章"中国梦价值认同实证描摹"的写作；康立芳、李丽、范映渊参与了本书第六章"中国梦价值认同当代建构"的写作。

感谢李征、刘梲、揭锡捷同学对本书的校对，感谢中山大学传播与设计学院和马克思主义学院的同仁们，感谢中山大学出版社给予本书出版的大力支持，对他们付出的努力和帮助，在此致以谢忱。

致敬妈妈——八一军旗下永远的战士！致敬千千万万为中华民族伟大复兴而英勇奋斗的仁人志士！致敬所有为实现梦想而努力工作的劳动者！

詹小美

2018 年 11 月 11 日